U0598068

现代物流装备

Modern Logistics Equipment

汤 齐 主 编
谢 芳 副主编

电子工业出版社
Publishing House of Electronics Industry
北京·BEIJING

内 容 简 介

现代物流装备是指在物流各环节中所使用的各种设备、工具及其构成的系统。本书系统地阐述了运输装备、仓储装备、自动分拣装备、装卸搬运装备、集装单元化装备、包装与流通加工装备、物流信息与导航定位装备、港口物流装备及物流设施布置。全书在文字叙述的基础上，插入了大量生动的图片，并配以多媒体视频资料（请登录华信教育资源网免费下载），可调动学生的形象思维，提高学生的学习兴趣。为便于理解，各章都提供了相应的案例。

本书可作为高等学校相关专业的教材，也可作为物流专业人员进一步学习和提高物流装备知识的参考书。

未经许可，不得以任何方式复制或抄袭本书之部分或全部内容。

版权所有，侵权必究。

图书在版编目（CIP）数据

现代物流装备 / 汤齐主编. — 北京：电子工业出版社，2015.11

（华信经管创优系列）

ISBN 978-7-121-27413-8

I. ①现… II. ①汤… III. ①物流－设备管理 IV. ①F252

中国版本图书馆 CIP 数据核字（2015）第 248082 号

策划编辑：王二华
责任编辑：王二华
印　　刷：三河市鑫金马印装有限公司
装　　订：三河市鑫金马印装有限公司
出版发行：电子工业出版社
　　　　　北京市海淀区万寿路 173 信箱　　邮编：100036
开　　本：787×1092　1/16　印张：14　字数：360 千字
版　　次：2015 年 11 月第 1 版
印　　次：2015 年 11 月第 1 次印刷
定　　价：33.00 元

凡所购买电子工业出版社图书有缺损问题，请向购买书店调换。若书店售缺，请与本社发行部联系，联系及邮购电话：(010) 88254888。

质量投诉请发邮件至 zlts@phei.com.cn，盗版侵权举报请发邮件至 dbqq@phei.com.cn。

服务热线：(010) 88258888。

Preface

前　言

随着经济全球化进程的加快和现代科学技术的飞速发展，物流作为"第三利润的源泉"，受到各国政府及企业的广泛关注。进入 21 世纪以来，我国物流业总体规模快速增长、服务水平显著提高、发展的环境和条件不断改善，为进一步加快经济发展奠定了坚实的基础。

物流装备是组织、实施物流活动的基础，贯穿于物流活动的始终，是提高物流系统效率的主要手段，是反映物流系统水平的主要标志，是构筑物流系统的主要成本因素，是物流系统基础理论与工艺技术发展的载体。现代物流装备包括在运输、储存、分拣、包装、装卸搬运、流通加工、信息采集与导航定位等物流环节中所使用的各种设备、工具，以及由这些工具、设备所构成的各种现代化装备系统。随着经济全球化进程的不断深入和现代科学技术的不断发展，物流装备出现了许多新的特征、新的功能、新的发展趋势，如信息化、智能化、标准化、集成化、专业化、系统化、高效化、人性化、虚拟化、绿色化和柔性化等，对其进行全面认识和了解，有助于我们更好地掌握规律，为物流合理化、科学化创造良好的条件。

本书在广泛参考国内外相关物流装备著作和论文的基础上，结合作者的教学实践及与物流企业合作的经验总结编写而成。由于参考的文献篇幅较多，不能逐一介绍，在此向所引用书籍和论文的作者表示衷心的感谢。

全书以基础物流知识为主线，深入浅出地介绍了现代物流装备，并辅以具有代表性的案例供读者借鉴。本书由天津工业大学管理学院汤齐担任主编，谢芳担任副主编。汤齐编写了第 1 章、第 4 章、第 5 章、第 7 章、第 9 章、第 10 章，谢芳编写了第 2 章、第 3 章、第 6 章、第 8 章。

本书适合高等院校物流管理、物流工程等专业作为教材或教学参考书，也适合物流技术人员作为培训教材，对商业、物资、运输等物流部门管理人员和工程技术人员有现实指导作用，对自学者亦有重要的参考价值。

Contents

目　　录

Chapter 1

第1章 物流装备概述

 引导案例

    随着中国饮料工业的快速发展，PET 瓶装饮料灌装生产线向高速化发展成为必然。实现 PET 瓶装饮料灌装生产线的高速化，并非简单的设备放大。与以往的中低速生产线相比，需在灌装前的空瓶杀菌及灌装后的倒杀菌工艺和设备上有所创新和突破。经过几年坚持不懈的研究与探索，江苏新美星公司在 PET 瓶装饮料灌装生产线实现高速化方面取得了突破性的飞跃，整线装备水平接近世界先进水平。

1.1 引　言

    物流概念的出现已有 100 多年的历史，2001 年美国物流协会（CLM）对物流的最新定义是"物流是供应链的一部分，是为满足顾客对商品、服务及相关信息的需求从产地到消费地的高效率、低成本流动和储存的需求而进行的规划、实施、控制过程。"物流作为连接生产和消费不可缺少的重要环节，在社会经济活动中发挥着重要的作用。随着我国经济的迅速发展及与国际经济贸易的多方接轨，我国越来越重视物流业的发展，并把现代物流业定位于国民经济的重要产业和进入 21 世纪后新的经济增长点。近年来，我国许多地方政府都将物流业作为未来的支柱产业，给予大力扶持。北京、上海、深圳、天津等地及其他省市都分别制定了物流的发展规划及其发展战略；各地的机场、铁路、港口，以及汽运、仓储、邮政、家电等行业的快速发展，为现代物流装备生产企业提供了巨大的市场空间；同时，越来越多的跨国公司进入中国市场，也对我国的物流行业提出了更高、更新的要求，从而成为促进我国现代物流业迅猛发展的积极因素。

    一提到物流，人们首先想到的就是实现物流活动的装备。现代物流的发展离不开其先进的装备。物流装备是指企业在进行物流作业活动、实现物流功能过程中所使用的各种机械设备、器具等物质资料，但不包括建筑物等物流基础设施。它是现代物流企业实现经营目标和生产计划的技术保障和物质基础。随着现代科学技术的进步和现代物流需求的迅速发展，尤其是自动控制技术、信息技术和系统集成技术在物流装备中的应用，现代物流装备已经迈入自动化、智能化、柔性化的崭新阶段。

1.2 物流装备的分类

物流活动可分为七大环节：运输、储存、装卸搬运、包装、流通加工、配送和物流信息。因此，按照物流活动的环节和功能可将物流装备划分为运输装备、仓储装备、自动分拣装备、装卸搬运装备、集装单元化装备、包装与流通加工装备、物流信息与导航定位装备七大类。在现代社会经济发展中，港口的地位日益凸显，港口物流的作用越来越重要；为此，在七大类物流装备的基础上，本书增加了港口物流装备的内容。

1. 运输装备

人们对物流概念最简单、最直接的理解就是"物的流通"。因此，运输是物流中最重要的环节，没有运输，就不可能有"物的流通"。通过运输，使货物发生场所、空间的移动，从而解决其在生产地和需要地之间的空间距离，并创造货物的空间效用，以满足社会需要。物流运输方式主要有公路、铁路、水路、航空和管道运输。因此，根据运输方式的不同，运输装备主要分为公路运输装备、铁路运输装备、水路运输装备、航空运输装备和管道运输装备五种类型。

2. 仓储装备

仓储是物流过程中的另一重要环节，任何商品只要不是从生产领域直接进入消费领域，就必然要经过储存这一环节。仓储装备是指用于物资储藏、保管的设备。基本的仓储装备有货架、托盘、计量设备、通风设备、温湿度控制设备、养护设备和消防设备等。随着科学技术的进步，AGV（自动导向车）系统大量地出现在了仓储作业中，自动化立体仓库也得到了越来越广泛的应用。

3. 自动分拣装备

分拣作业就是根据顾客的订货要求，迅速、准确地将货物从其储位拣取出来，并按一定方式进行分类、集中，等待配装送货的作业过程。当货物数量较大并要求迅速、正确分拣时，往往需要投入大量人力，工作量大、效率低、出错率高。自动分拣装备的出现很好地解决了这个问题。常用的自动分拣机有滚柱式、浮出式、倾斜式、交叉带托盘式、滑块式和挡板式等几种类型。

4. 装卸搬运装备

装卸搬运是物流的又一重要环节，贯穿于物流的全过程。装卸是在指定地点以人力或机械将物品装入运输装备或从运输装备内取出的作业活动。装卸搬运装备是用来搬移、升降、装卸和短距离输送物料或货物的机械设备。装卸搬运装备是实现装卸搬运作业机械化的基础，直接影响到物流的效率和效益。目前，装卸搬运装备的种类已有数千种，而且不断有新机种和新机型出现。常用的装卸搬运装备包括叉车、手推车、各种输送机、托盘收集机、升降机及堆垛机等。

5. 集装单元化装备

在货物储运过程中，为便于装卸和搬运，用集装器具或采用捆扎方法将物品组成标准规格的单元货件，称为货物的集装单元化。集装单元化装备就是用集装单元化的形式进行储存、运输作业的物流装备，主要包括集装箱、托盘、滑板、集装袋、集装网络、货捆、集装装卸设备、集装运输设备等。

6. 包装与流通加工装备

由于物品的种类、状态和性质等方面的差异，运输要求的不同，以及消费者对产品规格、数量要求的多样化，必须对物品采用合适的包装。包装装备即包装机械，是指完成全部或部分包装过程的机器设备。包装过程包括充填、裹包、封口等主要工序，以及与其相关的前后工序，如清洗、堆码和拆卸等。此外，包装还包括计量或在包装件上盖印等工序。包装装备主要包括：灌装机械、充填机械、裹包机械、封口机械、贴标机械、清洗机械、干燥机械、杀菌机械、捆扎机械、集装机械、多功能包装机械，以及完成其他包装作业的辅助包装机械和包装生产线。

流通加工指的是在物品从生产领域向消费领域流动的过程中，为了促进销售、维护产品质量和提高物流效率，并使物品在物理、化学或形状等方面不发生本质变化的基础上，对物品所进行的包装、分拣、分割、计量、刷标志、拴标签、组装等活动。流通加工装备是指用于流通加工作业的专用机械设备。流通加工装备主要包括剪切加工设备、开木下料设备、配煤加工设备、冷冻加工设备、分选加工设备、精制加工设备、分装加工设备、组装加工设备等。

7. 物流信息与导航定位装备

在物流活动中，物流信息贯穿于它的各个环节之中，并且起着神经中枢的作用。利用现代信息技术，可以对货物实施跟踪管理。物流信息与导航定位设备是应用于物流系统中的信息技术及装备的总称，主要包括基于各种通信方式的移动通信手段及设备、全球卫星定位（GPS）技术设备、地理信息（GIS）技术设备、计算机网络技术设备、自动化仓库管理技术设备、条码及射频技术设备、信息交换技术设备等。

8. 港口物流装备

港口物流以港口的运输和中转为主要功能，实现货物运输、仓储、配送、加工改装、包装、通关、商检、保险和信息交换等商品全程供应链服务。港口物流装备主要包括集装箱专用吊具、集装箱装卸桥、集装箱底盘车、集装箱跨运车、集装箱叉车、龙门起重机、集装箱正面吊运机等。

1.3　物流装备的作用

物流装备在现代物流中的作用主要体现在以下几方面。

1. 物流装备是物流系统的物质技术基础和保证

不同的物流系统必须有不同的物流装备来支持，才能正常运行。因此，物流装备是实现物流功能的技术保证，是实现物流现代化、科学化、自动化的重要手段。物流系统的正常运转离不开物流装备，正确、合理地配置和运用物流装备是提高物流效率的根本途径，也是降低物流成本、提高经济效益的关键。

2．物流装备涉及物流活动的各个环节，是物流系统的重要组成部分

物流是生产与消费之间联系的纽带，而要完成货物的运输、仓储、装卸、包装加工、整理配送和信息传输等物流中的各项环节，或者要进一步将它们有机地结合起来以形成完整的供应链，都必须依靠物流装备来实现。因此，物流装备涉及物流活动的每个环节，是物流系统的重要组成部分。

3．物流装备是物流系统中的重要资产

现代物流装备既是技术密集型的生产资料，也是资金密集型的社会财富。在物流系统中，物流装备的价值所占资产的比例较大，物流中心、物流基地、配送中心等造价十分高昂，建设一个现代化的物流系统所需的物流装备购置投资相当可观。同时，购置设备之后，为了维持设备正常运转、发挥设备效能，在设备长期使用过程中还需要继续不断地投入大量的资金。

4．物流装备代表了物流技术水平的高低，是物流现代化程度的重要标志

随着生产的发展和科学技术的进步，物流活动的诸环节在各自领域中的技术水平不断提高。现代先进物流技术的应用极大地完善了现代物流系统。采用高速、高效、专业化的物流装备，有助于提高物流各个环节的效率；各种物流装备进行优化组合，合理的配备、衔接，形成系统，通过计算机控制和管理，可以使它们在作业中发挥更大的效能，有助于提高整个物流系统的效率。可以说，物流技术是提高物流生产力的决定性因素。

因此，物流装备作为生产力要素对于发展现代物流，改善物流状况，促进现代化大生产、大流通，强化物流系统能力，具有十分重要的地位和作用。物流装备既是进行物流活动的物质技术基础，也代表了物流技术水平的高低，是物流现代化程度的重要标志。

1.4 物流装备的发展趋势

物流装备是组织实施物流活动的重要手段，是物流活动的基础。近年来，随着用户需求的变化以及自动化控制技术和信息技术在物流装备上的应用，现代物流装备的发展体现为以下趋势。

1．大型化、集装化

大型化是指设备的容量、规模、能力大。大型化是实现物流规模效应的基础手段。为了弥补自身速度很难提高的缺陷，公路运输、铁路运输、水路运输和管道输送装备都逐渐向大型化发展。例如，白俄罗斯矿用自卸车"别拉斯"载货重量超 500 吨，创世界纪录；在铁路货物运输中，中国北车齐齐哈尔轨道交通装备有限责任公司设计制造的出口澳大利亚必和必拓公司的矿石列车，最大载重量达 154.4 吨，是世界上轴重最大、载重最高的铁路货车；在水路运输方面，隶属中海集运公司的"中海太平洋"号，货轮全长 400 米、宽 58.6 米，水面高度为 69 米，排水量为 18.7 万吨，满载吃水达 16 米，设计装载量为 19100 个标准集装箱，是世界上最大、最先进的集装箱货轮；在管道运输方面，目前管道的最大直径达 1220 毫米。这些运输方式的大型化基本满足了基础性物流需求量大、连续、平稳的特点；对于运输速度较快的航空运输，目前，世界上最大的运输飞机是乌克兰的安–225，最大载重量为 250 吨，其货舱内可装 16 个集装箱，极大地提高了航空运输的能力。

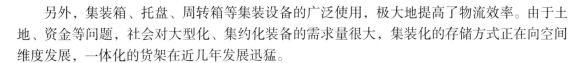

另外，集装箱、托盘、周转箱等集装设备的广泛使用，极大地提高了物流效率。由于土地、资金等问题，社会对大型化、集约化装备的需求量很大，集装化的存储方式正在向空间维度发展，一体化的货架在近几年发展迅猛。

2. 高速化、稳定性

高速化是指设备的运转速度和运行速度达到了较高的水平。在公路运输方面，高速是指高速公路。目前各国都在努力建设高速公路网，用来作为公路运输的骨架。在铁路运输方面，我国的动车平均时速为 250 千米，高铁的时速更达 300～330 千米。

在提高物流装备运行速度的同时，物流装备的准确性和稳定性也在不断提高。没有准确性，速度再快也将失去意义。因此，各厂商纷纷采取先进的技术满足客户对物流设备高准确度的要求。如村田开发的自动导向车（AGV）的停准精度达到 ±5 毫米，且无须在地面铺设其他装备即能做到精确定位。

配送中心为满足客户即时性需要，对物流系统的稳定、可靠运行也提出了很高的要求。在制造企业，物流设备虽非生产设备，却对生产设备高效率运行起到很大作用，同样不允许因经常发生故障影响正常生产。所以，为保证物流系统连续安全运作，物流装备的高稳定性、高可靠性越来越受到各厂商的重视。

3. 信息化、智能化

未来社会将是一个完全信息化的社会，信息和信息技术在物流领域的作用将会更加明显。随着人们对信息的重视程度日益提高，要求物流与信息流实现在线或离线的高度集成，使信息技术逐渐成为物流技术的核心。物流装备与信息技术紧密结合、实现高度自动化是未来的发展趋势。

目前，越来越多的物流设备供应商已从单纯提供硬件设备，转向提供包括控制软件在内的总体物流系统，并且在越来越多的物流装备上加装电脑控制装置，实现了对物流设备的实时监控，大大提高了其运作效率。物流装备与信息技术的完美结合，已成为各厂商追求的目标，也是其竞争力的体现。如公路运输智能交通系统（ITS）、EDI、GPS 等技术在物流中的应用，实现了物流的适时、适地、适物、适量、适价。

智能化是物流自动化、信息化的更高层次。物流作业过程中大量的运筹和决策，如库存水平的确定、运输（搬运）路径的选择、自动导向车的运行轨迹和作业控制、自动分拣机的运行、物流配送中心经营管理的决策支持等问题，都需要借助于大量的知识才能解决。智能化已成为物流技术与装备发展的新趋势。

4. 多样化、专业化

为满足不同行业、不同规模的客户对不同功能的要求，物流装备形式越来越多，专业化程度日益提高。

许多物流设备厂商都致力于开发生产多种多样的产品，以满足客户的多样化需求作为自己的发展方向，所提供的物流装备也由全行业通用型转向针对不同行业的特点设计制造，由不分场合转向适应不同环境、不同工况要求，由一机多用转向专机专用。例如，仅叉车就有内燃叉车、平面重叉车、前移式叉车、拣选叉车、托盘搬运车、托盘堆垛车等多种产品，其中每种产品又可细分为不同车型。此外，自动化立体库、分拣设备、货架等也都按行业、用

途、规模等不同标准细分的多种形式产品。许多厂商还可根据用户特殊情况为其量身定做各种物流装备，体现了更高的专业化水平。

5. 标准化、模块化

当前，经济全球化特征日渐明显，中国加入世界贸易组织后也加快了企业的国际化进程。物流装备需要走向全球化，而只有实现了标准化和模块化，才能与国际接轨。因此，标准化、模块化成为物流装备发展的必然趋势。标准化即包括硬件设备的标准化，又包括软件接口的标准化。通过实现标准化，可以轻松地与其他企业生产的物流装备或控制系统对接，为客户提供多种选择和系统实施的便利。模块化可以满足客户的多样化需求，可按不同的需要自由选择不同功能模块，灵活组合，增强了系统的适应性。同时模块化结构能够充分利用现有空间，可以根据物流量的变化进行模块的组合。

物流装备、物流系统的设计与制造按照统一的国际标准，才能适应各国、各地区之间相互实现高效率物流的要求。如运输工具与装卸储存设备的标准化，可以满足国际联运和"门对门"直达运输的要求；推进通信协议的统一和标准化，可以满足电子数据交换的要求。

6. 系统化、可扩展性

物流系统化是指组成物流系统的设备成套、匹配，达到高效、经济的要求。在物流设备单机自动化的基础上，计算机将各种物流设备集成系统，通过中央控制室的控制，与物流系统协调配合，形成不同机种的最佳匹配和组合，以取长补短，发挥最佳效用。为此，成套化和系统化是物流设备的重要发展方向，尤其将重点发展工厂生产搬运自动化系统、货物配送集散系统、集装箱装卸搬运系统、货物的自动分拣系统与搬运系统等。

客户对物流装备的系统整合要求越来越高，要求供应商应根据客户的实际情况，制定系统方案，对物流装备进行有机整合，达到最佳效果。自动化立体仓库、自动导向车、分拣系统、机器人系统等各种装备功能不同，各有所长，只有在整体规划下选择最合适的设备，综合利用，才能使其各显其能，发挥最大效益。客户对物流系统的投入往往不是一步到位的，为使系统易于整合，扩充功能，提升能力，在按需配置的同时，需预留扩展能力，为以后系统的可扩展打下基础。物流装备的模块化设计也是增强扩展性的途径之一。

7. 绿色化

绿色化就是要达到环保要求。随着全球自然环境的恶化和人们环保意识的增强，对物流设备提出了更高的环保要求，有些企业在选用物流装备时会优先考虑对环境污染小的绿色产品或节能产品。因此，物流装备供应商也开始关注环保问题，采取有效措施达到环保要求。如尽可能选用环保型材料；有效利用能源，注意解决设备排污问题，尽可能将排污量减少到最低水平；采用新的装置与合理的设计，降低设备的震动、噪音与能源消耗量等。更多的企业已经通过或正在抓紧进行ISO14000认证，借此保证所提供产品的"绿色"特性，包括对各种物流设备的维护、合理调度、恰当使用。

总之，客户需求与科技进步将推动物流技术与装备不断向前发展。物流装备供应商应随时关注市场需求的变化，采用更加先进的技术，提供客户满意的产品与服务，提高物流装备的整体发展水平。

思考练习

1．简要说明物流装备的主要类别。
2．物流装备在物流系统中的作用是什么？
3．物流装备的发展趋势是什么？

案例分析

日本物流配送中心的特色

在日本，随着国民经济的高速发展，国内消费结构发生了极大变化，市民不断对商品品种、样式、规格、质量等方面提出更高要求，市场竞争日趋激烈。一方面，工厂生产为了满足消费者的需求，朝着小批量、多品种、新款式的方向发展；另一方面，为了适应不同层次的消费需求，零售业中便利连锁店、时装专卖店、跳蚤市场、百元廉价店铺等各具特色的业态应运而生，这些新的业态为商品流通提供了多样化的渠道。生产销售结构的变化，推动了流通环境的高效化和重新组合，厂商和批发商越来越重视改善面向消费者的物流设施，实现物流配送中心的现代化。

1．多功能化

由于方便食品产业的崛起，许多物流配送中心增加了食品的加工功能，如日本神奈川生协的濑谷配送中心，设有鱼、肉等生鲜食品的小包装生产流水线，在储存、配送过程中，配置了冷藏、冷冻仓库和保温运输卡车。当前日本的物流配送中心基本上都能满足厂商和销售商对物流全过程提出的高速化、高效化的要求，具备了收货、验货、储存、装卸、配货、流通加工、分拣、发货、配送、结算信息处理等多功能，实现了物流一体化。

2．系统化

日本的物流配送中心十分重视内部的系统管理，他们认为，一个配送中心的设计，首先应着重于系统设计，系统设计要求各个环节互相配合，使物流的全过程处于一个均衡协调的系统之中。例如，日本的许多物流配送中心在研究物流流程和具体操作的过程中，对经营的商品进行排队分析，分成三大类。第一类是使用频率高的畅销商品。这类商品在流通过程中首先是整批进货和储存，然后再按订货单配货送到零售店。由于这类商品以出厂价购入，再以零售价出售，减少了流通环节，降低了物流费用，获利丰厚，因而这类商品的储存本身就是创利的。第二类是物流配送中心按照客户的订货单汇总后统一向工厂整箱订货的商品。配送中心收到货后无须储存，直接进行分拣作业，再配送到零售店，这样可以节省储存费用。第三类是需要一定保鲜的商品。这类商品如牛奶、面包、豆腐等，通常是不再经过配送中心停留处理，而是由配送中心直接从生产厂家送往零售店。总之，日本物流配送中心的物流工艺流程系统设计是十分成功的，获得的经济效益也是十分可观的。

3．规模化

规模就是效益，这已成为日本物流界人士的共识。日本大规模的物流配送中心比较多，如东京流通中心（TRC）坐落在距东京市中心10千米的和平岛上，经过几十年的建设，形成了很大规模，占地 15.07 万平方米，建筑面积 48 万多平方米，由流通中心、汽车运输中心、普通仓库和冷藏仓库四个部分组成。东京流通中心设施先进、功能齐全，共拥有 2 栋 7 层高、1 栋 5 层高的仓库，共计 48.3247 万平方米；各层和层顶都设有停车场，1 栋 6 层立体停车场，共计 1.1838 万平方米；1 栋 10 层多功能办公室，共计 1.4366 万平方米；1 栋 13 层的综合服务楼，共计 5.9541 万平方米；3 个商品展示厅，共计 1.2215 万平方米。这些先进设施均采用计算机等现代化管理手段，因此很有吸引力。

4. 自动化

为了提高商品处理速度，减轻作业强度，使不熟练的人员也能准确作业，日本物流配送中心广泛采用了计算机控制的拣选操作系统。只要将客户要货单输入计算机，货位指示灯和数量显示器立即显示出拣选单上的商品货架的位置及数量，作业人员即可从货架上拣取商品，放入配货箱内，由胶带输送机送至自动分拣系统。该自动拣选配货系统从结算、抄单到库存管理均由计算机进行，还可几个人同时作业，实现了无纸化。日本在物流运行中采用计算机控制的拣选操作系统，其突出的特点是在医药品和化妆品等物流费用承受能力强的行业发展较快，而在物流费用承受能力差的日用百货品等行业发展较慢。无论如何，日本当前已较广泛地采用了拣选操作系统。

5. 立体化

由于日本城市化程度较高，地价的上涨给物流配送中心的选址带来了极大困难。物流设施在大城市及周围地区明显减少，转移到更偏远的地方；而原先坐落在市区的仓库也因地价上涨导致经营入不敷出，被改成办公大楼或其他设施。为了提高土地利用率，日本大多数物流企业纷纷建立起自己的立体化配送中心，其中大型的自动化立体式货架仓库高 20 米，库容量大，装卸货都用巷道堆垛机，由计算机控制，出入库商品速度很快，但要求必须选择储存对路的商品。日本的立体式仓库都比较高，大都在 15 层上下，从 2 层起，所有的楼面都提供给货主做储存和流通加工之用，而底层作为大型分拣作业场，使用分拣等自动化设备与大楼的功能配备。

6. 集成化

由于只有保管功能的营业仓库无法实现多品种、少批量商品的物流管理，日本将其改成集成化的配送中心，把配送中心、冷藏冷冻仓库、货物集散中心、办公室、展示厅、会议室等设施集中在一起，共同使用。生产厂家的产品、批发和零售商采购的商品，都可直接储存在该综合性的配送中心里。零售店配送商品时可采用共同配送体制，以保证物流活动的高效化。例如，日本东京近郊就建有 4 个超大型流通中心。这些规模巨大的流通中心由政府统一规划和开发，分别由私营企业投资经营，组织海、陆、空运输配套成网，构建成大型公共流通中心。可见，政府的统筹规划、全面安排、积极扶持是物流配送中心迅速发展的一个重要因素。

7. 信息化

计算机的广泛应用促进了物流系统管理的现代化，加快了商品流通速度。据介绍，日本流通领域应用计算机的数量占全国的 50% 左右，这一比重居世界首位。日本的物流配送中心应用计算机更广泛，不仅分拣系统和立体仓库等采用计算机控制，库存管理和业务经营等也普遍实行了电子化。

流通 VAN 是将与制造业、批发业、零售业相关的商业信息，通过服务网络进行互相交换的信息系统。作为"信息网络的节点"，配送中心还通过流通 VAN 与制造商、批发商、零售商等联机，构成完整的网络，进行信息处理和交换，控制着从接受订货到发货的整个物流过程，以确保对客户实施准时配送并合理控制商品库存，减少库存商品的资金积压和节约物流费用。目前，流通 VAN 在日本物流配送中心已被广泛采用。

案例思考

1．从日本物流配送中心的特色看，现代化的物流设施与设备的发展趋势是什么？

2．请问是什么因素推动了这种趋势的形成？

Chapter 2

第 2 章　运输装备

 引导案例

　　美国联合包裹服务集团公司（UPS）是世界上最大的物流集团之一，在世界物流同行中名列前茅。UPS 公司物流服务业务范围是逐步扩大和深化的，其中包括"当天送达"、"上门服务"、"受益回报"和"多式联运"等服务项目。

　　现在的 UPS 公司把铁路运输、卡车运输、国内航空运输、国际航空运输的各个部门的功能都统一起来，不是让它们独自而战，而是统一协调，联合作战，把经营成本集中起来管理；每个环节或部门都关心："运的是什么货物？客户还需要什么？我们怎样为客户提供最佳品牌服务？"三个要素，宗旨是尽量为客户省钱、省时间、省精力。

　　UPS 的成功案例说明，运输与物流管理系统中的其他各方面都有着千丝万缕的联系，运输的成本直接影响企业、车间、工厂、仓库、供应商及客户等的选址决策；企业的存货水平很大程度上受所选运输方式的影响；所选运输方式决定所使用的包装等。因此，加强对运输管理的研究，实现运输的合理化，对于物流系统整体功能的发挥有着极为重要的意义。

2.1　运　输　概　述

　　供应链物流系统网络是由节点和连线所组成的，如果说客户、零售商、批发商、制造商、供应商及车站、码头等是物流网络中的一个个固定的节点，运输则是将这些节点连接起来的线。

2.1.1　运输的概念及特点

1. 运输的概念

　　我国国家标准《物流术语》中对运输的定义是："用设备和工具，将物品从一地点向另一地点运送的物流活动。其中包括集货、搬运、中转、装入、卸下、分散等一系列操作。"

　　运输一般是指货物及旅客借助一定的运输工具沿着一定的路线做有目的的移动过程。与国民经济中的制造业、农业、采掘业等物质生产部门不同，运输实现对物或人的空间位移，它不改变对象的属性及形态，只改变其位置。运输按输送对象的不同，可分为旅客运输和货物运输两大类，本章只讨论与物流紧密相关的货物运输。

运输牵涉的人为环境因素包括 5 个方面：托运人（起始地）、收货人（目的地）、承运人（运输方）、政府及民众。政府通过法律法规（包括经济性法规及安全性法规），来控制和促进运输的发展，同时保护民众的利益，运输最终是为广大民众服务的。运输的主要目的是以最少的时间及最低的成本，将物资从原产地输送到规定的地点，同时保障货损、货差最低。

2．运输的特点

运输业是社会生产、生活的必要条件，是国民经济发展的基础，属于国民经济的第三产业。运输业与农业、加工业、采掘业等有很大的区别，主要体现在以下几方面。

1）运输具有生产的本质属性

运输的生产过程是以一定的生产关系联系起来的、具有劳动技能的人们使用劳动工具（如车、船、飞机及其他设施）和劳动对象（货物和旅客）进行生产，并创造产品的生产过程。运输的产品，对旅客运输来说，是人的空间位移；对货物运输来说，是货物的空间位移。显然，运输是以改变"人和物"的空间位置为目的的生产活动，这一点和通常意义上的以改变劳动对象物理、化学、生物属性为主的工农业生产不同。

2）运输生产是在流通过程中完成的

运输是把产品从生产地运往消费地的活动，因此从整个社会生产过程来说，运输是在流通领域内继续的生产过程，并在其中完成。

3）运输产品是无形的

运输生产不像工农业生产那样改变劳动对象的物理、化学性质和形态，而只改变劳动对象的空间位置，并不创造新的实物形态产品。因此，在满足社会运输需求的情况下，多余的运输产品或运输支出，都是一种浪费。

4）运输产品的同一性

对不同的运输方式来说，虽然他们使用不同的运输工具，具有不同的技术经济特征，在不同的线路上进行运输生产活动，但它们对社会具有相同的效用，即都实现了物品的空间位移。运输产品的同一性使得各种运输方式之间可以相互补充、协调、替代，形成一个有效的综合运输系统。

2.1.2　运输的分类

人们对物流概念最简单、最直接的理解就是"物的流通"，因此，运输是物流中最重要的环节，因为没有运输，就不可能有"物的流通"。通过运输，使货物发生场所、空间的移动，从而解决其在生产地和需要地之间的空间距离，并创造货物的空间效用，以满足社会需要。自古至今，运输存在于人们的生产、生活及科学探索的各个方面，运输的方式也是多种多样的。从古代的飞鸽传书到现代的运载火箭，人类依靠自己的生活经验及科学知识创造了大量的运输工具。目前，基本的运输方式包括 5 种：公路运输、铁路运输、水路运输、航空运输和管道运输。与不同的运输方式相对应，运输装备主要分为公路运输装备、铁路运输装备、水路运输装备、航空运输装备和管道运输装备 5 种类型。

2.1.3 运输装备的发展趋势

1．信息化

信息技术的发展为运输装备性能的改善提供了很好的途径，卫星通信、RF、GPS、GIS 等技术使现代运输装备具有了信息化和智能化特征，运输装备的操作变得更加简单和安全。

2．大型化

为了实现规模经济，运输装备将向大型化发展，包括铁路货运的重载化、水路运输的大吨位化、管道运输的大口径化等。

3．高速化

运输速度的提高一直是各种运输装备的发展方向。目前，这种提高正在向极限突破，如我国的优势项目高铁列车。

4．综合化

随着现代物流的发展，以客户为中心的门到门服务逐渐成为主要的物流服务方式；因此，集多种运输方式于一身的运输装备将成为人们关注的重点，如公路、铁路两用车。

5．绿色化

在现代物流的经营中，在考虑企业自身效益的同时，还要考虑社会效益，只有这样才能可持续发展。因此，环保型运输装备将赢得人们的青睐，如电动汽车、天然气汽车、双燃料汽车等将成为汽车工业发展的一大旋律。

2.2　公路运输装备

2.2.1　公路运输概述

公路运输是指主要使用汽车或其他车辆（如人力、畜力车）在公路上进行客货运输的一种方式。公路运输主要承担近距离、小批量的货运，以及水运、铁路运输难以到达的地区的长途、大批量货运。由于公路运输所具有的灵活性，近年来在有铁路、水路的地区，长途、大批量运输也开始用公路运输。

由于汽车已成为公路运输的主要运载工具，因此，现代公路运输主要指汽车运输。

1．公路运输的优点

（1）快速。汽车运输的运送速度比较快，运输途中不需要中转，可以提供门到门的直达运输服务。据统计，一般在中短途运输中，公路运输的运送速度平均比铁路运输快 4～6 倍，比水路运输快 10 倍。汽车除了可以沿公路网运行，还可以深入工厂、矿山、车站、码头、农村、山区、城镇街道及居民区，空间活动领域大，这一特点是其他任何运输工具所不具备的，因而汽车运输在直达性上有明显的优势。

（2）灵活、方便。汽车运输具有机动灵活、运输方便的特点。汽车运输既可以成为其他运输方式的衔接工具，又可以自成体系，机动灵活。汽车的载重量可大可小，小者只有几百千克，大者可达几十吨、上百吨。汽车运输对货物批量的大小具有很强的适应性，既可以单车运输，又可以拖挂运输。

（3）项目投资小，经济效益高。据统计，一般公路运输的投资每年可以周转 1～2 次，而铁路运输 3～4 年才周转一次。

（4）操作人员容易培训。培训汽车驾驶员一般只需半年左右时间，而培养火车及飞机驾驶员则需几年时间，相比较而言，汽车驾驶技术比较容易掌握。

2．公路运输的缺点

（1）载运量小。运输单位小不适合大批量运输。从汽车载运量考虑，普通车辆可载运 3～5 吨，即使使用全拖车一般也只有数十吨，无法与铁路或轮船的庞大容量相比。

（2）安全性差。公路运输由于车种复杂，路况不良，以及驾驶人员的疏忽等因素，通常事故较多，故安全性较差。同时，汽车尾气的排放对环境也有较大影响。

（3）运费较高。单位运输成本较高，运行持续性较差。

2.2.2　汽车的种类与型号

近年来，随着我国高速公路的快速建设，在有铁路、水运的地区，一些距离较远的大批量运输也开始使用公路运输。公路运输是指使用公路设施与设备运送货物的一种运输方式，公路运输设备主要是指汽车。

1．汽车的分类

根据现行国家标准，汽车的定义为：由动力驱动，具有 4 个或 4 个以上车轮的非轨道承载的车辆。

现代汽车的种类繁多，各国的分类方法各不相同。我国习惯上按用途和结构把汽车分为以下几种类型。

1）轿车

轿车是指乘坐 2～8 人的小型载客汽车。轿车一般按发动机排量分级，如表 2-1 所示。

表 2-1　轿车的分类

类型	微型	普通型	中级	中高级	高级
发动机排量(L)	≤1.0	>1.0 且≤1.6	>1.6 且≤2.5	>2.5 且≤4.0	>4.0

2）客车

客车是指乘坐 9 人以上的载客汽车。按车辆长度分为微型、轻型、中型、大型和特大型客车。

3）载货汽车

载货汽车简称货车，主要用于运送各种货物。货车按其最大总载质量划分类型，如表 2-2 所示。

表 2-2　货车的分类

类型	微型	轻型	中型	重型
总载质量(t)	≤1.8	>1.8 且≤6.0	>6.0 且≤14.0	>14.0

4）越野汽车

越野汽车主要用于非公路上载运人员和货物的牵引。越野汽车的全部车轮都可以作为驱动轮。

5）牵引汽车

牵引汽车专门或主要用于牵引挂车，可分为全挂牵引车和半挂牵引车。

6）自卸汽车

自卸汽车是指货厢能自动倾翻的载货汽车。

7）专用汽车

专用汽车是指特种用途汽车，分布于商业、环卫、环保、建筑、农牧副鱼、石油地质、机场、医药卫生、公安消防、林业等领域，提供相对应的专门作业服务，如救护车、消防车、检测车、冷藏车等。

2. 汽车的型号

我国汽车产品的型号由 6 部分组成，表示方法如图 2-1 所示。

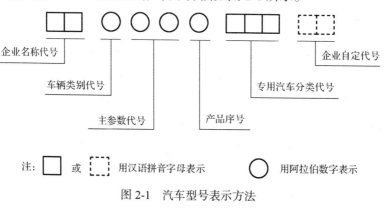

图 2-1　汽车型号表示方法

各部分的含义及规定如下。

第一部分是企业名称代号，用于识别车辆制造企业，用代表企业名称的两个或三个汉语拼音字母或英文字母表示，如 CA 为"一汽"、EQ 为"东风"、TJ 为"天汽"、HF 为"哈飞集团"等。

第二部分是车辆类别代号，是用于表明车辆分类的代号，各类汽车的类别代号如表 2-3 所示，用一位阿拉伯数字表示。

表 2-3　车辆类别代号及含义

数字	1	2	3	4	5	6	7	8	9
含义	载货汽车	越野汽车	自卸汽车	牵引汽车	专用汽车	客车	轿车	未定	半挂车及专用半挂车

第三部分是主参数代号，用于表明车辆的主要特性参数，用两位阿拉伯数字表示。货车、越野汽车、自卸汽车、牵引汽车及半挂车均用车辆总载质量（吨）表示；客车为车辆长度（米），小于 10 米时，应精确到小数点后一位，并以其值的 10 倍数表示；轿车为发动机排量（升），精确到小数点后一位，并以其值的 10 倍数表示。

第四部分是产品序号，产品序号表示一辆汽车的生产顺序号。

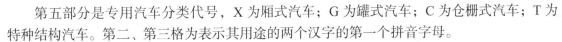

第五部分是专用汽车分类代号，X 为厢式汽车；G 为罐式汽车；C 为仓栅式汽车；T 为特种结构汽车。第二、第三格为表示其用途的两个汉字的第一个拼音字母。

第六部分是企业自定代号，是企业按需要自行规定的补充代号。

如 CA1091 表示中国第一汽车集团公司生产的 9 吨货车；TJ7100 表示天津汽车厂生产的排量为 0.99 升的轿车。

2.2.3　常用货车

货车的种类繁多，常用的有以下几种。

1．厢式货车

厢式车除具备普通车的一切构成外，还必须具备全封闭的厢式车身、便于装卸作业的车门（如图 2-2 所示）。封闭式的车厢可使货物免受风吹、日晒、雨淋，将货物置于车厢内，可防止货物散落、丢失，安全性好，比较适合于各种家用电器、电子产品、纺织品等轻工产品和邮政运输。

2．自卸式货车

自卸式货车又称为翻斗车，可以启动后翻或侧翻，使货物能够依靠本身的重力自行卸下；具有较大的动力和较强的通过能力，矿山和建筑工地上一般采用自卸式货车（如图 2-3 所示）。

图 2-2　厢式货车

图 2-3　自卸式货车

3．拦板式货车

拦板式货车具有整车重心低、载重量适中的特点，适于企事业单位、批发商店、百货商店的货运用车，用于装卸百货和杂品；在装卸过程中，可以将拦板打开（如图 2-4 所示）。

图 2-4　拦板式货车

4．罐式货车

罐式货车具有密封性强的特点（如图 2-5 所示），专门用于运送易挥发、易燃等危险品，如运送燃油的油罐车。

5．牵引车和挂车

牵引车是一种有动力而无装载空间的车辆，是专门用来牵引挂车的运输工具（如图 2-6 所示）；挂车是无动力但有装载空间的车辆。二者结合在一起组成汽车列车进行货物运输。挂车分为全挂车和半挂车两种，两者的区别在于全挂车可以依靠其前后两组车桥（轴）来承载其自身重量；而半挂车只有后面一组车桥，前面必须搭在牵引车上通过第五轮（牵引销）进行联结才能行进，平时若不拖挂就靠前端支腿立于地面与后桥共同支撑其重量（如图 2-7 所示）。

图 2-5　罐式货车

图 2-6　牵引车

(a) 全挂车

(b) 半挂车

图 2-7　挂车

2.3　铁路运输装备

2.3.1　铁路运输概述

铁路运输是使用铁路列车运送客货的一种运输方式。铁路运输主要承担长距离、大批量的运输，在没有水运条件的地区，几乎所有大批量货物都要依靠铁路，它是在干线运输中起主力作用的运输形式。铁路运输是我国货运量最大的运输方式。

1．铁路运输的优点

（1）运输速度快。普通列车的时速一般为 100 千米左右，而高速铁路的运行时速可达到310～360 千米。

（2）运价低且运距长。铁路运输采用大功率机车牵引列车运行，承担长距离、大批量的运输服务，是大宗货物通用的运输方式。由于列车运行阻力小，能源消耗量低，运输系统整体价格相对低廉。

（3）行驶具有自动控制性。铁路运输具有专用路权，在列车行驶上具有高度导向性，可以采用列车自动控制方式控制列车运行，以达到车辆自动驾驶的目的。

（4）有效使用土地。铁路运输以客、货车组成的列车为基本单元，可以在有限的土地上进行大量的运输。因此，较之公路可以节省大量的土地，使土地资源达到最有效的利用。

（5）污染性较低。铁路的污染性较公路低，如在噪音方面，铁路所带来的噪音污染，不仅比公路低，而且是间断性的。

（6）受气候限制小。铁路运输具有高度的导向性，只要行车设施无损坏，在任何气候条件下，如下雨、冰雪，列车均可安全行驶，受气候因素限制很小，所以铁路运输是最可靠的运输方式。

2．铁路运输的缺点

（1）货物损失较高。铁路运输可能因为列车行驶时的震动与货物装卸不当，容易造成所承载货物的损坏；而且运输过程需要经多次中转，也容易导致货物损坏、遗失。铁路运输的货物损失比例远高于公路运输，所以一些客户不敢将高价值的商品交由铁路承运。

（2）运输管理缺乏弹性。公路运输灵活，可以随货源或客源所在地变化而变更运输路线；但铁路不行，只能在固定线路上实现运输，所以容易产生空车返回现象，从而造成运输成本的增加。

（3）运输时间较长。在运输过程中需要有列车的编组、解体和中转改编等作业环节，占用时间较长，因而增加了货物的运输时间。

2.3.2　铁路机车

铁路机车也就是人们常说的火车头，是铁路运输的基本动力。由于铁路车辆大都不具备动力装置，列车的运行和车辆在车站内有目的的移动均需机车牵引或推送。根据原动力不同，铁路机车分为蒸汽机车、内燃机车及电力机车。

1．蒸汽机车

蒸汽机车是以蒸汽为原动力，通过蒸汽机把燃料的热能转变成机械能，来牵引列车的一种机车（如图 2-8 所示）。蒸汽机车结构比较简单，造价也相对低廉。随着科学技术的发展和不可再生资源的日益减少，在现代铁路运输中，蒸汽机车已经逐渐被其他新型牵引机车（如内燃机车和电力机车）所取代。

2．内燃机车

内燃机车是以内燃机为原动力的机车（如图 2-9 所示）。与蒸汽机车相比，内燃机车的热交换效率很高，一般可以达到 20%～30%。而且内燃机车的独立性也很强，整备时间比蒸汽机车短，启动快，通过能力大；内燃机车在一次加足燃料后，持续工作时间长，运行路线长，特别适合于在缺水或水质不良的地区运行，并可实现多机连接牵引。此外，内燃机车单位功率重量轻，乘务员工作环境相对较好。因此，内燃机车的发展很快。其缺点是机车构造复杂，制造、维修和运营的费用都较大，对环境也有较大污染。

图 2-8　蒸汽机车

图 2-9　内燃机车

3. 电力机车

电力机车是从铁路沿线的接触网获取电能并以此作为牵引动力的机车，所以电力机车是非自带能源的机车（如图 2-10 所示）。它的热效率比蒸汽机车高一倍以上。它启动快、速度高、善于爬坡，可以作为大功率机车使用；而且运输能力大，运营费用低，当利用水力发电时，更为经济；由于电力机车不用水，不污染空气，运行中噪声也较小，因而乘务员的工作环境好。但电气化铁路需要建设一套完整的供电系统，其基建投资要比采用蒸汽机车或内燃机车大得多。

图 2-10　电力机车

2.3.3　铁路车辆

铁路车辆是指自身不具动力，连接成车列后由机车牵引运行的铁道运输装备。铁路车辆由车体、车底架、走行部、车钩缓冲装置和制动装置 5 个基本部分组成。

1. 客车

客车又包括软席座车、硬席座车和卧车。按照旅客旅行生活的需要和长、短途旅客的不同要求，常见的客车有硬座车（YZ）、软座车（RZ）、硬卧车（YW）、软卧车（RW）、餐车（CA）、行李车（XL）、邮政车（UZ）等。

2. 货车

货车是指以运输货物为主要目的的铁道车辆。在特殊情况下，货车也可用来运送旅客或兵员。有些铁道车辆并不直接参加货物运输，而是用于铁路线路施工、桥梁架设及轨道检测等，但这些车辆也归入货车类。为了适应不同货物的运送要求，货车的种类很多，在物流领域使用的铁路货车主要有以下几种。

1）棚车（P）

这种货车具有车顶、侧墙、端墙，并设有窗和滑门，它主要承运粮食、食品、日用工业品等怕晒、怕湿货物和贵重物品，必要时还可运送人员和马匹（如图 2-11 所示）。

2）敞车（C）

敞车即没有车顶，但有平整地板和固定侧墙的货车，主要装运煤、矿石、砂、木材、钢材等不怕日晒及雨淋的货物；货物上盖上防水篷布可代替棚车运送怕湿货物（如图 2-12 所示）。

图 2-11　棚车

图 2-12　敞车

3）平车（N）

平车没有侧墙、端墙和车顶，但有的具有可以放倒的侧板和端板。这种车体自重较小，装运吨位较大，适合装运集装箱、钢材、大型建材、汽车等货物（如图 2-13 所示）。

(a) 凹底平车

(b) 集装箱平车

图 2-13　平车

4）罐车（G）

罐车是铁道上用于运输气、液、粉等货物的主要专用车型，有横卧圆筒形，也有立置筒形、槽形、漏斗形。其可分为装载轻油用罐车、黏油用罐车、酸类罐车、水泥罐车、压缩气体罐车等多种（如图 2-14 所示）。

5）保温及冷藏车（B）

保温及冷藏车外形结构类似棚车，也是整体承载结构，车体设有隔热层，加装有冷冻设备以控制温度，用于装运生鲜和易腐货物（如图 2-15 所示）。根据制冷机制不同，冷藏车可分为冰冷藏车和机械冷藏车两大类。

图 2-14　罐车

图 2-15　保温及冷藏车

6）漏斗车（K）

漏斗车车体的下部设有一个或多个漏斗形卸货口，卸货时货物从这里卸下。漏斗车可分为无盖漏斗车和有盖漏斗车两类，其主要特点是卸货方便，打开漏斗口的挡板，货物靠重力自行卸下。漏斗车主要用于装运煤、石渣、粮食、石灰石等散装货物（如图2-16所示）。

7）特种车（T）

特种车是指装运特殊货物的车辆，如长、大货物车，家畜车（如图2-17所示）等。

图2-16　漏斗车

图2-17　家畜车

2.4　水路运输装备

2.4.1　水路运输概述

水运是使用船舶运送客货的一种方式。水运主要承担大数量、长距离的运输，是在干线运输中起主力作用的运输形式。在内河及沿海，水运也常作为小型运输工具使用，担任补充及衔接大批量干线运输的任务。

水运有以下4种形式：

● 沿海运输：指本国沿海各港口间的海上运输的一种方式，一般使用中小型船舶。

● 近海运输：指大陆邻近的国家经海上航道在两个港口之间运送客货的一种运输方式，视航程可使用中型船舶，也可使用小型船舶。

● 海洋运输：指跨大洋的长途运输方式，主要依靠运量大的大型船舶。

● 内河运输：指在陆地内的江、河、湖泊等水道进行运输的一种方式，主要使用中、小型船舶。

1. 水路运输的优点

（1）运输量大。它适合宽大、质量重、数量大的产品运输，船舶货舱的尺寸比其他运输工具都大。因此，可以供产品运输的舱位及其载重量比空运或陆运都大。目前，隶属于中海集运公司，世界最大、最先进的集装箱货轮"中海太平洋"号全长400米、宽58.6米，水面高度为69米，排水量为18.7万吨，满载吃水达16米，设计装载量为19100个标准集装箱，是名副其实的海上巨无霸。

（2）运输成本低。基础设施投资少，单位运价低廉。水上运输利用自然浮力和天然或稍加改良的水道，线路建设成本低。据统计，开发内河航道每千米投资仅为铁路旧线改造的1/5，或建新线的1/8。

（3）能源消耗少。对各种常见运输方式的能源利用率的研究表明，在低速情况下，水路每吨千米的燃料利用率最高。据测算运输一吨产品至同样距离，水路运输所消耗的能源最少，单位运输成本最低。水路运输的运输成本约为铁路运输的 1/25～1/20，约为公路运输的 1/100。因此水路运输是最低廉的运输方式，适用于运输费用负担能力较弱的原材料及大宗物资。

（4）续航能力强。商船出航，所携带的燃料、粮食及淡水，可历时数十日，非其他运输方式可比；而且商船具有独立生活的各种设备，如发电、制造淡水、储藏大量粮食等，能独立生活。

2．水路运输的缺点

（1）运输速度慢，是常用运输方式中最慢的一种。若途中的货物较多，会增加货主的流动资金占用量。

（2）受天气和其他自然条件影响大，线路迂回。水路运输受气候和商港限制，可塑性低。商船航行在海上，遇暴风雨需及时躲避，遇大雾需按避碰章程处理以防损害，这些都是气候对水路运输的限制。另外，商船到达商港会因港湾水深或装卸设备的缺乏，被限制入港与作业。此外，由于航线或河道迂回的影响，水路运输的线路较长。

（3）货物破损较多。船舶在行驶过程中受风浪的影响，容易颠簸、摇晃，造成货物受损。

2.4.2　货船

货船是运送货物的船舶统称，一般不载旅客，若附载旅客，不能超过 12 人。根据《国际海上生命安全公约》的规定，凡载客 12 人以上的船舶均需按客船规范要求来建造与配置设备。根据所运输货物的种类不同，货船可分为如下几种。

1．干货船

干货船又称杂货船，是以装运各种包装、桶装及成箱、成捆等件货为主要业务的货船（如图 2-18 所示）。干货船具有 2～3 层全通甲板，根据船的大小设有 3～6 个货舱，每个货舱的甲板上有舱口及吊杆或吊车以装卸货物，底部常采用双层底结构以保证船舶的安全。其机舱大多在船的中后部与尾部，以将船中部方整的船体设置为货舱，有利于装货、理货和清舱。干货船又分为普通型杂货船与多用途杂货船，其中多用途杂货船既可装杂货，又可装散货、集装箱，甚至滚装货，以提高揽货能力与装卸效率，进而提高船舶运营经济性。

2．散货船

散货船指专门运载粉末状、颗粒状、块状等非包装类大宗货物（如谷物、矿砂、煤炭及水泥等）的运输船舶（如图 2-19 所示）。散货船运货量大、运价低，在目前各类船舶的总吨位排名中占据第二位，约为 15 亿吨。而一般散货船是 25000～60000 吨，也有 150000 吨的巨轮。普通散货船一般为单甲板、尾机型，货舱截面呈八角形，舱室的分隔要求不高，一般不设装卸货设备。根据散货船的功能分为：（1）专用散货船，即专门用于某种货物运输的散货船，如运煤船、散粮船、矿砂船、散装水泥船等；（2）兼用散货船，即在装运散货的同时，还能装运其他特定货物，如车辆散货船、矿-散-油兼用船等；（3）特种散装船，包括大舱口散货船（舱口宽度达船宽的 70%，装有起货设备）、自卸散货船（通过所装载的自卸系统实现卸货自动化）和浅吃水肥大型船等。

图 2-18　干货船

图 2-19　散货船

3．液货船

液货船是专门用于运输液态货物的船舶，如油船、液体化学品船和液化气船等。由于液体散货的物理、化学性质差别很大，因此运送不同液货的船舶，其构造与特性均有很大差别。

1）油轮

油轮是专门用于载运散装石油及成品油的液货船（如图 2-20 所示），一般分为原油船和成品油船两种。

2）液化气船

将气体冷却压缩成为液体，旨在大大减小它的体积后装载在船内运输，这种专用船即称为液化气船，如图 2-21 所示。液化气船分为液化石油气船（LPG）、液化天然气船（LNG）和液化化学气船（LGG）。

图 2-20　油轮

图 2-21　液化天然气船

3）液体化学品船

液体化学品船是专门载运各种液体化学品，如醚、苯、醇、酸等的液体货船，如图 2-22 所示。由于液体化学品一般都具有易燃、易挥发、腐蚀性强等特征，有的还有剧毒，所以对船舶的防火、防爆、防毒、防泄漏、防腐等方面有较高的要求。除双层底外，货舱区均为双层壳结构，货舱有通气系统和温度控制系统，并且根据需要还设有惰性气体保护系统。货舱区与机舱、住舱及淡水舱之间均由隔离舱分隔开来。根据所运载货物的危害性，液体化学品船分为Ⅰ、Ⅱ、Ⅲ级。Ⅰ级船专用于运输危险性最大的化学品，要求船舶的双重舷侧所形成的边舱宽度不小于1/5船宽；Ⅱ级船专用于运输危险性略小的化学品，边舱宽度小于Ⅰ级船；Ⅲ级船用于运输危险性更小的化学品，其构造与油船相似。一般化学品船舱室小而数量多，并安装有水泵及管道系统和灵活的装卸设备。

4．集装箱船

集装箱船是装运规格标准统一的集装箱的货船，如图 2-23 所示。根据国际标准化组织（ISO）公布的统一规格，集装箱通常都使用 20 英尺和 40 英尺两种（1 英尺=0.3048 米），长、宽、高分别为 20 英尺、8 英尺、8 英尺和 40 英尺、8 英尺、8 英尺；20 英尺集装箱被定为统一标准箱（TEU）。集装箱船的特点是外形瘦长、航速较高，为减少风浪影响，通常采用球船首船型；船口宽大，以便于对集装箱装卸，上甲板平直，货舱内部和甲板上均可积载集装箱。集装箱船按载箱数多少（按标准箱 TEU 计算）分为第一代、第二代、第三代等，载箱数大致分别为 1000TEU、2000TEU 及 3000TEU；现已发展到第五代、第六代集装箱船，载箱数为 6000TEU 以上。集装箱船具有装卸效率高、经济效益好等优点，因而得到迅速发展。

图 2-22　液体化学品船

图 2-23　集装箱船

5．冷藏船

冷藏船是专门运输易腐货物（如鱼、肉、水果、青菜等）的船舶，如图 2-24 所示。它通过特有的制冷和隔热系统，将货物保持在一定的低温条件下，以使货物送到目的地时仍能保持一定的新鲜程度。冷藏船舱口尺寸较小，设有多层甲板，间舱高度较小，船壳多漆成白色，以防日晒的热气辐射。除航行动力及装卸主副机外，还装有冷冻机、送风机、抽风机等。它利用二氧化碳或氨、氟等冷媒剂制造冷气，经管道送入货舱四壁的蛇形管内，或经通风口用送风机打入，使舱内温度降低并保持规定温度，同时用抽风机使舱内保持空气新鲜。根据不同货种，冷藏舱的温度可在–25～15℃进行调整；冷藏船的吨位较小，航速较高。

6．滚装船

滚装船主要用于装运载货车辆，如图 2-25 所示。载货车辆通过设在船尾部或船首部、船舷部的跳板进出船舶，因此船舶及码头均无须设置装卸设备。滚装船具有多层甲板，主甲板下通常是纵通的无横舱壁的甲板间舱，甲板间舱高度较大，适用于装车；首尾设有跳板，供车辆上下船用；船内有斜坡道或升降机，便于车辆在多层甲板间舱行驶；主甲板以下两舷多设双层船壳；机舱位于尾部，多采用封闭式；从侧面看，水上部分很高，没有舷窗。滚装船装卸速度高，可达普通货船的 10 倍，宜于装载特大、特重、特长货物，便于实现"门到门"运输。

7．驳船、推船与拖船

驳船常指靠拖船或推船带动且为单板的平底船，是内河运输货物的主要工具。驳船上层建筑简单，一般无装卸货设备，有的驳船自己有动力装置；驳船往往用于转运那些由于吃水等原因不便进港靠泊的大型货船的货物，或组成驳船队运输货物。推船是用来顶推驳船或驳船队的机动船，有强大的功率和良好的操纵性能（如图 2-26 所示）。拖船是专门用于拖曳其他船舶、船队、木排或浮动建筑物的工具，是一种多用途的工作船，与推船一样具有强大的功率和较高的操纵性（如图 2-27 所示）。

图 2-24　冷藏船

图 2-25　滚装船

图 2-26　推船

图 2-27　拖船

8．载驳船

载驳船又称子母船，是用一大型机动母船运载一大批同型驳船的船（如图 2-28 所示）。驳船内能装各种货物或标准尺寸的集装箱，母船到锚地时，驳船队从母船卸到水中，由拖船或推船将其带走，母船则再装载另一批驳船后即可开航。

9．多用途船

多用途船即可以装运杂件货、散货、集装箱、重大件货和滚装货的船舶，如图 2-29 所示。大多数多用途船设置两层甲板，机舱在尾部，其型宽比普通货船大，型深以装运集装箱所需层数确定。多用途船适宜在不定期航线及班轮航线运输非适箱货和部分集装箱，发展前途很好。

图 2-28　载驳船

图 2-29　多用途船

2.5　航空运输装备

2.5.1　航空运输概述

航空运输是使用飞机或其他航空器进行运输的一种形式。航空运输的单位成本很高，因此，主要适合运载的货物有两类：一类是价值高、运费承担能力很强的货物，如贵重设备的零部件、高档产品等；另一类是紧急需要的物资，如救灾抢险物资等。

1．航空运输的优点

（1）运行速度快。与其他运输方式相比速度快是航空运输的最明显的特征，在非常注重时间价值的现代社会，速度具有其他任何方式都无法比拟的特殊优势。

（2）灵活、机动性大。飞机不受地理条件的限制，几乎可以飞越各种天然障碍，可以到达其他运输方式难以到达的地方，获得更高的市场灵活性，对市场变化做出快速反应。

（3）航空运输服务质量高、安全可靠。各航空公司对航空飞行实行严格管理，有较好的服务保障措施，货物保险费用较低。

2．航空运输的缺点

（1）运输成本高。由于飞机造价高，燃油消耗量大，航空运输仍然是最昂贵的一种运输方式。

（2）运输能力小。航空运输的每机运量有限，对于货物的体积和重量有较多的限制。

（3）有些货物禁用空运。在正常运输条件下，易燃、易爆、易发生危险性反应、易产生导致危险的热量、易散发毒性、腐蚀性等物质都被禁止使用航空运输。

（4）受天气影响较大。航空运输工具在空中飞行，受天气限制较大，恶劣的天气可能造成飞机延误或偏航。

3．航空运输的分类

航空运输方式主要有班机运输、包机运输、集中托运和急件快递业务。

1）班机运输

班机运输（Scheduled Airline）指具有固定开航时间、航线和停靠航站的飞机。通常为客货混合型飞机，货舱容量较小，运价较高；但由于航期固定，有利于客户安排鲜活商品或急需商品的运送。

2）包机运输

包机运输（Chartered Carrier）是指航空公司按照约定的条件和费率，将整架飞机租给一个或若干个包机人（包机人指发货人或航空货运代理公司），从一个或几个航空站装运货物至指定目的地。包机运输适合于大宗货物运输，费率低于班机，但运送时间则比班机要长些。

3）集中托运

集中托运（Consolidation）可以采用班机或包机运输方式，是指航空货运代理公司将若干批单独发运的货物集中成一批向航空公司办理托运，填写一份总运单送至同一目的地，然后

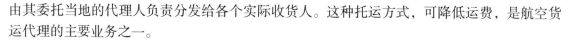

由其委托当地的代理人负责分发给各个实际收货人。这种托运方式，可降低运费，是航空货运代理的主要业务之一。

4）急件专递

急件专递是目前航空运输中最快捷的方式，它由专门经营此项业务的部门和航空公司合作，以最迅速的方式传送急件。

2.5.2 飞机的分类

依据其分类标准的不同，飞机有以下4种划分方法。

（1）按飞机的用途划分，有国家航空飞机和民用航空飞机。国家航空飞机是指军队、警察和海关等使用的飞机。民用航空飞机主要是指民用飞机和直升机，民用飞机指民用的客机、货机和客货两用机。

（2）按飞机发动机的类型划分，有螺旋桨飞机和喷气式飞机。螺旋桨飞机利用螺旋桨的转动将空气向机后推动，借其反作用力推动飞机前进。喷气式飞机是将空气多次压缩后喷入飞机燃烧室内，使空气与燃料混合燃烧后产生大量气体以推动涡轮，然后以高速度将空气排出机外，借其反作用力使飞机前进。喷气式飞机结构简单，制造、维修方便，速度快，节约燃料费用，装载量大，使用率高，所以目前已经成为世界各国机群的主要机种。

（3）按飞机的发动机数量划分，有单发动机飞机、双发动机飞机、三发动机飞机和四发动机飞机。

（4）按飞机的航程远近划分，有近程、中程和远程飞机。远程飞机的航程为8000千米以上，可以完成中途不着陆的洲际跨洋飞行。中程飞机的航程为3000～5000千米，近程飞机的航程一般小于1000千米。近程飞机一般用于支线，因此又称支线飞机，中、远程飞机一般用于国内干线和国际航线，又称干线飞机。

用于物流领域的航空运输设备主要有货机和客货机两类。客货机以运送旅客为主，运送货物为辅。货机专门用于运送各类货物，现役货机多由客机改装而来。

2.5.3 运输机的主要系列

目前世界上主要的运输机机型有波音系列、空中客车系列、伊尔系列、安系列及我国的运系列等。

1. 波音系列

波音系列飞机是美国波音公司拥有的一个非常成功的民用运输机产品系列，至2012年3月该系列已拥有波音40、波音80、波音211、波音314、波音247、波音307、波音377、波音707、波音717、波音727、波音737、波音747、波音757、波音767、波音777、波音787客机。

2. 空中客车系列

空中客车系列飞机主要包括A300、A310、A320、A330、A340。其中，A300为基本型，可载客251～267人；A310由A300发展而成，机翼和机身稍有缩短，可载客210～245人；A320是普通机身的中近程客机，采用先进的电传操纵系统。旅客舱典型布局载客150人；A330

在 A300 基础上，机身延长，恢复宽机身，航程增大，为中远程客机；A340 是四发中远程大型客机，在机翼上装有四台涡轮风扇发动机，机上装有多普勒导航系统和自动着陆设备等。

3．伊尔系列

伊尔系列飞机是苏联伊留申设计局研制的四发中远程喷气式客机。机身采用半硬壳式铝合金结构，截面呈圆形，悬臂式后掠下单翼。主要机型有伊尔-18、伊尔-62、伊尔-76、伊尔-86、伊尔-96 等 5 种，每种主要机型还有若干种改型。

4．安系列

安系列飞机是由乌克兰安东诺夫航空科研技术联合体研制的飞机，包括 An-12 军用运输机、An-74 短距起落运输机、An-24 双发涡轮螺桨支线客机、An-26 双发涡轮螺桨支线运输机、An-32 双发短程运输机、An-124 四发远程重型运输机、An-225 六发涡轮风扇式重型运输机（如图 2-30 所示），该机起飞重量 640 吨，机舱的载重量可达到 250 吨，是目前世界最大的运输机。

5．运系列

运系列飞机是我国研制的运输机，包括 Y-5、Y-7、Y-8、Y-10、Y-11、Y-12 等。其中，Y-8 是陕西飞机制造公司研制的四发涡轮螺桨中程多用途运输机，有 Y-8A（直升机载机）、Y-8B（民用型）、Y-8C（全气密型）、Y-8D（出口型）、Y-8H（无人机载机）、Y-8H（民航机）、Y-8（货运型）和 Y-8X（海上巡逻机）等 17 个型号。另外，我国自主研发的新一代重型军用运输机 Y-20 于 2013 年 1 月 26 日首飞成功，目前正处于科研试飞阶段（如图 2-31 所示）。该机最大起飞重量 220 吨，载重超过 66 吨，最大时速≥800 千米，航程>7800 千米，实用升限 13000 米，拥有高延伸性、高可靠性和安全性。

图 2-30　安 225

图 2-31　运 20

2.6　管道运输装备

2.6.1　管道运输概述

管道运输是利用管道输送气体、液体和粉状固体的一种运输方式。其运输形式是靠物体在管道内顺着压力方向顺序移动实现的，和其他运输方式的重要区别在于管道设备是静止不动的。

1. 管道运输的优点

（1）运输量大。一条直径720毫米的输煤管道，一年即可输送煤炭2000万吨，几乎相当于一条单线铁路的单方向的输送能力。

（2）建设工程量小，占地少。管道运输只需要铺设管线，修建泵站，土石方工程量比修建铁路小得多。而且在平原地区大多埋在底下，不占农田，可走捷径。

（3）损耗小，安全可靠，无污染。易燃的油、气密闭于管道中，既可减少挥发损耗，又较其他运输方式安全，且系统机械故障率低。

（4）可长期稳定运行。由于几乎不受恶劣气候条件的影响，可以长期连续不断地稳定运行。

（5）耗能少、运输费用低。输送每吨千米轻质原油的能耗只有铁路的1/17～1/2。成品油运费仅为铁路的1/6～1/3，接近海运，且无须装卸、包装，无空车回程问题。

2. 管道运输的缺点

（1）专用性强，机动灵活性小。只能运输石油、天然气及固体料浆（如煤炭等），并且限于固定的管道，且为单向运输。

（2）运输量不能太小。当运输量降低较多并超出其合理运行范围时，优越性就难以发挥；因此只适于定点、量大、单向的流体运输。

2.6.2 管道运输设施的构成及分类

1. 管道运输设施的构成

1）线路设施

管道的线路设施是管道的主体，主要有石油管道和天然气管道。

（1）管道本体，由钢管及管阀件组焊连接而成。

（2）管道的防腐保护设施，包括阴极保护站、阴极保护测试桩、阳极地床和杂散电流排流站。

（3）管道水工防护构筑物、抗震设施、管堤、管桥及管道专用涵洞和隧道。

图 2-32　管道与油泵

2）管道站、库设施

按照管道站、库位置的不同，分为首站（起点站）、中间站和末站（终点站）。按照所输介质的不同，又可分为输油站和输气站。输油站包括增压站（泵站）、加热站、热泵站、减压站和分输站；输气站包括压气站、调压计量站和分输站等。图2-32所示为一套管道与油泵。

3）附属设施

管道附属工程主要包括管道沿线修建的通信线路工程、供电线路工程和道路工程。此外，还有管理机构、维修机构及生活基地等设施。

2. 运输管道的分类

按所输送物品的不同，运输管道分为以下4种。

1）原油管道

原油运输是将原油输送到炼油厂、港口或铁路车站，其运输特点是输量大、运距长、收油点和交油点少，世界上的原油约有 85%以上是用管道输送的。

2）成品油管道

成品油管道输送汽油、煤油、柴油、航空煤油和燃料油，以及从油气中分离出来的液化石油气等。其特点是批量多、交油点多，因此，管道的起点段管径大，输油量大；经多处交油分输以后，输油量减少，管径亦随之变小，从而形成成品油管道多级变径的特点。

3）天然气管道

输送天然气和油田伴生气的管道，包括集气管道、输气干线和配给气管道。

4）固体料浆管道

固体料浆管道是 20 世纪 50 年代中期发展起来的，到 20 世纪 70 年代初已建成能输送大量煤灰的料浆管道。其输送方法是将固体粉碎，掺水制成浆液，再用泵按液体管道输送工艺进行输送。

2.6.3 管道设备的维护

1. 管道防腐

尽管管道运输设备具有便于管理、运行安全的特点，但由于输送管道大多深埋于地下，受到来自大气腐蚀、细菌腐蚀、土壤腐蚀、杂散电流腐蚀等威胁，因此，应根据具体情况，采取防腐措施。

（1）选用耐腐蚀材料，如聚氯乙烯管、含铅和含钛的合金钢管等。

（2）采用内外壁防腐绝缘层，将钢管与腐蚀介质隔离。

（3）埋地管线的阴极保护，通常有两种办法：一种是给埋地管线施加外电流以抑制其原来存在的腐蚀电流；另一种办法是在待保护的金属管线上连接一种电位更负的金属材料，形成一个新的腐蚀电流，通过牺牲这一金属材料的腐蚀来保护管线。

（4）杂散电流腐蚀的保护，根据判断管道杂散电流强度的大小，采取相应的保护措施，如采用直排流保护，即利用导线连接管线与电气铁路的回归线，将杂散电流送回。

（5）在输送或储存介质中加入缓蚀剂抑制内壁腐蚀。

（6）根据不同情况，对上述几种方法进行组合使用，达到综合防腐的效果，如常采用防腐绝缘层加阴极保护。

2. 管道清洗

（1）物理清洗。它包括高压水射流清洗、机械法清洗、喷砂清洗、电子跟踪清洗、爆炸法清洗等。

（2）化学清洗。即向管道内投入含有化学试剂的清洗液，与污垢进行化学反应，然后用水或蒸汽吹洗干净，多用于金属管道、不锈钢管道清洗和管道脱脂。

（3）物理和化学结合清洗。将物理方法和化学方法进行结合，开发出多种实用的复合清洗方法，实现两种方法的取长补短、相辅相成，达到较好的清洗效果。

此外，管道虽然是一种最安全的运输装备，但一旦发生事故，其后果是灾难性的，因此，必须加强对管道运输装备的风险管理。

思考练习

1. 汽车的型号是如何规定的?
2. 汽车运输的特点有哪些?
3. 铁路运输的特点是什么?
4. 如何进行管道设备的维护?

案例分析

沃尔玛的物流运输系统

沃尔玛公司是世界上最大的商业零售企业,在物流运营过程中,尽可能地降低成本是其经营的哲学。

沃尔玛有时采用空运、有时采用船运,还有一些货物采用卡车公路运输。沃尔玛的大宗商品通常经铁路送达配送中心,再由公司的卡车送达商店。所以,如何降低卡车运输成本,是沃尔玛物流管理者面临的一个重要问题,为此他们主要用取了以下措施。

1. 在物流运输系统中,因为汽车的燃料相当昂贵,加之需要请司机,所以对车队的管理是很重要的。在整个物流过程中,沃尔玛运输部费用最高,所以,车队节约的费用越多,整个供应链中节省的钱就越多,让利给消费者的部分也就越多。

沃尔玛对汽车的选择很严格,它采用一种尽可能大的卡车,为 16 米加长的货柜,相当大,比集装箱运输卡车还要更长或者更高。在美国的公路上经常可以迎面碰上这样的车,你会惊叹它的硕大。这些车辆都是沃尔玛自备的,而且这些司机也是沃尔玛的员工。他们在美国各个州之间的高速公路上运行,而且车中的每立方米都填得满满的,因为这样有助于沃尔玛降低成本。

2. 沃尔玛的车队大约有 5000 名非司机员工,还有 3700 多名司机。车队每周一次运输可以达 7000～8000 千米,无事故行程累积已达 300 万千米。这些卡车是沃尔玛整个供应链当中的一个重要部分。

沃尔玛的卡车不仅是比较昂贵的,而且卡车行驶永远有较大的危险系数。因此,对于运输车队来说,要保证车队的安全,也要保证公路的安全,以减少出事故的危险,沃尔玛的口号是"安全第一,礼貌第一"。在运输过程中,如果其他车的人需要帮助的话,这些卡车司机也会全力相助。司机们都非常遵守交通法规。沃尔玛也定期对公路进行调查。卡车上面都带有公司的号码,如果看到沃尔玛司机违章,包括闯红灯或违章驾驶,就可以根据车上的号码来报告。但事实上,很多人打来的电话都是表扬沃尔玛司机的,说他们非常有礼貌,而且非常遵守交通规则,这类公众的来信很多,大都表扬这些司机给其他司机以帮助。这些都证明,沃尔玛的司机做得非常好,实际上他们的行动并不是沃尔玛进行的一种公关活动,对于沃尔玛来说,卡车不出事故,就是节省公司的费用,就是降低成本。

3. 沃尔玛采用全球定位系统对车辆进行控制。因此,在任何时候,调度中心都可以知道这些车辆在什么地方,离商店有多远,还需多长时间才能运达,运输可以精确到小时。沃尔玛知道卡车在哪里,产品在哪里,就可以提高整个系统的效率。

4. 沃尔玛在运输方面的战略和策略是:把卡车装得非常满,所有的商品从卡车的底部一直装到顶部，填得满满的。一些商场只在白天开门，但是物流部门却是 24 小时全天候运营。如果货物晚上运到，当晚即可卸货，无须影响商店白天的营业。

在配送中心，沃尔玛也和供货商定好时间，而且跟商店之间也是定好时间的，一切都按照运行的时间表进行。沃尔玛有严格的时间管理，又有着非常精确可靠的系统，用不着对商品进行逐一检查，这样可减少成本、节省时间。

案例思考

1. 结合本案例，从选择运输工具的角度分析如何降低运输成本。

2. 简评"尽可能实现大批量运输，避免小批量多批次运输就是提高物流运输效率，节约物流成本"这句话的合理性。

第 3 章　仓储装备

 引导案例

　　随着生产规模的扩大，上海卷烟厂主厂房的每天 29300 件的日生产能力（考虑设备有效作业率）和成品仓库的存放量（28200 件）已不能满足生产需要。再加上由于班次和运输的问题，有时可能还会出现超出一天存量的问题，使成品堆放场地产生较大的缺口。另外成品仓库现在都是人工作业，自动化、信息化程度相当低，已不能适应企业信息化发展的要求。针对企业的具体生产情况，上海卷烟厂对其成品仓库进行了改造，结合烟厂成品仓库的实际，提出了应用惯性导引 AGV（自动导向车）系统的设想和具体应用解决方案。

3.1　仓　储　概　述

　　仓储是指通过仓库对商品与物品的储存与保管。"仓"即仓库，为存放、保管、储存物品的建筑物和场地的总称，可以是房屋建筑、洞穴、大型容器或特定的场地等，具有存放和保护物品的功能。"储"即储存、储备，表示收存以备使用，具有收存、保管、交付使用的意思。

3.1.1　仓储设备的分类

　　仓储设备是指仓储工作中使用的设备，能够满足储藏和保管物品需要的技术装置和机具，具体可分为装卸搬运设备、保管设备、计量设备、养护检验设备、通风保暖照明设备、消防安全设备、劳动防护设备及其他用途设备和工具等。

1. 装卸搬运设备

　　装卸搬运设备用于商品的出入库、库内堆码及翻垛作业。这类设备对改进仓储管理、减轻劳动强度、提高收发货效率具有重要作用。

　　当前，中国仓库中所使用的装卸搬运设备通常可以分成 3 类。

　　（1）装卸堆垛设备，包括桥式起重机、轮胎式起重机、门式起重机、叉车、堆垛机、滑车、跳板及滑板等。

（2）搬运传送设备，包括电平搬运车、皮带输送机、电梯及手推车等。

（3）成组搬运工具，包括托盘、网络等。

2．保管设备

保管设备是指用于保护仓储商品质量的设备，主要可归纳为以下几种。

（1）苫垫用品，起遮挡雨水和隔潮、通风等作用，包括苫布（油布、塑料布等）、苫席、枕木、石条等。苫布、苫席用在露天堆场。

（2）存货用具，包括各种类型的货架、货橱。

货架，即存放货物的敞开式格架。根据仓库内的布置方式不同，货架可采用组合式或整体焊接式两种。整体式的制造成本较高，不便于货架的组合变化，因此较少采用。货架在批发、零售量大的仓库，特别是立体仓库中起着很大的作用。它便于货物的进出，又能提高仓库容积利用率。

货橱，即存放货物的封闭式格架，主要用于存放比较贵重的或需要特别养护的商品。

3．计量设备

计量设备用于商品进出时的计量、点数，以及货存期间的盘点、检查等，如地磅、轨道秤、电子秤、电子计数器、流量仪、皮带秤、天平仪及较原始的磅秤、卷尺等。随着仓储管理现代化水平的提高，现代化的自动计量设备将会更多地得到应用。

4．养护检验设备

养护检验设备是指商品进入仓库验收和在库内保管测试、化验，以及防止商品变质、失效的机具、仪器，如温度仪、测潮仪、吸潮器、烘干箱、风幕（设在库门处，以隔离内外温差）、空气调节器、商品质量化验仪器等。在规模较大的仓库这类设备使用较多。

5．通风保暖照明设备

通风保暖照明设备根据商品保管和仓储作业的需要而设。

6．消防安全设备

消防安全设备是仓库必不可少的设备，包括报警器、消防车、手动抽水器、水枪、消防水源、砂土箱、消防云梯等。

7．劳动保护用品

劳动保护用品主要用于确保仓库职工在作业中的人身安全。

8．其他用途设备和工具

略。

3.1.2　仓储设备的作用

仓储设备是构成仓储系统的重要组成因素，担负着仓储作业的各项任务，影响着仓储活动的每个环节，在仓储活动中处于十分重要的地位；离开仓储设备，仓储系统就无法运行或服务水平及运行效率就可能极其低下。

1. 仓储设备是提高仓储系统效率的主要手段

一个完善的仓储系统离不开现代仓储设备的应用。许多新的仓储设备的研制开发，为现代仓储的发展做出了积极的贡献。实践证明，先进的仓储设备和先进的仓储管理是提高仓储能力、推动现代仓储迅速发展的两个车轮，二者缺一不可。

2. 仓储设备是反映仓储系统水平的主要标志

仓储设备与仓储活动密切相关，在整个仓储活动的过程中伴随着储存保管、存期控制、数量管理、质量养护等功能作业环节及其他辅助作业，这些作业的高效完成需要不同的仓储设备。因此其水平的高低直接关系到仓储活动各项功能的完善和有效实现，决定着物流系统的技术含量。

3. 仓储设备是构筑仓储系统的主要成本因素

现代仓储设备是资金密集型的社会财富。现代仓储设备购置投资相当可观。同时，为了维持系统的正常运转，发挥设备效能，还需要继续不断地投入大量的资金。仓储设备的费用对系统的投入产出分析有着重要的影响。

3.2 仓 库

3.2.1 仓库的功能

1. 储存和保管的功能

仓库具有一定的空间，用于储存物品，并根据储存物品的特性配备相应的设备，以保持储存物品完好性。例如，储存挥发性溶剂的仓库，必须设有通风设备，以防止空气中挥发性物质含量过高而引起爆炸。储存精密仪器的仓库，需防潮、防尘、恒温，因此，应设立空调、恒温等设备。在仓库作业时，还有一个基本要求，就是防止搬运和堆放时碰坏、压坏物品。从而要求搬运机具和操作方法要不断改进和完善，使仓库真正起到储存和保管的作用。

2. 调节供需的功能

创造物资的时间效用是物流的两大基本职能之一，物流的这一职能是由物流系统中的仓库来完成的。现代化大生产的形式多种多样，从生产和消费的连续性来看，每种产品都有不同的特点，有些产品的生产是均衡的，而消费是不均衡的；还有一些产品生产是不均衡的，而消费却是均衡不断地进行的。要使生产和消费协调起来，就需要仓库来起"蓄水池"的调节作用。

3. 调节货物运输能力

各种运输工具的运输能力是不一样的。船舶的运输能力很大，海运船一般是万吨级，内河船舶也有几百吨至几千吨的。火车的运输能力较小些，每节车皮能装运 30～60 吨，一列火车的运量最多达几千吨。汽车的运输能力很小，一般每辆车装 4～10 吨。它们之间的运输衔接是很困难的，这种运输能力的差异，也是通过仓库进行调节和衔接的。

4．流通配送加工的功能

现代仓库的功能已处在由保管型向流通型转变的过程之中，即仓库由储存、保管货物的中心向流通、销售的中心转变。仓库不仅要有储存、保管货物的设备，而且还要增加分拣、配套、包装、流通加工、信息处理等设备。这样，既扩大了仓库的经营范围，提高了物资的综合利用率，又方便了消费，提高了服务质量。

5．信息传递功能

在处理与仓储活动有关的各项事务时，需要依靠计算机和互联网，通过电子数据交换（EDI）和条形码等技术来提高仓储物品信息的传输速度，及时而又准确地了解仓储信息，如仓库利用水平、进出库的频率、仓库的运输情况、顾客的需求及仓库人员的配置等。

6．产品生命周期的支持功能

美国物流管理协会对物流的定义："物流是供应链流程的一部分，通过高效率、高效益地计划、实施、控制正反向流动，以及产品的储存、服务和相关信息从起点到消费地的过程，以满足消费者需求。"从这个定义可以看出现代物流包括了产品整个生命周期中的生产、流通和服务过程。因此，仓储系统应对产品生命周期提供支持。

7．逆向物流支持功能

随着强制性质量标准的贯彻和环保法规约束力度的加大，必然导致退货和再循环回收等逆向物流的产生。逆向物流与传统供应链方向相反，是要将最终顾客持有的不合格产品、废旧物品回收到供应链上的各个节点。作为供应链中的重要一环，在逆向物流中，仓库又承担了退货管理中心的职能，负责及时、准确定位问题商品，通知所有相关方面和发现退回商品的潜在价值，为企业增加预算外或抢救性收入，改进退货处理过程，控制可能发生的偏差、评估，并最终改善处理绩效等。

3.2.2　仓库的结构

1．一般仓库的结构

一般仓库的基本结构分为生产作业区、辅助作业区和行政生活区三大部分。为适应商品快速周转的需要，现代仓库在总体规划布置时应注意适当增大生产作业区中收发货作业区面积和检验区面积。

1）生产作业区

生产作业区是现代仓库的主体部分，是商品仓储的主要活动场所，主要包括储货区、道路、铁路专线、码头、装卸平台等。

储货区是存储保管、收发整理商品的场所，是生产作业区的主体区域。储货区主要由保管区和非保管区两大部分组成。保管区是用于存储商品的区域，非保管区包括各种装卸设备通道、待检区、收发作业区、集结区等。

现代仓库已由传统的储备型仓库转变为以收发作业为主的流通型仓库，其各组成部分的合理构成比例通常为：合格品存储区面积占总面积的 40%～50%；通道占总面积的 8%～12%；

待检区及出入库收发作业区占总面积的 20%～30%；集结区占总面积的 10%～15%；待处理区和不合格品隔离区占总面积的 5%～10%。

库区铁路专用线应与国家铁路、码头、原料基地相连接，以便机车能直接进入库区进行货运。库内的铁路线最好是贯通式的，一般应顺着库长方向铺设，并使岔线的直线长度达到最大限度，其股数应根据货场和库房宽度及货运量来决定。

仓库道路的布局应根据商品流向的要求，综合考虑地形、面积、各个库房建筑物、货场的位置等因素后，再决定道路的走向和形式。汽车道主要用于起重搬运机械调动及防火安全，同时也要保证仓库和行政区、生活区之间的畅通。仓库道路分为主干道、次干道、人行道和消防道等。

2）辅助作业区

辅助作业区是为仓储业务提供各项服务的设备维修车间、车库、工具设备库、油库、变电室等。值得注意的是，油库的设置应远离维修车间、宿舍等易出现明火的场所，周围须设置相应的消防设施。

3）行政生活区

行政生活区是行政管理机构办公和职工生活的区域，具体包括办公楼、警卫室、化验室、宿舍和食堂等。为便于业务接洽和管理，行政管理机构一般设置在仓库的主要出入口，并与生产作业区用隔墙分开。这样既方便工作人员与作业区的联系，又避免非作业人员对仓库生产作业的影响和干扰。此外，仓库的消防管道应以环行系统布置于仓库全部区域，在消防系统管道上需装有室内外消火栓。消火栓应沿道路设置，并靠近十字路口，一般其间隔不超过100 米，距离墙壁不少于 5 米。根据当地气候，消火栓可建成地下式或地上式。

2．几种典型的布置

仓库的布置取决于仓库的运作流程，目前有 4 种较为典型的布置形式，即 U 形布置、直进穿越式布置、模块化干线布置和多层楼房仓库。

1）U 形布置

图 3-1 所示为 U 形布置图，产品从进货开始，然后进入仓库中的存储位置，经过拣货后又流动到出货码头。

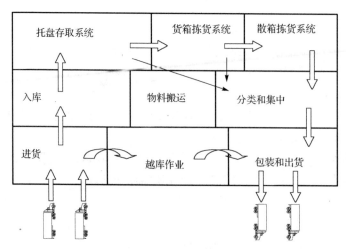

图 3-1　U 形布置图

因为 U 形布置中物流移动路线合理，进出口码头相邻可使码头资源充分利用，也便于进行越库作业。这种布置也有利于向三个方向扩建。由于 U 形布置方式优点突出，所以是仓库设计中的首选形式。

2）直进穿越式布置

图 3-2 所示为直进穿越式布置图。这种布置非常适合纯粹的越库作业，也便于解决高峰时刻同时进出货的问题。这种布置的主要缺点是不能使用 ABC 分类的储存方式。

3）模块化干线布置

图 3-3 所示为模块化干线布置示意图。这种布置适合于大型仓库和物流中心，也就是在仓库中可以专门设立越库作业模块、连续补货模块及周转速度较慢的模块等。

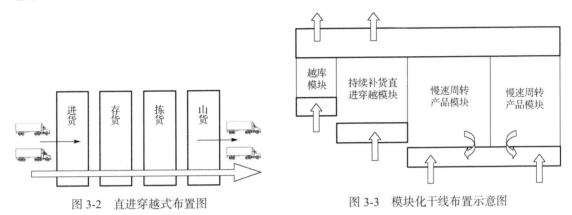

图 3-2　直进穿越式布置图　　　　　　　图 3-3　模块化干线布置示意图

4）多层楼房仓库

因为仓库中有大量货物搬运操作，而在楼层间搬移货物复杂程度很高，会遇到意想不到的困难，所以一般情况下不用多层楼房设计。一般只在土地资源十分短缺的国家和地区（如日本和西欧等）才采用这种设计。

3.2.3　货物的堆存方式

1. 散放

散放是将无包装的散货直接堆成货堆的货物存放方式。它特别适合于露天存放的没有包装的大宗货物，如煤炭、矿石、散粮等。散堆的空间利用率低，且散放活性系数为 0，极其不便于搬运作业，是应当尽量避免的。但是如果仓库进出货采用人工搬运方式（这在我国很常见），收发货暂存区就会存在散放，因此，在以人工搬运为主的仓库中确定暂存区大小时要对此予以考虑。

2. 堆码

仓库存放的物品多种多样，包装材料及规格也是多种多样的，散装货物更是形状各异，因此堆码有多种形式；常用的方式有重叠式、纵横交错式、压缝式、栽柱式、宝塔式、通风式等，如图 3-4 所示。货物堆垛方式的选择主要取决于货物本身的性质、形状、体积、包装等。一般情况下多采用平放（卧放），使重心降低。

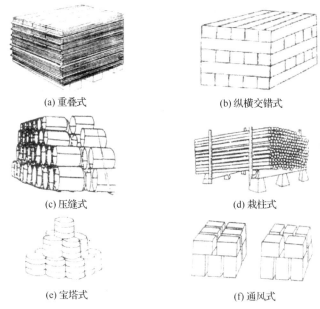

(a) 重叠式 　　　　　　　　　　 (b) 纵横交错式

(c) 压缝式 　　　　　　　　　　 (d) 栽柱式

(e) 宝塔式 　　　　　　　　　　 (f) 通风式

图 3-4　各种堆垛形式

1）重叠式

重叠式又称直叠式，货物逐件、逐层向上整齐地码放。这种方式稳定性较差，易倒垛，一般适合袋装、箱装、平板式的货物。

2）纵横交错式

纵横交错式即每层货物都改变方向向上堆放。采用这种方式码货，货垛的稳定性较好，但操作不便，一般适合管材、捆装、长箱装货物。

3）压缝式

压缝式即上一层货物跨压在下一层两件货物之间。如果每层货物都不改变方向，则形成梯形形状。如果每层都改变方向，则类似于纵横交错式。

4）栽柱式

码放货物前在货垛两侧栽上木桩或钢棒，形成 U 形货架，然后将货物平放在桩柱之间，码了几层后用铁丝将相对两边的桩柱拴连，再往上摆放货物。这种方式一般适合棒材、管材等长条形货物。

5）宝塔式

宝塔式堆垛与压缝式堆垛类似，但压缝式堆垛是在两件物体之间压缝上码，宝塔式堆垛则在四件物体中心上码，逐层缩小，如电线、电缆。

6）通风式

采用通风式堆垛时，每件相邻的货物之间都留有空隙，以便通风防潮、散湿散热。这种方式一般适合箱装、桶装及裸装货物。

3. 货架存储

货架存储即直接使用通用或专用的货架进行货物堆码，这是现代仓库存储的主要方式，它很好地解决了空间利用和先进先出两个问题。货架的形式多样，要根据具体货物特性和库存出入量选择合适的货架及配套的搬运方式。

4．成组堆码

成组堆码即采取货板、托盘、网格等成组工具使货物的堆存单元扩大，一般以密集、稳固、多装为原则，同类货物组合单元应高低一致。这种方法可以提高仓容利用率，实现货物的安全搬运和堆存，适合半机械化和机械化作业，提高劳动效率，减少货损、货差。

3.2.4 站台

站台是车辆停靠处、装卸货物处、暂存处，利用站台能够方便地将货物装进车辆或从车辆中取出，实现物流网络中线与节点的衔接转换。

1．站台的主要形式

站台主要有高站台和低站台。

（1）高站台。站台高度与车辆货台高度一样，一旦车辆停靠后，车辆货台与站台处于同一平面，有利于装卸作业车辆进行水平装卸，提高装卸效率，使装卸合理化。

（2）低站台。站台和仓库地面一样高，以利于站台与仓库之间货物的搬运。低站台与车辆之间的装卸作业不如高站台方便，但是如果采用传送装置装卸货物，由于传送装置安装需有一定的高度，采用低站台，传送装置安装后可与车辆货台保持同等高度。此外，采用低站台也有利于叉车作业。

选择适当的站台工具和站台设计有利于提高工作效率。

2．站台工具

（1）可移动式楔块（如图 3-5 所示）。当装卸货品时，可置于卡车或拖车的车轮旁起固定作用，以避免装卸货物期间车轮意外滚动造成危险。

（2）升降平台（如图 3-6 所示）。升降平台是安全且最有弹性的卸货辅助器，广泛用于无装卸设备的货台及流动装卸场所，是与叉车配合使用的货物装卸辅助设备。借助该设备，叉车能直接驶入汽车集装箱内部进行批量装卸作业。只需单人操作，不需动力电源，即可实现货物的安全快速装卸；既可减轻劳动强度，又能成倍提高装卸作业效率，加快物料流通速度，获取更大的经济效益。

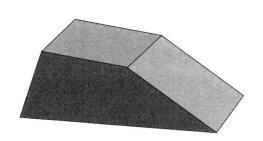

图 3-5　可移动式楔块

图 3-6　升降平台

（3）车尾附升降台（如图 3-7 所示），又叫汽车升降尾板、装卸层板、起重尾板、液压尾板，装置于配送车尾部。当装卸货时，可运用此平台将货物装上卡车或卸至站台。广泛用于邮政、金融、石化、商业、食品、物流、制造等各行业，可大幅度提高运输及装卸效率，节省成本，是现代化物流运输的必备设备之一。

图 3-7　车尾附升降台

3.3　货　　架

货架是专门用来存放成件物品的保管设备，在仓库中占有非常重要的地位。随着物流量的大幅度增加，为实现仓库的现代化管理，改善仓库的功能，不仅要求货架数量多，而且要求货架具有多种功能，并能实现机械化、自动化。

在 4 种主要存储方式中，散放和堆码所涉及的设备很少，因为这两种存储方式主要是利用货物自身的形状随意地或按一定的形式堆放在一定的区域，不用特定的设施、设备去包装或固定。所以，下面介绍的存储设备主要针对货架存储方式，它需要根据不同的货物类别、形状、重量等因素选择不同的存储设备，主要就是各种货架。由于要存储货物的形状、重量、体积和包装形式等千差万别，因而货架也有很多种类型。

3.3.1　重力式货架

重力式货架的特点是每个货格就是一个具有一定坡度的滑道，如图 3-8 所示。由叉车或堆垛机装入滑道的货物单元能够在重力作用下，自动地由入库端向出库端滑动，直到滑道的出库端或碰上滑道上的已有货物单元停住为止。位于滑道出库端的第一个货物单元被取走后，在它后面的各货物单元便在重力作用下依次向出库端移动一个货位。

图 3-8　重力式货架

重力式货架的每个滑道只能存放一种货物，货物进入后始终处于流动状态，存取迅速，先进先出。故重力式货架适宜于少品种、大批量货物的存储。

重力式货架的滑道根据其滑动原理和结构的不同，可分为滚道式、气囊式和气膜式三种。为防止货物单元滑到出库端时与端挡或与前面货物产生冲击和碰撞，在滚道式滑道上一般每隔一定距离要安装一个限速器，以降低货物单元的滑行速度从而减小碰撞时所产生的冲击力。同时，为保证出货作业的顺利完成，在出货端都设有停止器。气囊式和气膜式滑道则是通过脉冲式充气和放气，使货物单元在滑道上时动时停，从而保证货物以平稳的速度滑到出库端。

重力式货架的优点是能充分利用仓库的面积，但滑道越长，货架的下"死角"也越大，从而造成仓库的容积不能充分利用。由于重力式货架的进货端和出货端处在不同区域，对货架进行补货时不会影响出货，所以在配送仓库的分拣区及工厂装配车间中应用广泛。

3.3.2 托盘式货架

托盘式货架是最常用的选取式货架，可以自由选取存放在货架任意位置的托盘货物，如图 3-9 所示。目前这类货架都采用自行组合方式，易于拆卸和移动，可按物品堆码的高度，任意调整横梁位置，故又称为可调式托盘货架。

托盘式货架存储的货物出入库存取不受货物先后顺序的限制，能满足先进先出的要求。其储物形态为托盘，适用于叉车存取，但货架撑脚需加装叉车防撞装置。货架高度受限，一般在 6 米以下。托盘式货架利用率高，存取灵活方便，辅以计算机管理或控制，基本能达到现代化物流系统的要求。

图 3-9 托盘式货架

3.3.3 贯通式货架

贯通式货架又称驶入式货架或通廊式货架，具有在相同的空间内比通常的托盘式货架几乎多一倍的储存能力。因为取消了位于各排货架之间的巷道，将货架合并在一起，所以同一层、同一列的货物互相贯通。托盘或货箱搁置于由货架立柱伸出的悬壁横梁上，叉车或起重机可直接进入货架每列存巷道内，如图 3-10 所示。对于必须强调先入先出的货物，在通道一端由一台入库起重机将货物单元装入货架，而在另一端由出库起重机取货，依次取完为止，再入货。

贯通式货架存储密度高，货架高度可达 10 米，适于存储少品种、多批量的货物，出入库存取货物受先后顺序的限制，不适合太长或太重货物。由于贯通式货架的巷道较窄，司机的视线较差，叉车进出巷道作业时容易与货架相碰。

图 3-10 贯通式货架

3.3.4 悬臂式货架

悬臂式货架又称树枝形货架，由中间立柱向单侧或双侧伸出悬臂而成，如图 3-11 所示。悬臂可以是固定的，也可以是可调节的，一般用于存储长料货物，如圆钢、型材、木板和地毯等。此种货架可采用起重机起吊作业，也可采用侧面叉车或长料堆垛机作业。

悬臂式货架具有结构稳定、载重能力好、空间利用率高等特点。悬臂式货架立柱多采用 H 型钢或冷轧型钢，悬臂采用方管、冷轧型钢或 H 型钢，悬臂与立柱间采用插接式或螺栓连接式，底座与立柱间采用螺栓连接式，底座采用冷轧型钢或 H 型钢。

图 3-11 悬臂式货架

3.3.5 阁楼式货架

阁楼式货架可充分利用仓储空间，适用于库房较高、货物较轻、人工存取且储货量大的情况，特别适用于通过对现有旧仓库进行技术改造，提高仓库空间利用率的情况。货架的底层部分不仅是保管货物的场所，而且是上层建筑承重梁的支柱，如图 3-12 所示。货架可设计成多楼层（通常 2～3 层），配有楼梯、扶手和货物提升电梯等，适用于五金、汽配、电子元件等的分类存储。

图 3-12　阁楼式货架

3.3.6 移动式货架

移动式货架将货架本体放置在轨道上，在底部设有行走轮或驱动装置，靠动力或人力驱动使货架沿轨道横向移动，如图 3-13 所示。因一组货架只需一条通道，大大减少了货架间的巷道数，所以在相同的空间内，移动式货架的储货能力要比货格式货架高得多。

图 3-13　水平移动式货架

在不进行出入库作业时，各货架之间没有通道相隔，紧密排列，全部封闭，并可全部锁住，确保货物安全，同时又可防尘、防光；当进行存取货物时，移动货架，使相应的货架开启成为人员或存取设备的通道。

为了减小运行阻力，移动货架一般采用钢轮支承，在钢轨上移动。对于载重较轻的或较矮的货架，可以采用人力驱动方式；对于载重较大的货架，必须采用动力驱动，并设置必要的安全保护装置。水平移动式货架在进行存取作业时，需不断移动货架，所以存取货时间要比一般货架长，故常用于出入库作业频率很低的轻小货物的存储。

3.3.7 旋转式货架

1. 垂直旋转式货架

垂直旋转式货架类似垂直提升机，在两端悬挂有成排的货格，货架可正转也可以反转，如图 3-14 所示。货架的高度在 2～6 米之间，正面宽 2 米左右，单元货位载重 100～400 千克，回转速度每分钟 6 米左右。

垂直旋转式货架属于拣选型货架，占地空间小，存放的品种多，最多可达 1200 种左右。货架货格的小格可以拆除，这样可以灵活地存储各种尺寸的货物。在货架的正面及背面均设置拣选台面，可以方便地安排出入库作业。在旋转控制上用开关按钮即可轻松地操作，也可利用计算机操作控制，形成联动系统，将指令要求的货层经最短的路程送至要求的位置。

垂直旋转式货架主要适用于多品种、拣选频率高的货物，如果取消货格，用支架代替，也可以用于成卷货物的存取。

2. 水平旋转式货架

水平旋转式货架的原理与垂直旋转式货架相似，只是货格在水平方向回转，如图 3-15 所示。水平旋转式货架由多个独立的货柜构成，用一台链式输送机将这些货柜串联起来；每个货柜下方都有支承滚轮，上部都有导向滚轮。链式输送机运转时，带动货柜运动。需要拣取某种货物时，操作人员只需在控制台上发出指令，货柜便自动转到拣货点并停止，拣货人员就可从中拣选货物。

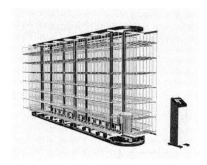

图 3-14 垂直旋转式货架　　　　　　　图 3-15 水平旋转式货架

水平旋转式货架旋转时动力消耗大，不适于拣选频率高的作业，所放置的货物主要是各种包装单位的货物。水平旋转式货架也可采用较大长度的货架，以增大存储容量；但由于动力消耗大，拣选等待时间长，不适于随机拣选，在需要成组拣选或按顺序拣选时可以采用。水平旋转式货架规模越大、长度越长，其拣选功能越向分货功能转化，适用于作为小型分货式货架使用。

3.4 自动导向车系统

3.4.1 自动导向车简介

自动导向车（Automated Guided Vehicle，AGV）是输送设备中非常重要的一类设备，指装备有电磁或光学等自动导引装置，能够沿规定的导引路径行驶，具有安全保护及各种移载功能、无人驾驶的搬运车，以可充电的蓄电池为动力来源，如图 3-16 所示。

图 3-16 自动导向车

1．AGV 的组成

AGV 主要由机械系统、动力系统和控制系统 3 部分组成，如图 3-17 所示。

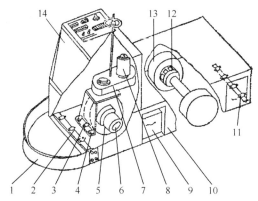

1—安全挡圈；2、11—认址线圈；3—失灵控制线圈；4—导向探测器；5—转向轮；6—驱动电机；7—转向机构；
8—导向伺服电机；9—蓄电池；10—车架；12—制动器；13—驱动车轮；14—车上控制器

图 3-17 AGV 的组成

1）车体

车体由车架和相应的机械装置所组成，是 AGV 的基础部分，是其他总成部件的安装基础。

2）蓄电和充电装置

AGV 常采用 24V 或 48V 直流蓄电池为动力。蓄电池供电一般应保证连续工作 8 小时以上的需要。

3）驱动装置

AGV 的驱动装置由车轮、减速器、制动器、驱动电机及速度控制器等部分组成，是控制 AGV 正常运行的装置。其运行指令由计算机或人工控制器发出，运行速度、方向、制动的调节分别由计算机控制。为了安全，在断电时制动装置能靠机械实现制动。

4）导向装置

接受导引系统的方向信息，通过转向装置来实现转向动作。

5）车上控制器

接受控制中心的指令并执行相应的指令，同时将本身的状态（如位置、速度等）及时反馈给控制中心。

6）通信装置

通信装置实现 AGV 与地面控制站及地面监控设备之间的信息交换。

7）安全保护装置

安全保护装置实现对 AGV 本身的保护、对人或其他设备的保护等，包括主动安全保护装置和被动安全保护装置。

8）移载装置

移载装置是与所搬运货物直接接触、实现货物转载的装置。

9）信息传输与处理装置

信息传输与处理装置的主要功能是对 AGV 进行监控，监控 AGV 所处的地面状态，并与地面控制站实时进行信息传递。

2．AGV 的优点

1）自动化程度高

AGV 由计算机、电控设备、激光反射板等控制。当车间某个环节需要辅料时，由工作人员向计算机终端输入相关信息，计算机终端再将信息发送到中央控制室，由专业的技术人员向计算机发出指令，在电控设备的合作下，这一指令最终被 AGV 接受并执行——将辅料送至相应的地点。

2）充电自动化

当 AGV 小车的电量即将耗尽时，会向系统发出请求指令，请求充电（一般技术人员会事先设置好一个值），在系统允许后自动到充电的地方"排队"充电。另外，AGV 小车的电池寿命很长（10 年以上），并且每充电 15 分钟可工作 4 小时左右。

3）占地面积少

AGV 可在各个车间穿梭往复。

3.4.2　自动导向车系统的构成与功能优势

1．自动导向车系统的构成

自动导向车系统由导向系统（导向线路、地面地址器、工作站设定器等）、自动输送系统、数据传输系统（控制柜、通信电缆等）、管理系统、安全保护系统及周边设备组成，如图 3-18 所示。

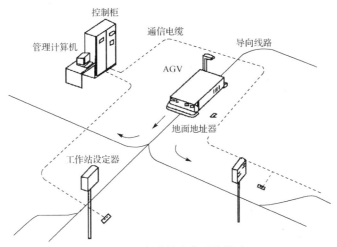

图 3-18　自动导向车系统构成

2．自动导向车系统的功能优势

（1）自动导向车系统可以十分方便地与其他物流系统实现自动连接，完成物流及信息流的自动连接。如立体仓库到生产线的连接、立体仓库到立体仓库的连接，均可以通过无线通信完成信息的自动传递，通过自动导向车系统实现自动化物流。

（2）自动导向车系统的最大优势是由于采用埋设于地下的通信电缆或采用激光制导技术，能够保持地面的平整和不受损坏。在许多需要其他交通、运输工具交叉运行的场合（如生产线等），应用十分广泛。

（3）自动导向车系统输送对于减少货物在运输过程中的损坏，降低工人的劳动强度等均具有积极意义。

（4）自动导向车系统本身具有较高的可靠性，能耗较低，这些特点均使得近年来自动导向车得到广泛的应用。

3.4.3 AGV 的导向方式

根据导向原理的不同，自动导向车的导向方式可以分为外导式和自寻式两种。

1．外导式导向系统

外导式导向系统是在车辆的运行线路上设置导向信息媒体，如导线、磁带、色带等，由车上的导向传感器捡拾、接收导向信息（如频率、磁场强度、光强度等），再将此信息经实时处理后，控制车辆沿运行线路正确地运行。应用最多的是电磁导向系统和光学导向系统。

1）电磁导向系统

电磁导向系统如图 3-19 所示。利用电磁感应的原理，在沿运行线路的地面上设置一条宽约 5 毫米、深约 15 毫米的地沟，在地沟中敷设导线，另加有 2～35 KHz 的交变电，以形成沿导线扩展的交变电磁场，车辆上的捡拾传感器接收此信号，并根据信号场的强度使车辆沿埋线跟踪导向的正确方向运行。

电磁导向系统有单频制导向和多频制导向两种方式。单频制导向方式是在整个线路上均提供单一频率振荡电磁信号，通过接通或断开各线路段的馈送电流来规定运行线路，引导车辆运行。这种导向方式要求有集中的控制站，并在各线路交叉和分支处装设传感标志（如磁铁等）及分支线段的通断接口。多频制导向方式是线路中每个环线或分支线都设置自己的线路频率，分别由不同频率的振荡器来馈电。而每台车辆按运行的需要设定其运行频率。只有当车上的设定频率与某一线段的频率一致时，车辆才能沿该线段导向前进。

2）光学导向系统

采用涂漆的条带来确定行驶路径的导引方法称为光学导向，如图 3-20 所示。AGV 上有一个光学检测系统用以跟踪涂漆的条带，具体说来有两种导引原理。

一种是采用识别式原理。由于地面颜色与该带颜色的不同，漆带在明亮的地面上为黑色；在黑暗的地面上为白色。经小车上的紫外光源照射后，漆带会呈现不同的颜色。AGV 的光学检测器上装有两套光敏元件，分别处于漆带的两侧。当 AGV 偏离导引路径时，光敏元件检测到的亮度不等，由此形成信号差值，利用这个信号差值，AGV 的控制系统就可以控制小车的运动方向，使其回到导引路径上来。由于周围环境的光线可能影响光电元件的检测效果，故常在此种反射光检测系统上加上滤光镜，以保证 AGV 不会发生误测。

另一种是采用反射式原理。反射式原理导向的路径为 25 毫米宽含荧光粒子的漆带，经车上检测系统的紫外光照射，荧光粒子会反射出引发光线，而这种引发光线的光谱在周围环境中是不存在的，所以不会受到干扰。AGV 上的一个扫描镜对导引路径进行扫描并把引发光反射到光传感器，从而将信号转发给计算机。根据漆带中心光强最大、两侧光强最小的原理很容易找出 AGV 偏离的方向，从而修正方向保证跟踪导引路径。

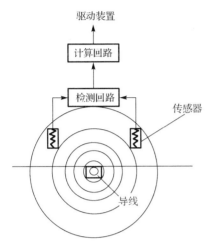

图 3-19　电磁导向系统工作原理

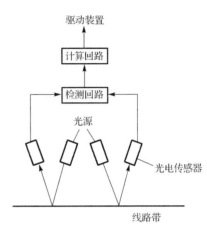

图 3-20　光学导向系统工作原理

2. 自寻式导向系统

自寻式导向系统一般采用坐标定位原理，即在车上预先设定运行线路的坐标信息，并在车辆运行时，实时地检测出实际的车辆位置坐标（如用三固定点测位等），再将两者比较、判断后控制车辆导向运行，主要有以下几种方式。

1）行驶路径轨迹推算导向法导引

采用该导引方式的 AGV 的计算机中存有距离表，通过与测距法所得的方位信息比较，AGV 就能推算出从某一参数点出发的移动方向。这种导引方式最大的优点在于路径布局具有极好的柔性，只需改变软件即可更改路径。此种导引方式的缺点在于精度较低，主要原因是各种测距法所得到的方位信息精度不高。

2）惯性导航（导引）

采用该导引方式的 AGV 的导向系统中有一个陀螺仪，用以测量加速度。陀螺仪的坐标调整成平行于 AGV 的行驶方向，当小车偏离规定路径时，会产生一个垂直于其运动方向的加速度，该加速度可立即被陀螺仪所测得。惯性导引系统的计算机对加速度进行二次积分处理，可算得位置偏差，从而纠正小车的行驶方向。由于该导引系统只是从陀螺仪的测试值推导出 AGV 的位置信息，因此容易产生偏差，需用另一套绝对导航系统定期进行重新校准。此导引方法价格昂贵，较难推广使用。

3）环境映射法导引

该导引方式通过周期性地对周围环境进行光学或超声波映射，得到周围环境的当前映像（map），并将其与存储在存储器内的映像进行比较，以此来判断 AGV 自身方位。该方法的优点是具有极好的柔性，映射传感器价格昂贵，精度不高。

4）激光导航导引

目前流行的 AGV 导向装置是激光导向装置。其基本原理是通过安装在车身上的高速旋转的激光发射装置，检测安装在地面、墙体表面的反射板，利用 GPS 原理进行位置及方位的确定，从而调整自身姿态，达到控制的目的。激光导引装置由于安装简单、定位精度高、调试方便等特性，逐渐成为主要的导引方式。

5）其他方式导引

除了以上几种导引方式外，还有一种导引方式是在地面上用两种颜色的涂料涂成网格状，利用车载计算机存储的地面信息图，由摄像机（或 CCD 器件）探测网格信息，实现 AGV 的自律行走。

3.5 自动化立体仓库

20 世纪 50 年代初，美国出现了采用桥式堆垛起重机的立体仓库；20 世纪 50 年代末 60 年代初出现了司机操作的巷道式堆垛起重机立体仓库；1963 年美国率先在高架仓库中采用计算机控制技术，建立了第一座计算机控制的立体仓库。此后，自动化立体仓库在美国和欧洲得到迅速发展，并形成了专门的学科。

自动化立体仓库又称自动化高架仓库或自动存储系统（Automatic Storage/Retrieval System，AS/RS），是一种基于高层货架、采用电子计算机进行控制管理、采用自动化存取输送设备自动进行存取作业的仓储系统。自动化立体库是实现高效率物流和大容量储藏的关键系统，在现代化生产和商品流通中具有举足轻重的作用。

自动化立体仓库工艺布置合理，总体性能先进，是当今进行科学管理的现代化的仓储库之一，具有节约占地面积、库房利用率高、节省人力、改善作业条件、便于集中统一管理、作业准确迅速等优点。自动化立体仓库在国外已经得到了广泛的应用，特别是在日本、美国、德国，目前在我国的应用也比较多。

据国际仓库自动化会议资料，以库存 11000 个托盘、月吞吐 110000 个托盘的冷库为例，与普通仓库的相比：自动化立体仓库用地面积为普通仓库的 13%，工作人员为普通仓库的 21.9%，吞吐成本为普通仓库的 55.7%，总投资为普通仓库的 63.3%，而自动化立体仓库的单位面积的存储量是普通仓库的 1～7 倍。

3.5.1 自动化立体仓库的构成

自动化立体仓库发展到今天，新型设备层出不穷。但从传统的意义上看，自动化立体仓库包括以下主要设备。

1. 货架

货架是构成自动化立体仓库的最基本单元。在很多非自动化立体仓库中，货架也是其必要的组成部分。

2. 巷道堆垛机

巷道堆垛机完成单元货物入库到货格和从货格中取出的操作，是自动化立体仓库系统的重要设备。

3．输送系统

输送系统主要负责自动化立体仓库外围的自动输送。其设备有数十种之多，如辊子输送机、链条输送机、有轨小车、自动导向车等。在配送系统中，分拣系统也是输送系统的基本内容。

4．计算机控制与管理系统

计算机控制与管理系统是构成自动化立体仓库系统的不可缺少的部分，包括各种可编程控制器、监控计算机、管理计算机及信息采集系统（如条码系统、称重系统、尺寸检测装置等）。

5．托盘

托盘是自动化立体仓库不可缺少的组成部分，负责物料的装载与存储。

6．其他设备

为了完成立体仓库的操作，根据实际情况还应配置叉车、托盘搬运车、起重机等外围设备。

对于立体仓库构成而言，还应包括土建、消防、通风、照明等多方面的内容，它们共同构成完整的系统，如图 3-21 所示。

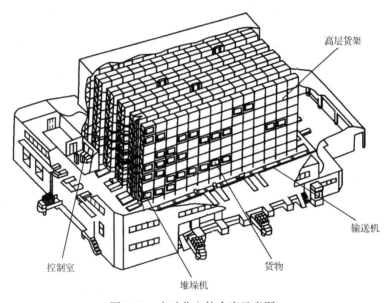

图 3-21　自动化立体仓库示意图

3.5.2　自动化立体仓库的优缺点

1．自动化立体仓库的主要优点

（1）仓库作业全部实现机械化和自动化。

（2）采用高层货架、立体存储，能有效地利用空间，减少占地面积，降低土地购置费用。

（3）采用托盘或货箱存储货物，货物的破损率显著降低。

（4）货位集中，便于控制与管理，特别是使用电子计算机，不但能够实现作业过程的自动控制，而且能够进行信息处理。

2．自动化立体仓库的缺点

（1）结构复杂，配套设备多，需要的基建和设备投资高。

（2）货架安装精度要求高，施工比较困难，而且施工周期长。

（3）存储货物的品种受到一定限制，对长、大、笨重货物及要求特殊保管条件的货物，必须单独设立存储系统。

（4）对仓库管理和技术人员要求较高，必须经过专门的培训才能胜任。

（5）工艺要求高，包括建库前的工艺设计和投产使用中按工艺设计进行作业。

（6）弹性较小，难以应付存储高峰的需求。

（7）必须注意设备的保管、保养，并与设备提供商保持长久联系。

（8）自动化仓库要充分发挥其经济效益，就必须与采购管理系统、配送管理系统、销售管理系统等咨询系统相结合，但是这些管理咨询系统的建设需要大量投资。

3.5.3 自动化立体仓库规划设计

1．自动化立体仓库规划设计的影响因素

自动化立体仓库规划设计是在一定区域或库区内，对仓库的规模、地理位置、仓库设施、道路等各要素进行科学规划和总体设计。主要由以下因素构成：存储物品类型、可用空间、仓库高度、库存周转周期、存取量、仓库周围公路和铁路的布局及其他因素。

1）物理空间的限制

建设一个立体仓库，一般均存在物理空间的限制。这就要求设计人员充分考虑实际需要，最大限度地满足客户需求。仓库的平面区域包括如下几个部分：入库暂存区、检验区、码垛区、存储区、出库暂存区、托盘暂存区、不合格品暂存区及杂物区等。规划时，立体仓库内不一定包括上述每个分区，而应根据货物所需的工艺特点及要求进行规划和增减区域。与此同时，还要合理考虑货物的流程，使货物的流动畅通无阻，以提高自动化立体仓库的能力和效率。

2）出入库能力的要求

出入库能力的要求决定了设备的能力与数量，间接地决定了投资规模。一般情况下，能力太大往往造成浪费。

3）库容量的需求

对库容量的需求应建立在可靠的统计分析基础之上。理想的规划应保持库容量大于实际需求库存量的 $10\%\sim15\%$。

4）控制水平的需求

决定一项立体仓库工程投资的关键还包括自动化水平的需求。一般而言，自动化程度越高，投资越大。现代立体仓库规划设计一般选择采用较高的自动化水平。否则在短时期内的改造，会造成重复投资和浪费。

5）技术经济原则

自动化立体仓库的总体规划设计，不可避免地应考虑技术的可行性和经济性。一般情况下，对自动化程度的过分追求并不能获得最佳的效果，往往还会造成资金投入过大。经济原则是指在总体设计中，对于各种设计方案应按货币指标和实物指标进行比较选择，如投资、经营费用、投资回收期（或折旧费）、劳动生产率、材料消耗、货物完好率及运输工具停机

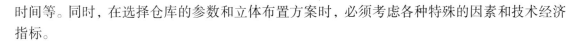

时间等。同时，在选择仓库的参数和立体布置方案时，必须考虑各种特殊的因素和技术经济指标。

2. 出入库输送系统

对于采用巷道式堆垛机的自动化仓库，由于巷道式堆垛机只能在高架区的巷道内运行，故还需要各种搬运设备与之配套衔接，使入库作业区、出库作业区（包括检验、理货、包装、发运等作业）与高层货架区联结起来，构成一个完整的物流系统。高层货架与作业区之间常见的衔接方式有以下 4 种。

1）叉车——出入库台方式

采用这种方式时，在高层货架的端部设立入库台和出库台。入库时，用叉车将货物单元从入库作业区运到入库台，由高架区内的堆垛机取走，送入货格。出库时，由堆垛机从货格内取出货物单元，放到出库台上，由叉车取走，送到出库作业区，如图 3-22 所示。

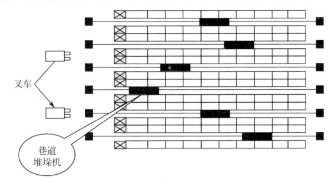

图 3-22　叉车——出入库台方式

2）自动导向车——出入库台方式

这种方式与前一种方式相似，只是用自动导向小车代替了叉车，如图 3-23 所示。这种出入库系统的最大优点是系统柔性好，可根据需要增加 AGV 的数量，也是一种全自动的输送系统。

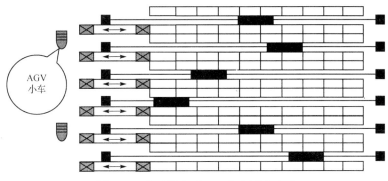

图 3-23　自动导向车——出入库台方式

3）连续输送机方式

这种衔接方式是一些大型自动化立体仓库和流水线立体库中最常采用的方式，整个出入库系统可根据需要设计成各种形式。其出、入库运输系统可以分开设置（如设在仓库的两端或同端不同的平面内），也可以合为一体，既可出库又可入库。通常还应配置一些升降台、称重、检测和分拣装置，以满足系统的需求，如图 3-24 所示。

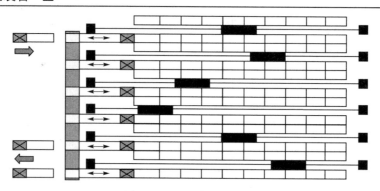

图 3-24　连续输送机方式

4）穿梭车方式

这种衔接方式是由巷内输送机、穿梭车和出入库输送机构成的出入库系统，由于穿梭车动作敏捷、容易更换的特点，因此也被广泛地应用在自动化仓库系统中。它的柔性介于输送机和 AGV 之间，是一种经济高效的出入库输送系统，如图 3-25 所示。

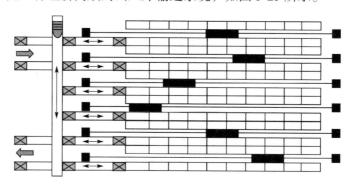

图 3-25　穿梭车方式

3. 货物单元出入高层货架的形式

货物在立体仓库的流动形式有三种，即同端出入式、贯通式和旁流式，如图 3-26 所示。

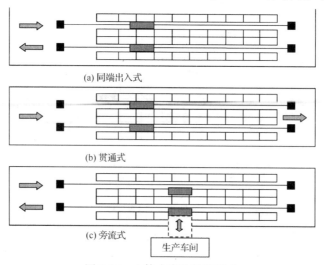

(a) 同端出入式

(b) 贯通式

(c) 旁流式

生产车间

图 3-26　立体仓库的物流形式

1）同端出入式

这是货物入库和出库在巷道同一端的布置形式，如图 3-26(a)所示。同端出入式又分同层同端出入式（如图 3-27(a)所示）和多层同端出入式（如图 3-27(b)所示）两种。这种布置由于可以就近入库和出库，能缩短出入库周期，提高搬运效率。特别在仓库存货不满且采用自由货位存储时，优点更为明显。此时，可以挑选距离入库口、出库口较近的货位存放货物，缩短搬运路程，提高出入库效率。此外，入库作业区和出库作业区可以合在一起，便于集中管理。除非整个工艺流程要求入库区与出库区拉开距离，一般应优先采用同端出入式布置。

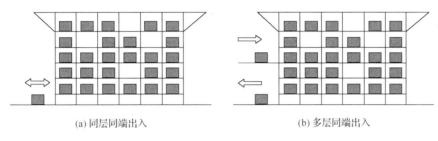

(a) 同层同端出入   (b) 多层同端出入

图 3-27　同端出入式

用叉车或其他工业车辆通过出入库台与巷道式堆垛机进行衔接时，出入库布置在同一侧，共用出入库台是没有问题的。但对于用连续输送机与巷道式堆垛机衔接的方式，如果将出入库布置在货架同一端，则必须使输送机能正反转（这会影响到整个系统的工作效率），或者将出库台和入库台分别布置在上、下两个高程上，并增设提升机，这就使系统变得复杂。采用哪一种布置，应根据工程具体情况比较决定。

2）贯通式

货物从巷道的一端入库，从另一端出库，如图 3-26(b)所示。这种方式总体布置比较简单，便于管理操作和维护保养。但是，对于每个货物单元来说，要完成它的入库和出库全过程，堆垛机需要穿过整个巷道。采用这种布局，适合自动化仓库周围较开阔的场地。

3）旁流式

货物从仓库的一端（或侧面）入库，从侧面（或一端）出库，如图 3-26(c)所示。这种方式将货架中间分开，设立通道，同侧门相通，这样减少了货格，即减少了库存量。但是，由于可组织两条路线进行搬运，从而提高了搬运效率，方便了不同方向的出入库。在立体仓库实际设计时，应根据仓库在整个企业物流中的位置确定采用何种布置方式。

4．高架区的布置

一般的自动化仓库为单元货格式，其主要作业设备是有轨巷道堆垛机，简称堆垛机。有轨巷道堆垛机的布置有三种方式，如图 3-28 所示。直线式，每条巷道配备一台堆垛机；U 形轨道式，每台堆垛机可服务于多条巷道，通过 U 形轨道实现堆垛机的换巷道作业；转轨车式，堆垛机通过转轨车服务于多条巷道。

通常以每条巷道配备一台堆垛机最为常见。当库容量很大、巷道数多而出入库频率要求较低时，可以采用 U 形轨或转轨车方式以减少堆垛机的数量。

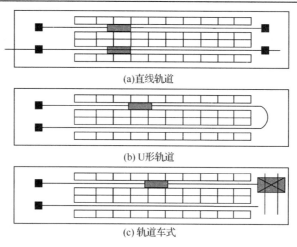

(a)直线轨道

(b) U形轨道

(c) 轨道车式

图 3-28　自动化立体仓库轨道布置方式

思考练习

1. 仓储设备的作用是什么?
2. 简述仓库中常用货架的种类及各自的特点和用途。
3. 简述堆码的各形式及特点。
4. 自动化立体仓库的构成是什么?

案例分析

通用汽车制造公司的自动化配件仓库

1. 案例背景

美国通用汽车制造公司实行的是准时库存与生产管理制度（JIT），所以需要快速的卡车运输，并且实施十分严格的按时送货方式。公司在北美有 30 多个制造厂、10 多个主要供货厂商。这些供货厂商要把零部件准时地直接运送到各需用工厂，由于工作太复杂、太缓慢，费用又太高，而且常误期、不可靠。因此，公司决定设立一个中转站，接收和集中各供货厂商送来的零部件，重新组合后立即发送到各制造工厂，以满足准时完成生产计划的需要。

2. 自动化仓库的建立与运作

基于很多方面要求的考虑，美国通用汽车制造公司为很好地执行中转功能，建立了一个新型的自动化配件仓库，基本的运作流程如下。

（1）货物入库验收。当运货卡车进入停车场，保卫人员记录下拖车车号；当集装箱从拖车上卸下时，通过扫描，确认是否与供货厂商电传的货物清单相符。

（2）货物入库处理。随着中央计算机对安装在叉车上的终端传送命令，指示操作人员如何处理卸下的集装箱货物，因为有 60%以上的入库集装箱货物在几分钟或几小时内要重新发运，而不是储存起来。在一个 3 万平方米的仓库，有 2/3 的空间用作中转储存作业区。那些待发运的货物经扫描后搬运到计算机所指定的储存区。在储存区，另外的叉车操作人员对集装箱再次扫描并从终端获悉存放集装箱的确切位置。一旦集装箱进入"定位",又再一次扫描,使计算机确认其储存位置,当需用该零部件时,能及时在其储存位置取出。

（3）货物出库操作。在零部件装车发运后,计算机系统将卡车或火车装运的货物清单通知目的地公司装配工厂。

3. 自动化仓库运作的效果

美国通用汽车制造公司建造自动化仓库后,取得了极好的效果。自动化仓库的运作提高了零部件从供货厂商到装配工厂的流转速率,减少了多余库存,为公司和供货厂商节约了约800万美元的费用。

案例思考

1. 通用汽车公司是如何实现对各制造厂及时供货的?
2. 通用汽车的自动化仓库的运作流程是什么?

第4章　自动分拣装备

 引导案例

　　沃尔玛配送中心每个星期可以处理的产品是 120 万箱。由于沃尔玛公司的商店众多，每个商店的需求各不相同，沃尔玛的配送中心能够根据商店的需要，由自动分拣系统将产品放入不同的箱子，员工根据传送带上灯光信号的提示来确定从哪个箱子中拣取自己所负责的商店所需的商品，并将取到的商品放到相应的箱子中去。这样，所有商店都可以在各自所属的箱子中进行收发货的操作。

4.1　分　拣　概　述

4.1.1　分拣的概念和功能

　　从各国的物流实践来看，大体积、大批量需求的货物多采用直达、直送的供应方式，因此配送的主要对象是中小件的货物，即分拣多为多品种、小体积、小批量的物流作业。这就使得分拣作业的工艺特别复杂，特别是对于客户多、货物品种多、需求批量小、需求频率高、送达时间要求准的配送服务，分拣作业的速度和质量直接影响整个配送中心的信誉和生存。

1. 分拣的概念

　　货物在从生产厂流向顾客的过程中，总是伴随着货物数量和货物集合状态的变化。因此，有必要将集装化的货物单元解体，重新分类、集成新的供货单元。分拣作业就是根据顾客的订货要求，迅速、准确地将货物从其储位拣取出来，并按一定方式进行分类、集中，等待配装送货的作业过程。在配送作业的各环节中，分拣作业是非常重要的一环，是整个配送作业系统的核心。在配送搬运成本中，分拣作业的搬运成本约占 90%，分拣时间约占整个配送中心作业时间的 30%～40%。因此，合理规划分拣作业系统，对提高配送中心的作业效率和服务水平具有决定性的影响。

2. 分拣的功能

　　对于多客户、多品种、小体积、小批量的分拣作业，分拣作业的速度和质量对配送中心等机构的作业效率起着决定作用。因此，迅速并准确地将顾客所要求的商品分拣出来，并且通过分类配装及时送交顾客，是分拣作业最终的目的及功能。

4.1.2 分拣作业的流程

1. 分拣作业的一般流程

分拣作业的一般流程如图 4-1 所示。它涵盖了两种分拣方式，其中下部流程为按单分拣作业流程，上部流程为批量分拣流程。不管采用哪种分拣方法，前期都包括从仓库或保管货架内进行分拣的环节，分拣完毕后大部分货物都需要检验，确保无误后再发货。

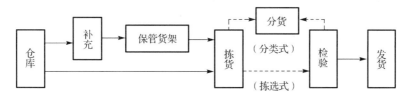

图 4-1　分拣作业的一般流程

分拣方式通常有两种，即批量分拣（播种式拣选）和按订单分拣（摘果式拣选）。一般批量分拣，从货架上取货、分拣完成一次操作，之后还要对货物进行分类作业（分货作业），即为二次分拣作业。这种方式分拣的人力虽可减少，但其后的分货作业又增加了人力，因此，节省人力的效果不大。过去为了提高出库准确性（分拣总量 – 分货总量 = 0），这种方法使用较多。近年来客户需求品种越来越多，为提高效率、解决劳动力不足的问题，各种效率更高的按单分拣方式被开发出来。例如，分拣指示系统、分拣小车等，对小批量的客户也可以高效、准确地出库，因此按品种的分拣方式的应用就逐渐减少了。

2. 分拣作业的过程

分拣指为进行输送、配送，把货物按不同品种、不同的地点和单位分配到所设置场地的作业，是仓储配送中心作业的核心环节。从实际运作过程来看，分拣作业是在拣选信息的指导下，通过行走搬运、拣取货物，再按一定的方式将货物分类、集中，因此，分拣作业的过程由 4 个环节组成，分别是产生拣选资料、行走搬运、拣取和分类集中。分拣作业的主要过程包括 4 个环节，如图 4-2 所示。

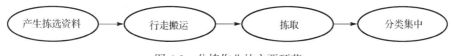

图 4-2　分拣作业的主要环节

1）产生拣选资料

分拣作业必须按照拣选信息的批示进行。拣选信息来自于顾客的需求，即顾客的订单或配送中心的送货单。在实际运作中，一般存在两种方式：一种是直接利用顾客订单或公司的交货单作为人工拣选指示。此类方式存在一些缺陷，如单据容易在分拣作业中受到污损导致错误率上升、无法标识货物的货位等。因此另一种方式应用更加广泛，即将原始的传票转换成拣选单或电子信号。随着配送中心信息化水平的提高，目前大多数配送中心的分拣作业都是根据订单处理系统输出的拣选单，指导拣选人员或自动拣取设备进行拣选作业，以提高作业效率和作业准确性。

2）行走搬运

分拣作业的完成是建立在分拣作业人员或机器直接接触并拿取货物对其进行操作的基础上，因此必然需要拣选过程中分拣人员的行走与货物的搬运。在分拣运作过程中，可以通过以下几种方式实现。

（1）人至物方式，是指分拣人员通过步行或搭乘电梯、分拣车辆到达货物储存位置的方式。该方式的特点是被拣取货物采取一般的静态储存方式，如托盘货架、轻型货架等，主要通过分拣人员的行走完成与货物的直接接触并完成分拣作业。

（2）物至人方式，与人至物方式相反，物至人方式主要移动的一方为被拣取的货物，需要采用动态方式储存，如负载自动仓储系统、旋转自动仓储系统等。分拣人员只在固定位置内作业，无须去寻找货物的储存位置。

（3）无人拣取方式，拣取的动作由自动的机械负责，电子信息输入后自动完成分拣作业，无须人员介入。

无论采取哪种方式，缩短行走和货物搬运距离是提高仓库与配送中心作业效率的关键。

3）拣取

克服被拣选物与分拣人员之间的距离问题后，下一环节就是抓取货物并确认。首先，将被拣选物的品名、规格、数量等内容与拣选信息做比较，以确定是否一致。在实际作业中，既可以通过人工目视读取信息，也可以利用无线传输终端机读取条码由计算机进行对比，后一种方式往往可以大幅度降低拣选的错误率。其次，拣选信息被确认后，由人工或自动化设备完成拣取的过程。通常，小批量、搬运重量在人力范围内，且出货频率不是特别高时，可以采取手工方式拣取；对于批量大、重量大的货物可以利用搬运机械辅助作业；对于出货频率很高的货物应采用自动分拣系统。

4）分类集中

拣取后的货物往往还需要进行分类与集中。例如，在批量分拣的情况下，对拣取出的货物需要根据不同的订单或送货路线分类集中；对于需要进行流通加工的货物需要根据加工方法进行分类，加工完毕再按一定方式集中出货。货物分类过程如图4-3所示。

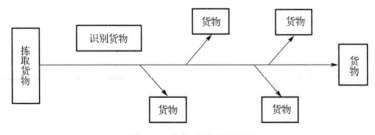

图4-3　货物分类的过程

多品种分货的工艺过程较复杂，难度也大，容易发生错误，必须在统筹安排形成规模效应的基础上，提高作业的效率与准确率。在物品体积小、重量轻的情况下，可以采取人力分货；在货物体积大、重量大的情况下可采用机械辅助作业，或利用自动分货机自动将拣取出来的货物进行分类与集中。分类完成后，货物经过查对、包装便可以出货、装运、送货了。

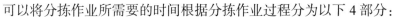

可以将分拣作业所需要的时间根据分拣作业过程分为以下 4 部分：

（1）对订单或送货单进行信息处理并形成拣选指示信息的时间；

（2）分拣人员行走搬运货物的时间；

（3）准确找到货物的储位并确认所拣选物及其数量的时间；

（4）拣取完毕，将货物分类集中的时间。

因此，提高分拣作业效率的关键之一是尽可能缩短以上 4 部分的作业时间，从而提高作业速度与作业能力。此外，防止分拣错误的发生，提高配送中心内部储存管理账物相符率及顾客满意度，降低作业成本也是分拣作业管理的目标。

4.1.3　分拣的分类

按分拣手段的不同，可分为人工分拣、机械分拣和自动分拣三大类。

1．人工分拣

基本上是靠人力搬运（或利用最简单的器具和手推车等），把所需的货物分门别类地送到指定的地点，这种分拣方式劳动强度大，分拣效率最低。

2．机械分拣

以机械为主要输送工具，靠人工进行拣选。这种分拣方式用得最多的机械装备是输送机，有链条式输送机、传送带、辊道输送机等，也称"输送机分拣"。这种方法是用设置在地面上的输送机传送货物，在各分拣位置配备的作业人员看到标签、色标、编号等分拣的标志，便进行拣选（把货物取出），再放到手边的简易传送带或场地上。

3．自动分拣

自动分拣是从货物进入分拣系统到送至指定的分配位置为止，都是自动分拣装置按照人的指令来完成的。自动分拣装置是由接受分拣指示的控制装置、计算机网络、搬运装置、分支装置、储存装置等构成。所以，除了用键盘或其他方式向控制装置输入分拣指示的作业外，全部用机械自动作业，因此，分拣处理能力较大，分拣的分类数量也较大。

4.2　分拣作业方式

分拣作业方式可以划分为按订单分拣、批量分拣，以及在此基础上衍生出的其他分拣方法。按订单分拣是分别按每份订单来拣货；批量分拣是多张订单累积成一批，汇总数量后形成拣货单，一次拣取货物，再根据订单进行分类。

4.2.1　按订单分拣

1．按订单分拣的概念

按订单分拣是每位拣货人员每次只针对一张订单进行拣货作业。即针对每份订单，拣货员巡回于拣选仓库（或固定区域）内，按照订单所列货物及数量，将货物逐一由仓库储位取出，然后集中在一起的拣货方式。按订单分拣的作业流程如图 4-4 所示。

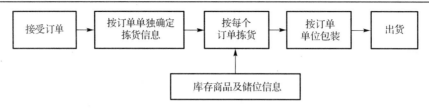

图 4-4　按订单分拣的作业流程

这种方式类似于人们在果园，从一棵树上摘取果实后，再到另一棵树去摘果实，所以又形象地称之为摘果式拣选，如图 4-5 所示。

实用中，由于拣选区域可能较为宽广，仓储物品种类繁多，因此按订单分拣又可分为以下几种。

（1）单人拣取：每张订单由单人负责全程拣取。

（2）接力拣取：一张订单由各区域拣货人员采用接力方式拣取。

（3）分区汇总拣取：将一张订单根据不同区域划分为几张不同拣货单，由各区拣货人员进行拣货工作后，再将各区域所拣出的货物聚集在一起。

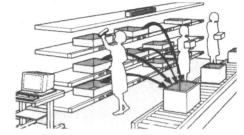

图 4-5　摘果式拣选方式

无论是单人拣取、接力拣取还是分区汇总拣取，应该使每位拣货人员负责的货物项数均衡，以免出现瓶颈。

2．按订单分拣方式的特点

（1）按订单分拣，易于实施，而且配货的准确度较高，不易出错。

（2）对各用户的拣选相互没有约束，可以根据用户需求的紧急程度，调整配货先后次序。

（3）拣选完一个货单的货物便配齐，因此货物可不再落地暂存，而直接装上配送车辆。

（4）用户数量不受限制，可在很大范围内波动；拣选人员数量也可以随时调节，在作业高峰时可以临时增加作业人员，有利于开展即时配送，提高服务水平。

（5）对机械化、自动化没有严格要求，不受设备水平限制。

4.2.2　批量分拣

1．批量分拣的概念

批量分拣作业是由分货人员或分货工具，从储存点集中取出各个用户共同需要的某种货物，然后巡回于各用户的货位之间，按每个用户的需要量分放后，再集中取出共同需要的第二种货物。如此反复进行，直至用户需要的所有货物都分放完毕，即完成各个用户的配货工作。

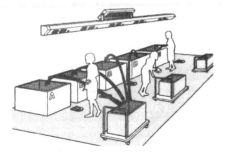

图 4-6　播种式拣选方式

这种作业方式，类似于农民在土地上播种，一次取出几亩地所需的种子，在地上巡回播撒，所以又形象地称之为播种式或播撒式拣选（如图 4-6 所示）。

2．批量分拣作业方式的特点

（1）由于是集中取出共同需要的货物，再按货物货位分放，这就需要在收到一定数量的订单后进行统计分析，安排好各用户的分货货位后才能反复进行分货作业。因此，这种工艺难度较高，计划性较强，与按订单分拣相比错误率较高。

（2）由于是各用户的配送请求同时完成，可以同时开始对各用户所需货物进行配送，因此有利于车辆的合理调配和规划配送路线，与按订单分拣相比，可以更好地实现规模效益。

（3）对到来的订单无法做到及时的反应，必须等订单达到一定数量时才做一次处理，因此会有停滞时间的产生。只有根据订单到达的状况做等候分析，决定出适当的批量大小，才能将停滞时间减至最低。

无论人员或机械拣取货物，都必须首先确认被拣货物的品名、规格、数量等内容是否与分拣信息传递的指示一致。在拣货信息被确认后，拣取过程由人工或自动化设备完成。在出货频率不是很高，且货物的体积小、批量少、搬运的重量在人力能及的情况下，可采用人工拣取方式或电子辅助分拣；对于出库频率很高的货物，应采用自动分拣系统；对于体积大、质量也大的货物，可以利用叉车等搬运机械辅助作业。

4.2.3 其他分拣方法

按订单分拣和批量分拣是最基本的两种拣选方法，在基本方法的基础上，衍生出以下两种方法：整合按单分拣和复合分拣。

1．整合按单分拣

这种分拣方式主要应用于一天中每一订单只有一种品项的场合，为了提高配送效率，将某一地区的订单整合成一张拣选单，做一次分拣后，集中捆包出库，属于按单分拣的一种变通形式。

2．复合分拣

复合分拣是一种更为灵活的拣取方式，是对按订单分拣与批量分拣的组合运用，根据订单品项、数量和出库频率决定哪些订单适合按订单分拣，哪些适合批量分拣。这种拣取方式可以更充分地发挥各种分拣方式的优点，避免其不足。

几种分拣方式的比较，如表 4-1 所示。

表 4-1　几种分拣方式的比较

方法	优点	缺点	适用范围
按订单分拣	● 作业方法简单 ● 订货提前期短 ● 作业员责任明确，作业组织容易 ● 分拣后不必再进行分类作业	● 货物品种多时，分拣行走路径加长，分拣效率降低 ● 分拣必须有货架、货位编号	● 适合多品种、小批量订单的场合
批量分拣	● 合计后拣选，可发挥规模效益 ● 盘亏较少	● 所有种类实施困难 ● 流程复杂 ● 必须全部作业完成后，才能发货	● 适合少品种批量出货，且订单的重复订购率较高的场合
整合按单分拣			● 一天中每一订单只有一种品项的场合
复合分拣			● 订单密集且订单量大的场合

4.3 自动分拣系统

4.3.1 自动分拣系统的构成

当货物数量较大并要求迅速、正确分拣时，往往需要投入大量人力，因此很多大企业纷纷采用各种类型的自动分拣系统来完成分拣这一繁琐而又枯燥的工作。特别是第二次世界大战以后的几十年，分拣技术发展得很快，分拣系统规模越来越大、分拣能力越来越高，应用范围也越来越广，分拣系统已经成为物流系统的重要组成部分。

自动分拣系统种类繁多、规格不一，但一个自动分拣系统大体上由收货输送机、合流装置、喂料输送机、分拣指令设定装置、分拣传送装置及分拣机构、分拣卸货道口、计算机控制系统 7 个部分组成，如图 4-7 所示。

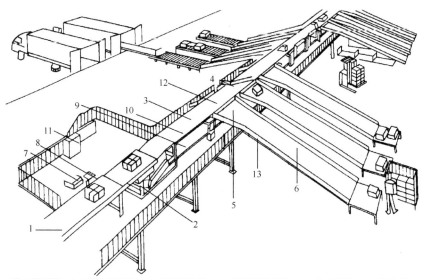

1—输入输送带；2—喂料输送带；3—钢带输送带；4—刮板式分流器；5—送出辊道；6—分拣道口；
7—信号给定器；8—激光读码器；9—通过捡出器；10—磁信号发生器；11—控制器；12—磁信号读取器；13—满量检出器

图 4-7 自动分拣系统

1. 收货输送机

运送车辆送来的货物放在收货输送机上，经检查验货后送入分拣系统。为了满足物流中心吞吐量大的要求，提高自动分拣机的分拣量，往往采用多条输送带组成的收货输送机系统，以供多辆货车同时卸货。这些输送机多是辊子式和带式输送机，特别是辊子输送机，具有积放功能，即当前面的货物遇阻时，后继货物下面的辊筒会自动停转，使货物得以在辊道输送机上暂存，解阻后自动继续前进。

有些配送中心使用了伸缩式输送机，能伸入货车车厢内，从而大大减轻了工人搬运作业的劳动强度。

2. 合流装置

大规模的分拣系统因分拣数量较大，往往由 2～3 条传送带输入被拣货物，它们经过各自的分拣信号设定装置后，必须经过合流装置。合流装置由辊柱式输送机组成，能让到达汇合处的货物依次通过。

3．喂料输送机

货物在进入某些自动分拣机前，要经过喂料输送机。它的作用有两个：一是依靠光电管的作用，使前、后两货物之间保持一定的间距（最小为 250 毫米），均衡地进入分拣传送带；二是使货物逐渐加速到分拣机主输送机的速度。

其中，第一阶段输送机是间歇运转的，它的作用是保证货物上分拣机时满足货物间的最小间距。由于该段输送机传送速度一般为 0.6 米/秒左右，而分拣机传送速度的驱动均采用直流电动机无级调速，由速度传感器将输送机的实际带速反馈到控制器，进行随机调整，保证货物在第三段输送机上的速度与分拣输送机完全一致。这是自动分拣机作业成败的关键之一。

4．分拣指令设定装置

自动分拣机上移动的货物向哪个道口分拣，通常由粘贴在货物上的标有目的地标记的标签或写在包装箱上的收货方代码来判断。并在进入分拣机前，先由信号设定装置把分拣信息（如配送目的地、客户名称等）输入计算机中央控制器。

在自动分拣系统中，分拣信息转变成分拣指令的设定方式有 4 种：（1）人工键盘输入；（2）声控方式；（3）利用激光自动阅读物流条码；（4）计算机程序控制。

5．分拣传送装置及分拣机构

分拣传送装置及分拣机构是自动分拣机的主体，包括两个部分：货物传送装置和分拣机构。前者的作用是把被拣货物送到设定的分拣道口位置；后者的作用是把被拣货物推入分拣道口。各种类型的分拣机的主要区别就在于采用不同的传送工具（如钢带输送机、胶带输送机、托盘输送机、辊子输送机等）和不同的分拣机构（如推出器、浮出式导轮转向器、倾盘机构等）。上述传送装置均设带速反锁器，以保持带速恒定。

6．分拣卸货道口

卸货道口是用来接纳由分拣机构送来的被拣货物的装置。它的形式各种各样，主要取决于分拣方式和场地空间。它一般采用斜滑道，其上部接口设置动力辊道，把被拣货物"拉"入斜滑道。

斜滑道可看作是暂存未被取走货物的场所。当滑道满载时，由光电管控制、阻止分拣货物再进入分拣道口。此时，该分拣道口上的"满载指示灯"会闪烁发光，通知操作人员赶快取走滑道上的货物，消除积压现象。一般自动分拣系统还设有一条专用卸货道口，汇集"无法分拣"和因"满载"无法进入设定分拣道口的货物，以做另行处理。有些自动分拣系统使用的分拣斜滑道在不使用时可以向上吊起，以便充分利用分拣场地。

7．计算机控制系统

计算机控制系统向分拣机的各个执行机构传递分拣信息，并控制整个分拣系统。自动分拣的实施主要靠它把分拣信号传送到相应的分拣道口，并指示启动分拣装置，把被拣货物推入道口。分拣机控制方式通常用脉冲信号跟踪法。

4.3.2 分拣指令的设定方式

在分拣机上输送的货物，无论向哪个道口分拣，均需通过分拣信号的输入发出指令。因此，一般应在分拣货物上贴上发运地点等标签，以此进行分拣。在自动分拣系统中，分拣信号输入方法大致有下列 5 种。

1．键盘输入方式

由操作人员通过按键将分拣信号输入。货物的分拣编码，就是货物从主输送机上向那个分拣道口排出的道口编码。键盘有十键式和全键式两种。常用的为十键式，配置有 0～9 十个数字。每个分拣编码为 2～3 位数，一般每小时可输入 2400 个键。这种用键盘输入的方式费用最低，且简单易行。但是要把配送商店名称、地点都要变换成编码一并输入，就要求操作者能把许多编码记住才能熟练操作。因此，键盘输入的速度往往因人而异，差别较大。

2．声音识别输入方式

操作人员通过话筒朗读每件货物的配送商店名称和地点，将声音输入变换为编码，由分拣机的微型计算机控制分拣机构启动。声音识别输入装置的处理能力是每分钟可输入约 60 个词语。声音输入一般经过 2～3 天的操作即可熟练，而键盘输入一般需要 10～15 天才能熟练。声音输入只需操作人员动口，故可兼作其他工作，如手工调整输送机上货物的方位等。但由于需事先储存操作人员的声音，当操作人员偶尔因咳嗽沙哑时，就会发生差错。据国外物流企业实际使用情况介绍，声音输入法经常出现故障，使用效果不理想。

3．条形码识读方式

把含有分拣货物的条形码标签粘贴在每件货物上，货物通过放置在分拣机上的激光扫描器时，其条形码的信息被阅读。因此，为了正确输入，要求条形码标签粘贴在货物包装的一定位置上，同时在输送机上，货物粘贴条形码标签的一面应面向扫描器。扫描器从货物上面或从侧面扫描，或者同时从上面和侧面扫描。在货物上的条码标签粘贴方向不能保证时，可将两个扫描器成 90° 布置，构成一个全角度扫描系统，如图 4-8 所示。扫描器能对在输送机上移动速度为 40 米/分钟的货物进行扫描阅读，扫描速度为每秒 500～1500 次，但以扫描输入次数最多的信号为准。这种输入方法精度较高，即使发生差错，其原因大多由于条形码印刷不良或有污染等引起的。

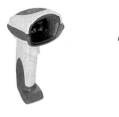

图 4-8　全角度布置

通过分拣机上的激光扫描器对货物上的条形码标签进行扫描，在将货物分拣信号输入的同时，也一并将条形码上包括货物名称、生产厂商、批号、配送商店等编码，作为在库货物的信号输入主计算机，为仓库实行计算机业务管理提供数据，这是其他输入方法所不及的。

条形码输入方法的优点是处理信号能力强、精度高，并实现输入自动化；缺点是制作和粘贴条形码标签要花费用和时间。目前国外已有许多货物在出厂时已贴好条形码，这对配送中心而言，可以减少很多工作环节。

4. 传感器控制方式

一般物品的特性有重量、外形大小、颜色和视觉等。如果被检货物能通过本身形状和颜色就可区别，可选择适当的过程控制用的识别传感器，通过传感器的应用，识别货物的物品特性，达到分拣货物的目的。常用的传感器主要是非接触式的传感器，如光电式传感器、超声波传感器、红外传感器等。

5. 射频识别方式

射频识别（RFID）的标签附在货物上，标签与识读器之间利用感应、无线电波或微波能量进行非接触的双向通信（识读距离可以从十厘米到几十米），实现信息的识别和数据交换。使用 RFID 可保证出错率达到零，但设备的价格较高。虽然标签内容可修改，但标签所带信息量较小，而且 RFID 受专利系统影响，一个厂家的设备不能阅读另一家的标签。所以仅在一些封闭系统中使用，如在保税仓库中，用于贵重物品的保护，保证叉车能按正确的路线搬运托盘，降低在非监控道路上货物被盗的可能性。

4.3.3　自动分拣系统的布局

自动分拣系统的布局有两种，如图 4-9 所示，一种是线状结构或称梳状结构，另一种是环状结构。

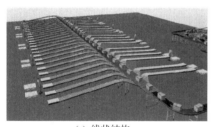
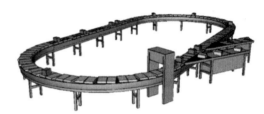

(a) 线状结构　　　　　　　　　　　　　　(b) 环状结构

图 4-9　自动分拣系统的布局形式

布局选择取决于安装的场地、所拣货物、同时处理的订单数、拣货终端数及分类装置的类型。如果是订单大、拣货终端数量少，可采用线状结构；如果订单小且多，可采用环状结构，环状结构的分拣系统有一定的储货能力，支持批处理方式。在环状结构里，货物只要不拣取下线，就能不断在环路上一直运行，多次通过同一位置，直到在某个终端取下。在这种情况下，即使只有一个拣货终端工作，系统也能运行。系统分拣能力的提高，可通过在环状结构上多设置拣货终端达到；小件大批量的货物分拣也可采用圆形放射状结构，如图 4-10 所示。

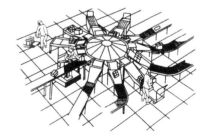

图 4-10　邮件圆形分拣系统

4.3.4　常用自动分拣机

1. 常用自动分拣机概述

在流通领域中常用的自动分拣机大体上有 6 种类型，即滚柱式（推出式）、浮出式、倾翻式、交叉带托盘式、滑块式和挡板式。

1）滚柱式分拣机

滚柱式分拣机是用于对货物输送、存储与分路的分拣机械设备。按处理货物流程的需要，可以布置成水平形式，也可以和提升机联合使用。

流柱式分拣机的滚柱机的每组滚柱（一般由3～4个滚柱构成，与货物宽度或长度相当）均各自具有独立的动力，可以根据货物的存放和分路要求，由计算机控制各组滚柱的转动或停止，如图4-11所示。在货物输送过程中需要积放、分路的位置均设置了光电传感器进行检测。当货物输送到需分路的位置时，光电传感器给出检测信号，由计算机分析，控制货物下面的那组滚柱停止转动，并控制推送器动作，将货物推入相应路向的支线，实现货物的分拣工作。

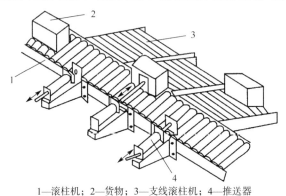

1—滚柱机；2—货物；3—支线滚柱机；4—推送器

图4-11　滚柱式分拣机

滚柱式分拣机一般适用于包装良好、底面平整的箱装货物，其分拣能力高，但结构复杂，价格较高。

2）浮出式分拣机

浮出式分拣机是把货物从主输送机上托起，从而将货物引导出主输送机的一种结构形式。从引离主输送机的方向看，一种是引出方向与主输送机构成直角；另一种是呈一定夹角（通常是30°～45°）。一般是前者比后者生产率低，且对货物容易产生较大的冲击力。

浮出式分拣机大致有以下两种形式。

（1）胶带浮出式分拣机。这种分拣结构用于辊筒式主输送机上，将有动力驱动的两条或多条胶带或单个链条横向安装在主输送辊筒之间的下方，如图4-12所示。当分拣机结构接受指令启动时，胶带或链条向上提升，接触货物底面把货物托起，并将其向主输送机一侧移出。

（2）辊轮浮出式分拣机。这种分拣机主要由传送带和两排旋转的滚轮组成，滚轮设置在传送带下面，每排由8～10个滚轮组成，如图4-13所示。滚轮也可设计成单排，主要根据被分拣物的重量来决定单排或双排。滚轮接收到分拣信号后立即跳起，使两排滚轮的表面高出主传送带10毫米，并根据信号要求向某侧倾斜，使原来保持直线运动的货物在一瞬间转向，实现分拣。

浮出式分拣机由于分拣滑道多，输送带长，所以上料输送带往往多于1条（一般有5条左右）。主传送带的速度为100～120米/分钟，比上料输送带的速度要快很多。

浮出式分拣机适用于包装质量较高的纸制货箱，一般不允许在纸箱上使用包装带，分拣能力可达7500箱/小时。该类分拣机的优点是在两侧分拣、冲击小、噪音低、耗电少、运行费用低，并可设置较多的分拣滑道。但它对分拣货物包装形状要求较高，对重物或轻薄货物不能分拣，同时，也不适用于木箱、软性包装货物的分拣。

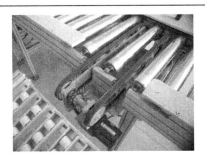

图 4-12　胶带浮出式分拣机

图 4-13　辊轮浮出式分拣机

3）倾翻型分拣机

这种分拣机大致分为以下两种形式。

（1）翻板式分拣机。翻板式分拣机是用途较为广泛的板式传送分拣机械设备，由一系列相互连接的翻板、导向杆、牵引装置、支承装置等组成，如图 4-14 所示。货物进入分拣机时，光电传感器检测其尺寸，当货物到达指定格口时，符合货物尺寸的翻板即受控倾翻，驱使货物滑入相应的格口中。每块翻板都可由倾翻导轨控制向两侧倾翻，每次有几块翻板翻转，取决于货物的长短。而且，货物翻落

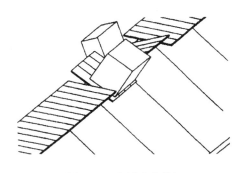

图 4-14　翻板式分拣机

时，翻板顺序翻转，可使货物顺利地进入滑道，这样就能够充分利用分拣机的长度尺寸，从而提高分拣效率。

翻板分拣机的适用范围大，可分拣箱类、袋类等货物。它的分拣能力可达 5400 箱/小时。但该分拣机分拣席位较少，且只能直线运行，占用场地较大。

（2）托盘式分拣机。托盘式分拣机是一种使用广泛的机型，主要由托盘小车、驱动装置、牵引装置等构成，如图 4-15 所示。其中，托盘小车形式多种多样，有平托盘小车、U 形托盘小车、交叉带式托盘小车等。这种分拣机是由一系列的盘子组成的，盘子为铰接式结构，可向左或向右倾斜。装载货物的盘子行走到一定位置时，盘子倾斜，将货物翻倒至旁边的滑道中，为减轻货物倾倒时的冲击力，有的分拣机能控制货物以抛物线形倾倒出来。这种分拣机对分拣货物的形状和大小没有严格要求，但以不超出盘子为限。对于长形货物可以跨越两只盘子放置，倾倒时两只盘子同时倾斜。这种分拣机通常采用环状连续输送，占地面积较小，又由于是水平循环，使用时可以分成数段，每段设一个分拣信号输入装置，以便货物输入，而分拣排出的货物在同一滑道排出，这样就可提高分拣能力。

图 4-15　托盘式分拣机

4）交叉带托盘式分拣机

传统的平托盘小车、U 形托盘小车利用盘面倾翻时货物的重力卸货，其结构简单，但存在着上货位置不准、卸货时间过长的缺点，结果造成高速分拣时不稳定及格口宽度尺寸过大。

交叉带托盘小车取消了传统的盘面倾翻、利用重力卸货的方法，在车体上设置了一条可以双向转动的短传送带（交叉带），用来承接从上货机来的货物，由链牵引运行到相应的格口，再由交叉带运转，将货物强制卸落在左侧或右侧的格口中，如图 4-16 所示。

图 4-16　交叉带托盘式分拣机

5）滑块式分拣机

传送装置是一条滚筒输送机，每支滚筒上有一枚用硬质材料制成的导向滑块，能沿滚筒横向滑动，如图 4-17 所示。平时滑块停止在输送机的侧边，滑块的下部有销子与滚筒下导向杆连接，通过计算机控制，滑块能有序地向输送机的对面一侧滑动，从而将货物引出主输送机。这种方式是将货物侧向逐渐推出，并不冲击货物，货物不易损伤。滑块式分拣机对分拣货物的形状和大小适用范围较广，分拣能力最高可达 1200 件/小时，准确率达 99.9%，是当代最新型的高速分拣机。

图 4-17　滑块式分拣机

6）挡板式分拣机

挡板式分拣机利用一个挡板（挡杆）挡住在输送机上向前移动的货物，将货物引导到一侧的滑道排出，如图 4-18 所示。挡板的形式是以挡板的一端作为支点，可做旋转。挡板工作时，像一堵墙似的挡住货物的前移，利用输送机对货物的摩擦力推动，使货物沿着挡板表面移动，从主输送机上排出至滑道。平时挡板处于主输送机一侧，可让货物继续前移；如挡板做横向移动或旋转，则货物就排向滑道。

挡板一般安装在输送机的两侧，与输送机上平面不相接触，即使在操作时也只接触货物而不触及输送机的输送表面，因此它对大多数形式的输送机都适用。就挡板本身而言，也有不同形式，如有直线形、曲线形，也有的在挡板工作面上装有滚筒或光滑的塑料材料，以减少摩擦阻力。

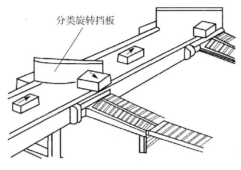

图 4-18　挡板式分拣机

2. 常见自动分拣机的性能比较

常见自动分拣机的性能比较如表 4-2 所示。

表 4-2　自动分拣机性能比较

类　型	知应范围	最大货重（千克）	最大速度（米/秒）	最大分拣能力（件/小时）	费　用	空间要求
滚柱式	非易碎物品	约 50	1.5	1500	合适	一般
胶带浮出式	适于皮带运输的物品	50	1.5	3000	合适	高
辊轮浮出式	平底和无包装带货物	50	2.5	7000	一般	合适
托盘式	货物底部光滑	50	2.5	12000	一般	一般
交叉带托盘式	货物底面平整	20	2.5	15000	高	合适
滑块式	无包装带货物	约 90	2.5	12000	一般	一般
挡板式	非易碎及形状稳定物	约 20	1.0	2000	合适	高

4.4　自动分拣设备的选用原则

现代化分拣设备是配送中心的重要生产工具，它的正确选用和合理使用，不仅能提高货物分拣和整个配送系统的自动化程度，而且也是实现物流现代化和社会化的重要标志之一。因此，要根据配送中心的分拣方式、使用目的、作业条件、货物类别、周围环境等条件慎重认真地选用，一般来讲，应考虑以下几个原则。

1. 设备的先进性

在当前高新技术不断发展的条件下，设备先进性是选用时必须考虑的因素之一，只有先进的分拣设备，才能更好地完成现代配送任务；否则，使用不久就要更新换代，将很难建立起行之有效的配送作业体系。因此，在选用分拣设备时，要尽量选用能代表该类设备发展方向的机型。同时，设备的先进性是相对的，选用先进设备不能脱离国内外实际水平和自身的现实条件，应根据实际条件，具体问题具体分析，选用有效、能满足使用要求的设备。实际上，选用分拣设备就是选用那些已被实践证明技术成熟、规格和指标明确，并能在性能上满足要求的分拣设备。

2. 经济实用性

选用的分拣设备应具有操作和维修方便、安全可靠、能耗小、噪声低、成本少，能保证人身健康及货物安全，且投资少、运转费用低等优点。只有这样，才能节省各种费用，做到少花钱、多办事，提高经济效益。

3. 兼顾上机率和设备技术经济性

上机率是上机分拣的数量与该种货物总量之比。追求高的上机率，必将要求上机分拣的货物的尺寸、重量、形体等参数尽量放宽，从而导致设备的复杂化，技术难度及制造成本增加，可靠性降低。反之，上机率过低，必将影响设备的使用效果，增加手工的工作量，既降低了设备的性能价格比，也使分拣作业的效率降低。因此，必须根据实际情况，兼顾上机率和设备技术经济性方面的因素，确定较为合理的上机率和允许上机货物参数。

4. 相容性和匹配性

选用的分拣设备与系统其他设备相匹配，并构成一个合理的物流程序，使系统获得最佳经济效益。若配送中心购置了非常先进的自动分拣设备，但自动分拣货物与大量的人工装卸搬运货物极不相称，因而，不可能提高分拣设备利用率，整体综合效益也不高。因此，在选用时，必须考虑相容性和协调性，使分拣和其他物流环节做到均衡作业，这是提高整个系统效率和保持货物配送作业畅通的重要条件。

5. 符合所分拣货物的基本特性

分拣货物的物理、化学性质及其外部形状、重量、包装等特性千差万别，必须根据这些基本特性来选用分拣设备，如浮出式分拣机只能分拣包装质量较高的纸箱等。这样，才能保证货物在分拣过程中损失小，保证配送作业的安全。

6. 适应分拣方式和分拣量的需要

分拣作业的生产效率取决于分拣量大小及设备自身的分拣能力，也与分拣方式密切相关。因此，在选择分拣设备时，首先，要根据分拣方式选用不同类型的分拣设备。其次，要考虑分拣货物批量的大小，若批量较大，应配备分拣能力高的大型分拣设备，并可选用多台设备；若批量较小，宜采用分拣能力较低的中小型分拣设备，另外，还应考虑对自动化程度的要求，可选用机械化、半自动化、自动化分拣设备，这样，既能满足要求，又能发挥设备的效率。在此值得注意的是，不可一味地强调高技术和自动化，不结合当地的实际条件，不从实际出发，这样不仅不能提高效益，还可能导致重大的损失和惊人的浪费。

总之，选用分拣设备时，要做好技术经济分析，尽量达到经济合理的要求，同时，还要考虑分拣作业方式、作业场地及与系统匹配等综合因素，以保证分拣工作正常、安全运行，提高经济效益。

思考练习

1. 自动分拣系统主要由哪几部分组成？
2. 简述自动分拣系统的优点。
3. 简述自动分拣系统各种分拣机的特点和使用范围。
4. 如何选用合理的自动分拣机？

案例分析

POLA 西日本物流中心分拣作业系统

1. POLA 西日本物流中心概况

POLA 公司成立于 1929 年，以制造并销售女性用品为主，1991 年销售额约 2400 亿日元，70% 为化妆品。POLA 西日本物流中心于 1990 年 3 月建设完成，位于 POLA 袋井工厂厂区内，负责静冈以西的本州境内 2600 个点的配送工作，满足从订货到交货于 3 日内完成的要求。

1）建筑概况

占地面积：17100 平方米。

建筑面积：8646 平方米。

2）厂区布置平面图（如图 4-19 所示）

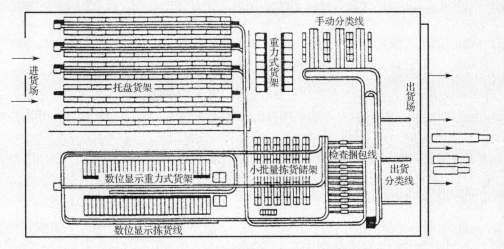

图 4-19　POLA 西日本物流中心厂区内布置图

3）物流设备概况

POLA 西日本物流中心的设备概况如表 4-3 所示。

表 4-3　POLA 西日本物流中心的设备概况

编　号	物流设备		数　量
1	托盘货架		1688 储位
2	数位显示重力式货架		540 储位
3	少量货物拣货轻型货架	补充用	640 储位
		拣货用	640 储位
		集货用	120 储位
4	电脑辅助拣货台车		7 台
5	少量货物保管用重力式货架		288 储位
6	检查捆包线		12 条
7	出货分类线		3 条
8	手动分类线		6 条

4）商品流程

商品流程如图4-20所示。

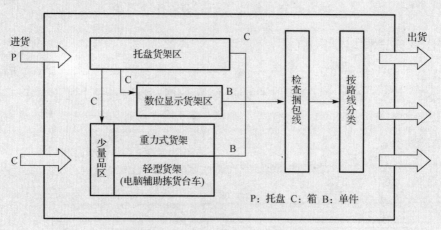

图4-20　POLA西日本物流中心商品流程图

2．POLA西日本物流中心分拣作业系统

在库配送商品约有1200个品种，最高出货量达每天185000个包装单位的化妆品，为配合如此庞大的作业量，以及提高作业效率、提供优质的服务，作业系统采取自动信息控制与人工控制的弹性组合，以下是每个拣货区域的作业方式的概况。

1）托盘储存货物分拣区——以箱为包装单位的拣货出库

将由工厂进货的整托盘商品用升降叉车放于托盘货架上保存，少量成箱进货的商品保存在重力货架上。大批订购的商品不经过存储保管，而是直接以箱为单位利用输送机送往出货区，同时也可以直接补货至数位显示货架分拣区内。这个区域采取事先将拣货商品及数量打在标签上，并将标签贴在商品上的方式指示分拣。

2）数位显示货架拣货区——以单件为包装单位的拣货出库

商品放于重力式货架上，各类商品储位上设有指示拣货数量的数字显示装置，作业人员在所负责的区域内依据显示器上所指示的数量拣取商品放到输送机上的篮子里，然后按下确认键，表示该商品已被拣取。当该区内所有需拣取的商品完成后，篮子就往下一个作业人员负责区域移动。最后拣完的篮子就送往少批量商品拣货区，空纸箱由上层输送机回收，送往捆包区。这个区域主要完成多品种、中小批量的拣货工作，采取按单份订单拣货和通过数位显示辅助拣货。

3）少批量商品拣货区——以单件为包装单位的拣货出库

商品保管在轻型货架及重力式货架上，应用电脑辅助拣货台车拣货，拣货信息通过键盘输入拣货台车上的电脑，荧屏上显示货架布置及拣取位置的分布。拣货人员依荧屏指示至拣取位置拣取商品，扫描条码，并依据各订单需求的数量分别投入相应的订单格位塑胶袋内。完成拣货的袋子，暂存于集货用的轻型货架上，等上一个区域内对应订单的拣货袋由输送机送达时，集中送到检查捆包区。这一区域负责拣取小批量、体积小的商品，所以采用计算机辅助台车拣货。

4）拣货策略分析

拣货策略分析如表4-4所示。

表 4-4　POLA 西日本物流中心拣货策略分析表

项　　目	拣货方式与策略		
储存包装单位	托盘	箱	箱
拣货包装单位	箱	单件	单件
商品物流特点	体积大、批量大、作业频率较低	体积小、批量中等、作业频率高	体积小、批量小、作业频率低
拣货信息传递	贴标签	电子信息传递	电子信息传递
拣货设施	托盘货架	数位显示储架	计算机拣货台车
拣货方式	先将订单合并汇总，制作成拣货单，拣货后按订单分类	按订单分别拣货	一次性处理固定数量的订单，且在拣取各商品的同时，将商品按客户订单分类放置

案例思考

1．POLA 西日本物流中心适合于哪种类型的企业？

2．POLA 西日本物流中心的分拣策略实际上是一个半自动化的物流系统，试分析这种半自动化体现在什么地方。

3．通过本案例，具体分析在分拣过程中，拣货单位、拣货方式、拣货信息传递方式三个关键要素是如何实现的。

第 5 章 装卸搬运装备

✂ 引导案例

　　随着上海烟草（集团）公司生产量的扩大，上海卷烟厂对部分生产设备进行了更新，生产能力、生产量都有所提高。但是主厂房的日生产能力（考虑设备有效作业率）将达到 29300 件，成品仓库的存放量（28200 件）已不能满足生产需要。再加上由于班次和运输的问题，有时可能还会出现超出一天存量的问题，使成品堆放场地产生较大的缺口。另外成品仓库现在都是人工作业，自动化、信息化程度相当低，已不能适应企业信息化发展的要求。上海卷烟厂针对企业的具体生产情况，在其成品仓库的改造中，结合卷烟厂成品仓库的实际，引入了自动搬运系统，实现了高密度储存成品的目标。

5.1 装 卸 搬 运

　　虽然装卸搬运是随着运输和仓储保管而产生的作业，却是衔接供应链各环节其他活动的重要组成部分，是实现物流机械化、自动化及智能化的重点之一。

5.1.1 装卸搬运概述

1. 装卸搬运的概念

　　在同一地域范围内（通常指在一个物流结点，如仓库、车站或码头等）改变物资的存放状态和空间位置的活动称为装卸搬运。装卸是指以垂直位移为主的实物运动形式；搬运是指以水平方向为主的位移。在物流实践中，装卸和搬运往往是密不可分的，因此，通常合称"装卸搬运"，即在同一地域范围内进行的，以改变物品存放状态和空间位置为主要目的的作业活动。在强调物品存放状态的改变时，常用"装卸"一词；在强调物品空间位置的改变时，常使用"搬运"一词。

　　在理解装卸搬运的概念时需要注意的是，搬运的"运"和运输的"运"有一定的区别，前者是在同一地域小范围内发生的，而后者则往往在不同地域较大范围内发生。

2. 装卸搬运的特点

1）装卸搬运是附属性、伴生性的活动

装卸搬运是物流每项活动开始及结束时必然发生的活动，因而时常不被人重视。有时也被当做其他操作的组成部分而忽视了它的存在。例如，一般而言的汽车运输，实际就包含了相随的装卸搬运；仓库中泛指的保管活动，也含有装卸搬运活动。

2）装卸搬运是支持、保障性活动

装卸搬运的附属性不能理解成被动的，实际上，装卸搬运对其他物流活动有一定决定性。装卸搬运会影响其他物流活动的质量和速度。例如，装车不当，会引起运输过程中的损失；卸放不当，会影响货物顺利地进入下一环节。高水平的物流活动只有在有效的装卸搬运支持下才能实现。

3）装卸搬运是衔接性的活动

任何其他物流活动相互过渡时都是以装卸搬运来衔接的，因而，装卸搬运往往成为整个物流活动的"瓶颈"，是物流各功能之间能否形成有机联系和紧密衔接的关键，而这又是一个系统的关键。建立一个有效的物流系统，关键看这一衔接是否有效。比较先进的系统物流方式——多式联运就是为解决这种衔接问题而产生的。

此外，进行装卸操作时往往需要接触货物，因此，成为物流过程中造成货物破损、散失、损耗、混合等损失的主要因素。例如，袋装水泥纸袋破损和水泥散失主要发生在装卸过程中，玻璃、机械、器皿、煤炭等产品在装卸时最容易造成损失。

3. 装卸搬运的作用

无论在生产领域还是在流通领域（生产领域的装卸搬运通常被称为"物料搬运"），装卸搬运都是影响物流速度和物流费用的重要因素，在物流系统中发挥着如下作用。

（1）衔接生产各阶段和流通各环节的转换。在物流作业过程中，从一个环节转换到另一个环节，几乎都伴随着装卸搬运活动，运输、储存、包装等环节一般都以装卸搬运为起点和终点。例如，货物需要从仓库搬运至运输工具处并装到运输工具上才能进行运输，运至储存地之后又要从运输工具上卸下并搬运至仓库或货场才能进行储存。

（2）保障生产和流通各环节作业的顺利进行。虽然装卸搬运活动本身不产生有形产品，但其工作质量却对生产和流通的其他环节有着很大影响。如果生产过程中的物料搬运不能适应生产要求，就可能导致停工；如果流通过程中的装卸搬运出现问题，就可能导致货物滞留于某一环节，从而中断流通过程。

（3）影响物流活动的效率。在物流过程中，装卸搬运是不断出现、反复进行的，并且每一次装卸搬运活动都要耗费时间，而这一时间的长短是决定物流速度的关键。因此，装卸搬运的效率直接影响着物流活动的效率。

4. 装卸搬运装备分类

装卸搬运所处理的货物来源广、种类多、外形和特点各不相同，如箱装货物，袋装货物，桶装货物，散货，易燃、易爆及剧毒品等。为了适应各类货物的装卸搬运和满足装卸搬运过程中各个不同环节的不同要求，各种装卸搬运设备应运而生。装卸搬运设备的机型和种类已达数千种，而且各国仍在不断研制新机种、新机型。装卸搬运设备常按以下方法进行分类。

（1）按主要用途或结构特征进行分类，装卸搬运设备可分为起重设备、连续运输设备、装卸搬运车辆、专用装卸搬运设备。

（2）按作业方向分类，装卸搬运设备可分为：水平方向作业的装卸搬运设备，如链式输送机；垂直方向作业的装卸搬运设备，如堆垛机；混合方向作业的装卸搬运设备，如龙门式起重机。

（3）按动力类型分类，装卸搬运设备可分为电动式装卸搬运设备和内燃动力式装卸搬运设备。

（4）按传动类型分类，装卸搬运设备可分为电传动装卸搬运设备、机械传动装卸搬运设备和液压传动装卸搬运设备。

5.1.2 装卸搬运的分类

1．按装卸搬运作业的场所分类

根据装卸搬运作业场所的不同，流通领域的装卸搬运基本可分为车船装卸搬运、港站装卸搬运、库场装卸搬运三大类。

1）车船装卸搬运

车船装卸搬运是指在载运工具之间进行的装卸、换装和搬运作业，主要包括汽车在铁路货场和站台旁的装卸搬运、铁路车辆在货场及站台的装卸搬运、装卸搬运时进行的加固作业，以及清扫车辆、揭盖篷布、移动车辆、检测计量等辅助作业。

2）港站装卸搬运

港站装卸搬运是指在港口码头、车站、机场进行的各种装卸搬运作业，主要包括码头前沿与后方之间的搬运，港站堆场的堆码、拆垛、分拣、理货、配货、中转作业等。

3）库场装卸搬运

库场装卸搬运通常是指在货主的仓库或储运公司的仓库、堆场、物品集散点、物流中心等处进行的装卸搬运作业。库场装卸搬运经常伴随物品的出库、入库和维护保养活动，其操作内容多以堆垛、上架、取货为主。

在实际运作中，这三类作业往往是相互衔接、难以割裂的。例如，码头前沿的船舶装卸作业与港口和船舶都有联系，而这两者分别对应着港站装卸搬运和车船装卸搬运，所以作业的内容和方式十分复杂，在具体组织实施的过程中，必须认真对待。

2．按装卸搬运作业的内容分类

根据装卸搬运作业内容的不同，装卸搬运可分为堆垛拆垛作业、分拣配货作业和挪动移位作业等形式。

1）堆垛拆垛作业

堆垛（装上、装入）作业是指把物品移动或举升到装运设备或固定设备的指定位置，再按所要求的状态放置的作业；而拆垛（卸下、卸出）作业则是其逆向作业。如用叉车进行叉上叉下作业，将物品托起并放置到指定位置场所，如卡车车厢、集装箱内、货架或地面上等；又如利用各种形式吊车进行吊上吊下作业，将物品从轮船货仓、火车车厢、卡车车厢吊出或吊进。

2）分拣配货作业

分拣是在堆垛作业前后或配送作业之前把物品按品种、出入先后、货流进行分类，再放到指定地点的作业。而配货则是把物品从指定的位置按品种、下一步作业种类、发货对象进行分类的作业。一般情况下，配货作业多以人工进行，但是由于多品种、小批量的物流形态日益发展，对配货速度要求越来越高，以高速分拣机为代表的机械化作业应用逐渐增多。

3）挪动移位作业

挪动移位作业包括水平、垂直、斜行搬运，以及几种组合的搬运。在水平搬运方式中，广泛应用辊道输送机、链条输送机、悬挂式输送机、皮带输送机、手推车及无人搬运车等设备。从方式来分，有连续式和间歇式；对于粉体和液体物质，也可以用管道进行输送。

3. 按装卸搬运机械的作业方式分类

依此可分成使用吊车的"吊上吊下"方式、使用叉车的"叉上叉下"方式、使用半挂车或叉车的"滚上滚下"方式、"移上移下"方式及"散装散卸"方式等。

1）"吊上吊下"方式

采用各种起重机械从货物上部起吊，依靠起吊装置的垂直移动实现装卸，并在吊车运行的范围内或回转的范围内实现搬运或依靠搬运车辆实现小搬运。由于吊起及放下属于垂直运动，这种装卸方式属垂直装卸。

2）"叉上叉下"方式

采用叉车从货物底部托起货物，并依靠叉车的运动进行货物位移，搬运完全靠叉车本身，货物可不经中途落地直接放置到目的处。这种方式垂直运动不大而主要是水平运动，属水平装卸方式。

3）"滚上滚下"方式

主要指港口装卸的一种水平装卸方式。利用叉车或半挂车、汽车承载货物，连同车辆一起开上船，到达目的地后再从船上开下，称"滚上滚下"方式。利用叉车的滚上滚下方式，在船上卸货后，叉车必须离船；利用半挂车、平车或汽车，则拖车将半挂车、平车拖拉至船上后，拖车开下船离开，而载货车辆连同货物一起运到目的地，再原车开下或拖车上船拖拉半挂车、平车开下。

4）"移上移下"方式

这是在两车之间（如火车及汽车）进行靠接，然后利用各种方式，不使货物垂直运动，而靠水平移动从一个车辆上推移到另一车辆上，称"移上移下"方式。移上移下方式需要两种车辆水平靠接，因此，对站台或车辆货台需进行改造，并配合移动工具实现这种装卸。

5）"散装散卸"方式

对散装物进行装卸。一般从装点直到卸点，中间不再落地，这是集装卸与搬运于一体的装卸方式。

4. 按被装物的主要运动形式分类

根据被装物的主要运动形式可分为垂直装卸、水平装卸两种形式。

（1）垂直装卸采取提升和降落的方式进行装卸，这种装卸需要消耗较大的能量。垂直装卸是采用比较多的一种装卸形式，所用的机具通用性较强、应用领域较广，如吊车、叉车等。

（2）水平装卸对装卸物采取平移的方式实现装卸的目的。这种装卸方式不改变被装物的势能，因此比较节能，但是需要有专门的设施，如和汽车水平接靠的高站台、汽车与火车车皮之间的平移工具等。

5．按装卸搬运的对象分类

按装卸搬运对象可分为单件作业、集装作业、散装作业。

1）单件作业

单件作业是指对非集装的、按件计的物品逐个进行装卸搬运的操作。单件作业对机械、装备、装卸条件要求不高，因而机动性较强，可在很广泛的地域内进行，而不受固定设施、设备的局限。

单件作业可采取人力装卸搬运、半机械化装卸及机械化装卸搬运。由于逐件处理，装卸搬运速度慢，且装卸搬运要逐件接触货物，因而容易出现货损，反复作业次数较多，也容易出现货差。

单件作业的装卸搬运对象主要是包装杂货，多种类、少批量物品及单件大型、笨重物品。

2）集装作业

集装作业是对集装货物进行装卸搬运的作业。作业的对象是一个经组合之后的集装货载，和单件装卸搬运相比，虽然都是按件处理，但集装作业"件"的尺寸大大高于单件作业"件"的尺寸。

集装作业每次作业量大、速度快，且在装卸搬运时并不逐个接触货物，仅对集装体进行作业，因而货损、货差较小。

3）散装作业

散装作业指对大批量粉状、粒状物品进行无包装的散装、散卸的装卸搬运。装卸搬运可连续进行，也可采取间断的作业方式。但是，都需采用机械化设施、设备。在特定情况下，且批量不大时，也可采用人力装卸搬运，但是会有很大的劳动强度。

6．按装卸搬运的作业特点分类

按装卸搬运的作业特点可分为连续作业与间歇作业两类。

1）连续作业

连续作业主要是指同种大批量散装或小件杂货通过连续输送机械，连续不断地进行作业，中间无停顿，货间无间隔。在货物量较大、对象固定、货物对象不易形成大包装的情况下适合采取这一方式。

2）间歇作业

间歇作业有较强的机动性，装卸搬运地点可在较大范围内变动，主要适用于货流不固定的各种货物，尤其适用于包装货物、大件货物，散粒货物也可采取此种方式。

5.2 起 重 设 备

起重设备是以间歇作业方式对物料进行起升、下降和水平移动的机械设备的总称。它对减轻劳动强度，降低运输成本，提高生产效率，加快车船周转，实现装卸搬运机械化起着十分重要的作用，在交通运输行业得到广泛应用。各种起重设备不仅用于交通运输部门对长、大、笨重件，集装箱，托盘等进行装卸作业，而且还用于工民建筑，轻、重工业及机械工业，水电，化工，油田等对大型构件和设备进行安装、起吊搬运等作业。

5.2.1　起重设备的分类

起重设备按其重量及运动方式可分为三大类，如图 5-1 所示。

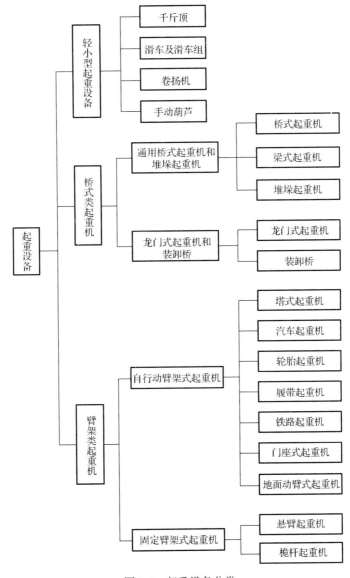

图 5-1　起重设备分类

轻小型起重设备一般只有一个升降机构，使货物做升降运动，在某些场合也可做水平运输（如卷扬机）。属于这一类型的起重设备有千斤顶、滑车及滑车组、卷扬机、手动葫芦等。它们具有轻小简练、使用方便的特点，适用于流动性和临时性的作业，手动的轻小型起重设备尤其适合在无电源的场合使用。

桥式类起重机配有起升机构、大车运行机构和小车运行机构。依靠这些机构配合动作，可在整个长方形场地及其上空作业，适用于车间、仓库、露天堆场等场所。桥式起重机包括通用桥式起重机、堆垛起重机、龙门式起重机和装卸桥等。

臂架类起重机配有运行机构、起升机构、旋转机构和变幅机构，液压起重机还配有伸缩臂机构。依靠这些机构的配合动作，可在圆柱形场地及上空作业。臂架式起重机可装在车辆上或其他运输工具上，构成自行动臂架式起重机，这种起重机具有良好的机动性，适用于码头、货场、矿场等场所。臂架类起重机包括塔式起重机、汽车起重机、轮胎起重机、履带起重机、铁路起重机、门座起重机、地面动臂式起重机、悬臂起重机、桅杆起重机等。

5.2.2　轻小型起重设备

1. 千斤顶

千斤顶又称举重器，是一种利用刚性承重件顶举或提升重物的起重设备（如图 5-2 所示）。它靠很小的外力，能顶起很重的货物，又可矫正设备安装的偏差和构件的变形等。千斤顶的高度一般为 100～400 毫米，最大起重量可达 500 吨，自重大约 10～500 千克。千斤顶按其构造和工作原理不同，可分为齿条式、螺旋式和液压式三种。

使用千斤顶时，顶升高度不要超过套筒或活塞上的标志线，如无标志线，使用时，其顶升高度不要超过螺杆或活塞总高度的 3/4，特别是螺旋千斤顶。当顶升高度超过螺杆总高度的 3/4 时，螺母套筒与螺杆的接触面减少，从而使每圈螺纹牙所受的压力增加。当此压力超过螺母套筒的设计允许值时，会使螺纹牙发生剪切和挤压破坏。起重一个重物若同时使用几个千斤顶时，每台千斤顶（同类型、同负荷）的起重能力不应小于计算载荷的 1.2 倍，主要是防止由于不同步而造成个别千斤顶超负荷而损坏。

2. 手动葫芦

手动葫芦是一种使用简单、携带方便的手动起重机械，也称"环链葫芦"或"倒链"。它适用于小型设备和货物的短距离吊运，起重量一般不超过 10 吨，手动葫芦具有结构紧凑、手拉力小等特点（如图 5-3 所示）。

图 5-2　千斤顶

图 5-3　手动葫芦

5.2.3 桥式类起重机

桥式类起重机指由具有能运行的桥架结构和设置在桥架上的能运行的起升机构组成的起重机械。常用的桥式类起重机包括通用桥式起重机和龙门式起重机等。

1．通用桥式起重机

通用桥式起重机是横架于车间、仓库及露天货场的上方，用来吊运各种货物的机械设备，通常称为"桥吊"、"天车"或"行车"，如图 5-4 所示。它放置在两排固定的钢筋混凝土栈桥上，可沿栈桥上的轨道纵向移动，起重小车可在桥架上的小车轨道上做横向移动。这样，起重机可以在一个长方体（起吊高度×跨度×走行线长度）的空间内作业。通用桥式起重机是应用广泛的一种轨道运行式起重机，其数量约占各种起重机总量的 60%～80%，额定起重量从几吨到几百吨。常用的通用桥式起重机有桥式吊钩起重机、桥式抓斗起重机、桥式电磁起重机、三用桥式起重机、双小车桥式起重机和电葫芦双梁桥式起重机。

2．龙门式起重机

龙门式起重机又称龙门吊或门式起重机，是由支撑在两条刚性或一刚一柔支路上的主梁构成的龙门框架而得名的，其外形结构如图 5-5 所示。龙门起重机的起重小车在主梁的轨道上行走，而整机则沿着地面轨道行走。

图 5-4　桥式起重机

图 5-5　龙门起重机

龙门式起重机具有场地利用率高、作业范围大、适应面广、通用性强等特点，在仓库、货场、车站、港口、码头等场所担负着生产、装卸、安装等作业过程中的货物装卸搬运任务，是企业生产经营活动中实现机械化、自动化的重要工具。龙门式起重机应用十分普遍，其使用数量仅次于桥式起重机。

5.2.4 臂架类起重机

臂架类起重机由行走、起升、变幅、旋转机构组成。通过这些机构的配合动作，可在一个圆柱形空间范围内起重和搬运货物。臂架类起重机种类繁多，在此主要介绍的是物流系统中常用的门座式起重机和地面动臂式起重机两种。

1．门座式起重机

门座式起重机又称门机，是有轨运行的臂架型移动式起重机。门座式起重机的额定起重能力范围很宽，一般在 5～100 吨，造船用的门座式起重机的起重量范围则更大，现已达到

150～250 吨。门座式起重机的工作机械具有较高的运动速度，运行效率高。同时，它的结构是立体的，占地面积很小，具有高大的门架和较长的伸臂，因而具有较大的起升高度和工作幅度，能满足港口码头船舶和车辆的机械化装卸、转载及充分利用场地的要求。门座式起重机的回转机构能使臂架做 360 度回转，其变幅机构能使臂架俯仰，改变起吊点至回转中心的距离，并且在变幅过程中保持货物的离地高度不变，由起升机构完成起吊作业。

门座式起重机的缺点是造价高、需要钢材多、电力消耗大、一般轮压较大、需要坚固的地基、附属设备较多。设备外形如图 5-6 所示。

2．地面动臂式起重机

地面动臂式起重机的特征是机体贴近地面，采用动臂结构，主要依靠吊臂的长短或仰角的大小旋转运动，使货物做垂直和水平运动，如图 5-7 所示。它具有机动灵活、转移快和作业范围大等特点，被广泛用于码头、车站、货场及工地等场所物料的装卸、搬运和设备、构件的安装。地面动臂式起重机的基本工作原理是：利用动力装置（如柴油机、电动机）为驱动力，再依靠各种传动方式（如机械传动、液压传动、电力传动），将动力分别、依次传递到各工作机构去，使机构运动，吊起重物。

图 5-6　门座式起重机

图 5-7　地面动臂式起重机

5.3　垂直提升设备

为了有效地连接楼房仓库或高层建筑各层运输系统和在不同的装卸作业面装卸货物的需要，往往采用各种垂直提升机械。这里，只介绍仓储作业中常用的载货电梯、液压升降平台和板条式提升机。

5.3.1　载货电梯

载货电梯是以电动机为动力，装有箱状吊舱，服务于规定楼层的固定式升降设备。它具有一个轿厢，运行在至少两列垂直的刚性导轨之间，主要为运送货物而设计，通常有人伴随（如图 5-8 所示）。载货电梯轿厢具有长而窄的特点。

电梯的主要部分由土建、机械和电气等组成，机械部分有导轨、轿厢、对重、钢丝绳及其他机械部分。电气部分由主控制板、变频器、曳引机等部分构成。

图 5-8　载货电梯

载货电梯主要由以下部分组成。

（1）曳引系统。曳引系统主要由曳引机、曳引钢丝绳、导向轮和反绳轮组成。其主要功能是输出与传递动力，使电梯运行。

（2）导向系统。导向系统主要由导轨、导靴和导轨架组成。其主要功能是限制轿厢和对重的活动自由度，使轿厢和对重只能沿着导轨做升降运动。

（3）轿厢。轿厢由轿厢架和轿厢体组成。它是运送乘客和货物的电梯组件，是电梯的工作部分。

（4）门系统。门系统由轿厢门、层门、开门机和门锁装置组成。其主要功能是封住层站入口和轿厢入口。

（5）重量平衡系统。重量平衡系统主要由对重和重量补偿装置组成。其主要功能是相对平衡轿厢重量，在电梯工作中能使轿厢与对重间的重量差保持在限额之内，保证电梯的曳引传动正常。

（6）电力拖动系统。电力拖动系统由曳引电动机、供电系统、速度反馈装置和电动机调速装置等组成。其功能是提供动力，实行电梯速度控制。

（7）电气控制系统。电气控制系统主要由操纵装置、位置显示装置、控制屏（柜）、平层装置和选层器等组成。其主要功能是对电梯的运行实行操纵和控制。

（8）安全保护系统。安全保护系统由电梯限速器、安全钳、缓冲器、安全触板、层门门锁、电梯安全窗、电梯超载限制装置、限位开关装置组成。其主要作用是保证电梯安全使用，防止一切危及人身安全的事故发生。

5.3.2　液压升降平台

液压升降平台是一种多功能起重装卸机械设备，适用于汽车、集装箱、模具制造、木材加工、化工灌装等各类工业企业及生产流水线，可配装各类台面形式（如滚珠、滚筒、转盘、转向、倾翻、伸缩），配合各种控制方式（如分动、联动、防爆），具有升降平稳准确、频繁启动、载重量大等特点，有效解决工业企业中各类升降作业难点，使生产作业轻松自如。

液压升降平台分为固定式液压升降平台、剪叉式液压升降平台、移动式液压升降平台（包括车载式液压升降平台）、铝合金式液压升降平台和登车桥液压升降平台等。以下详细介绍固定式液压升降平台和车载式液压升降平台。

1. 固定式液压升降平台（如图 5-9 所示）

固定式液压升降平台是一种升降稳定性好、适用范围广的货物举升设备，主要用于生产流水线高度差之间货物运送，物料上线、下线，工件装配时调节工件高度，高处给料机送料，大型设备装配时部件举升，大型机床上料、下料，仓储装卸场所与叉车等搬运车辆配套进行货物快速装卸等。根据使用要求，可配置附属装置，进行任意组合，如固定式

图 5-9　固定式液压升降平台

液压升降平台的安全防护装置、电器控制方式、工作平台形式、动力形式等。各种配置的正确选择，可最大限度地发挥升降平台的功能，取得最佳的使用效果。

固定式液压升降平台的可选配置有人工液压动力、方便与周边设施搭接的活动翻板、滚动或机动辊道、防止轧脚的安全触条、风琴式安全防护罩、人动或机动旋转工作台、液动翻转工作台、防止升降平台下落的安全支撑杆、不锈钢安全护网、电动或液动升降平台行走动力系统、万向滚珠台面。

2. 车载式液压升降平台

车载式液压升降平台是为提高升降平台的机动性，将升降平台固定在电瓶搬运车或货车上（如图 5-10 所示），它接取汽车引擎动力，实现车载式升降平台的升降功能，以适应厂区内外的高空作业。根据升降平台的举升机构不同，车载式液压升降平台分为车载剪叉式升降平台、车载折臂式升降平台、车载铝合金升降平台。车载式升降平台广泛应用于宾馆、大厦、机场、车站、体育场、车间、仓库等场所的高空作业，也可作为临时性的高空照明、广告宣传等。

(a) 车载剪叉式升降平台　　　　(b) 车载折臂式升降平台　　　　(c) 车载铝合金升降平台

图 5-10　车载式液压升降平台

5.3.3　板条式提升机

板条式提升机是在多层仓库内用作件货和托盘货物垂直运输的起重设备，其特点是占地面积小。它是将若干根板条组成的载货台安装在 4 根无端链条上，由板条组成的载货台具有足够的柔性，在链条运行过程中，可绕过链轮转向（如图 5-11 所示）。提升过程中，载货台保持水平；回程时载货台由水平位置变成垂直位置，回程结束时，又恢复到水平位置，从而减少提升机的占地面积。板条式提升机根据进货口和出货口安排的不同分为 S 形和 C 形。S 形的进货口与出货口在不同方向，而 C 形进货口与出货口在同一方向。C 形提升机的回程交叉，容易发生事故；而 S 形的出货口的作业不受载货台回程的影响。

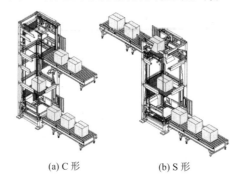

(a) C 形　　　　　　　(b) S 形

图 5-11　板条式提升机

板条提升机工作时，每个载货台载运一件货物。为了保证货物准确送到载货台上的规定位置，不发生跌落危险，一般在提升机的入口处的前端装有光电管和限位开关进行自动控制。板条提升机的工作能力除与提升速度有关外，还取决于载货台的长度和提升货物的高度。提升机的提升速度大多在 1 米/秒之内，每小时能运送 3000 件货物。

5.4 搬运设备

搬运是对物料、产品、零件、介质或其他物品进行搬动、运输或改变其位置。搬运设备是进行搬运作业的物质基础，其技术水平是搬运作业现代化的重要标志之一。物料搬运输送设备是物流中心和生产物流系统的重要装备，在生产与作业场地，物料搬运设备起着人与工位、工位与工位、加工与存储、加工与装配之间的衔接作用，具有物料的暂存和缓冲功能。通过对搬运设备的合理运用，能够使各工序之间的衔接更加紧密，提高生产效率。因此，它是生产中必不可少的调节手段。

5.4.1 手推车

手推车是一种以人力驱动为主，在路面上水平运输货物的小型搬运车辆的总称。其搬运作业距离一般不大于 25 米，承载能力一般在 500 千克以下。其特点是轻巧灵活、易操作、转弯半径小，是短距离输送较小、较轻物品的一种方便而经济的运输工具。

由于输送货物的种类、性质、重量、形状、道路条件等的不同，手推车的构造形式是多种多样的，如图 5-12 所示。

手推车的选择首先应考虑货物的形状及性质。当搬运多品种的货物时，应考虑采用具有通用性的手推车，对单一品种的货物，则应选用专用性的手推车，以提高搬运效率。

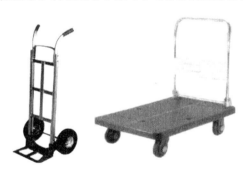

图 5-12　常用手推车

5.4.2 叉式搬运车

叉式搬运车又称叉车，是在仓库和货场装卸、搬运、堆码作业中被广泛用使用的一种搬运车辆，具有适用性强、机动灵活、效率高等优点。它不仅可以将货物叉起进行水平运输，还可以叉取货物进行垂直堆码。叉车的种类很多，可以从不同角度分类。如果按构造的不同，可分为正面式叉车、侧面式叉车和转叉式叉车；如果按所用动力不同，则可分为内燃式叉车、蓄电池式叉车和无动力叉车。以下按构造介绍正面式叉车、侧面式叉车、转叉式叉车。

1. 正面式叉车

正面式叉车的特点是货叉朝向叉车正前方。正面式叉车根据结构的不同可分为 6 种：手推式叉车、平衡重式叉车、插腿式叉车、前移式叉车、全向行走式叉车和集装箱叉车。

（1）手推式叉车（如图 5-13 所示），是利用人力推拉的简易插腿式叉车。其形式有手摇机械式、手动液压式和电动液压式 3 种，用于仓库内效率要求不高、有一定堆垛作业、装卸高度不大且单向搬运距离在 100 米以内的场合。其起重能力为 50～1000 千克，起升高度为1000～3000 毫米，货叉最低离地高度≤100 毫米。

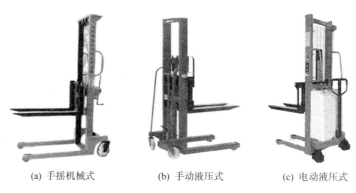

(a) 手摇机械式　　　　　　　(b) 手动液压式　　　　　　　(c) 电动液压式

图 5-13　手推式叉车

（2）平衡重式叉车（如图 5-14 所示），是使用最为广泛的叉车。这种叉车的货叉在前轮中心线以外。为了克服货物产生的倾覆力矩，在叉车的尾部装有平衡重。车轮采用的是充气轮胎或实心轮胎，运行速度比较快，而且有较好的爬坡能力。取货时和卸货时门架前倾，前倾角度一般为 30°，便于货叉插入和抽出，取货后门架后倾，后倾角度一般在 80°～100° 之间，以便在行驶中保持货物的稳定。这种叉车可根据作业对象和作业方式的不同在叉车的叉架上增设叉车属具，实现"无托盘"搬运需要。

平衡重式叉车可以是内燃式［如图 5-14(a)所示］的，也可以是蓄电池式［如图 5-14(b)所示］的。内燃式叉车因噪声大和产生有害气体，适用于露天货场作业。蓄电池式叉车适合于室内或环境条件要求较高的场所。

(a) 平衡重式内燃叉车　　　　　　　　　　(b) 平衡重式蓄电池叉车

图 5-14　平衡重式叉车

平衡重式叉车主要由发动机、底盘、门架、叉架、液压系统、电气系统及平衡重等部分组成，主要性能参数有起重量、最大起升高度、货叉长度、最小转弯半径、最大起升速度、最大运行速度等，可根据作业对象和作业要求进行选择。

（3）插腿式叉车（如图 5-15 所示）的结构非常紧凑，货叉在两个支腿之间，因此无论是取货或卸货，还是在运行过程中，都不会失去平衡。由于结构紧凑，叉车尺寸小，转弯半径也小，适于库内作业。这种叉车一般采用蓄电池为动力，不会污染环境。由于叉车在叉取货物时，支腿和货叉都必须插入货物底部，因此要求货物底部一般要高出地面 200 毫米左右。

（4）前移式叉车（如图 5-16 所示）的结构与插腿式叉车类似。但取货或卸货时，门架或货叉可由液压系统推动，移到前轮之外。运行时，门架、货叉又缩回车体内。前轮的直径大约为 300 毫米，因此，要收回货叉，必须先将货物升起一定高度。

图 5-15　插腿式插车

图 5-16　前移式叉车

（5）全向行走式叉车（如图 5-17 所示）是在前移式叉车的基础上改造的，专门用于长、大件货物作业的叉车。不同之处在于它的 4 个车轮均能在 90° 范围内转动任意角度，这样叉车既可向前、向后行驶，也可向左、向右行驶，能在原地对运行方向进行调整。因此，叉车工作时所需的货架通道宽度很小。

（6）集装箱叉车是一种集装箱码头和堆场上常用的搬运、装卸集装箱的专用叉车，如图 5-18 所示。既可用门架顶部吊具起吊搬运集装箱，也可用货叉插入集装箱底部叉槽举升搬运集装箱。主要用于堆垛空

图 5-17　全向行驶插车

集装箱等辅助性作业，也可在集装箱吞吐量不大（低于 3 万标准箱/年）的综合性码头和堆场进行集装箱装卸，或短距离搬运。

图 5-18　集装箱叉车

2．侧面式叉车

侧面式叉车（如图 5-19 所示）的货叉装在车身的侧面，是平板运输车和前移式叉车的结合。门架可以伸出取货，然后缩回车体内将货物放在平台上即可行走，适于装卸运输钢管、型材、木材、电线杆、水泥管等细长货物。

3．转叉式叉车

转叉式叉车（如图 5-20 所示）是专门用于仓库的无轨堆垛机的一种。其货叉有一个回转机构，还有一个侧移机构。两个机构协调动作，货叉可以面向货架通道任意一侧的货架，并伸到货架格中完成存取作业，而不需要对叉车的位置做任何调整。因此所需要的货架通道最小。当货架高度较大时，需要配备自动选层装置在高度方向上辅助定位。这种叉车在货架通道内行驶时，需要导轨导向或用感应线自动导向，以避免与货架相碰。

图 5-19　侧面式叉车　　　　　　　　　　图 5-20　转叉式叉车

5.5　输 送 设 备

输送设备是在一定的线路上连续不断地沿同一方向输送物料的物料搬运设备，装卸过程中无需停车，因此生产率很高。皮带类型的输送机械常称为传送带，其他类型则称为连续输送机。输送机械主要完成物料的水平运输，兼有一定垂直运输功能，工作对象以小型件及散状物品居多。输送机械输送能力大、运距长、结构简单。此外，还可在输送过程中同时完成若干工艺操作，所以应用十分广泛。输送机械可进行水平、倾斜和垂直输送，也可组成空间输送线路，输送线路一般是固定的。

连续输送设备可以根据其装载的物料类型（散装或单元化）进行分类，也可以根据其所处的位置或其最大载重量进行分类，一般分为单元物品输送设备和散碎物料输送设备。

5.5.1　单元物品输送设备

1．辊道式输送机

这是结构比较简单，使用最广泛的一种输送机械，它由一系列以一定的间距排列的辊子组成，用于输送成件货物或托盘货物。图 5-21(a)所示为直道辊道式输送机，图 5-21(b)所示为具有弯道的辊道式输送机。

为保证货物在辊子上移动时的稳定性，支承面至少应该接触 4 个辊子，即辊子间距应小于货物支承面长度的 1/4。

(a) 直道辊道式输送机

(b) 具有弯道的辊道式输送机

图 5-21　辊道式输送机

2．链式输送机

链式输送机有多种形式，使用也非常广泛。最简单的链式输送机由两根套筒辊子链组成。链条由驱动链轮牵引，链条下有导轨，支撑着链节上的套筒辊子，货物直接压在链条上（或将货物放在承载托盘上），随着链条的移动而向前移动。图 5-22 所示为链式输送机。

3．悬挂式输送机

悬挂式输送机是一种空间封闭的运输系统，适用于工厂车间、仓库内部成件物品或货物及集装单元物料的空中输送。由于悬挂式输送机系统的空间布置对地面设备和作业操作影响甚小，同时输送机本身就是一个"活动仓库"，所以有可能取消各工序间的储存场地，从而提高生产作业面积或仓储面积的经济性。

悬挂式输送机系统由牵引链、滑架、承载小车、架空轨道、回转装置、驱动装置、拉紧装置、安全装置和悬挂装置等构成，如图 5-23 所示。

图 5-22　链式输送机

图 5-23　悬挂式输送机

5.5.2　散碎物料输送设备

散碎物料输送设备主要有皮带式输送机、斗式提升机、气力输送机和螺旋输送机等，该类设备主要应用于散碎物料的连续、均衡输送作业，一般适用于工厂生产线、港口码头等场所作业。以下介绍皮带式输送机、斗式提升机、气力输送机。

1. 皮带输送机

皮带输送机是水平输送机中较经济的输送机械之一，也可用于有坡度的输送，如图 5-24 所示。皮带由滚筒或金属滑板来支撑。皮带输送机的滚筒、骨架及驱动单元有多种组合方式。由输送的物品及系统的应用需求来决定采用何种组合方式。皮带的断面也会影响输送机端部滚筒及驱动方式的设计，如较厚的皮带及较重的材料需要较大的皮带轮直径。

2. 斗式提升机

斗式输送机是在两根重型滚轮链条之间安装 V 形料斗，依靠重力卸料，故也叫 V 形料斗输送提升机，如图 5-25 所示。它可以在垂直或接近垂直的位置输送物料。斗式输送机设计简便，仅用一台电动机及一套传动装置就能同时满足水平和垂直驱动的需要，即用同一台设备就能完成物料的提升和输送任务，无须再加转运设备。斗式输送机缓慢的输送及卸料可防止物料的破碎，物料封闭在标准的钢制机壳中，限制了粉尘飞出。

图 5-24 皮带式输送机

图 5-25 斗式提升机

3. 气力输送机

气力输送机是由具有一定速度和压力的空气带动粉粒状物料或比重较小的物品在管道内流动，实现在水平和垂直方向上的输送，如图 5-26 所示。它结构简单，能保护周围环境免受粉尘污染，广泛应用于装卸粮食和水泥等物料。

图 5-26 气力输送机

在大多数气力输送系统中物料颗粒呈悬浮状态。这种悬浮式系统有 3 类，第一类是吸送式，第二类是压送式，第三类是混合式。

悬浮空气输送是依靠空气的动能来实现物料输送的。为此，气流必须要有较高的速度，不仅能量消耗大，而且管路容易磨损。近年来，料栓式气力输送技术发展很快，物料在管道内不再呈悬浮状，而是形成一段一段的料栓，每段料栓的前后都有一段压缩空气。物料不再靠空气的速度卷起，而是靠料栓前后空气的静压差向前推进。显然，这种气力输送系统耗气量小、功率低、物料输送平稳、磨损破碎少，具有很大的优越性。

5.6 堆垛设备

堆垛设备主要指堆垛机。堆垛机是高架仓库内进行货物堆存作业的主要机械。目前在高架仓库中广泛使用的主要物料搬运设备有巷道式堆垛起重机（分无轨和有轨两种）、桥式堆垛起重机、高架叉车及辊子输送机、链式输送机、各种分岔合流装置、叉车、升降机等。根据仓库工艺要求正确选定物料搬运机械的形式与规格是高层货架仓库高效运转的重要前提。以下介绍桥式堆垛起重机、无轨巷道式堆垛起重机和有轨巷道式堆垛起重机。

1. 桥式堆垛起重机

桥式堆垛起重机主要用于高层货架仓库存取作业，也可用于无货架堆垛。其起重量一般在 0.5～5 吨之间，个别特殊的也可以做到 10～20 吨。这种起重机一般适用于中、小跨度（如 22.5 米以下），高度低于 12 米以下的仓库。桥式堆垛机主要由桥架、大车行走机械、小车和堆垛机构 4 部分组成。桥架与通用桥式起重机的桥架基本相似。大车行走机械有支承式和悬挂式两种基本形式。悬挂式行走机构多用于跨度 12 米以下、起重量 2～3 吨以下的堆垛机。支承式行走机构使用较广，除支承在仓库的吊车梁上运行外，也可以支承在货架上运行。而小车比较复杂，小车上的吊钩用立柱和货叉所替代，立柱可旋转，其上的货叉和司机室随立柱一起旋转，又可同时或分别沿着立柱升降，可视为桥式起重机和叉车的结合物，如图 5-27 所示。

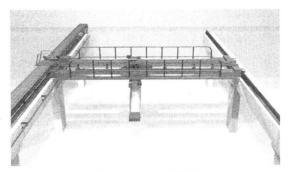

图 5-27 桥式堆垛机

从仓库物流和总体布置的角度来看，桥式堆垛起重机与叉车、巷道堆垛机相比，有如下特点：

（1）堆垛高度比叉车高，但不如巷道堆垛起重机；

（2）占用巷道宽度比叉车小，但比巷道堆垛起重机大；

（3）能同时服务于若干巷道，机动性比巷道式堆垛机好，但不如叉车灵活，不能开出仓库作业；

（4）既能用于高架储存，又能实现无货架堆垛，并能跨越货垛；

（5）为了使桥梁能顺利通行，在仓库顶棚与货架或货垛之间需要有较大净空间；

（6）生产效率较巷道式堆垛起重机低；

（7）适合重物和长、大物件进行高堆垛。

2. 无轨巷道式堆垛起重机

无轨巷道式堆垛起重机又称高架叉车（如图5-28所示），适用于作业次数不太频繁、作业高度不太大的仓库，特别是在由普通仓库改造的中、低层货架的仓库中尤为适用。无轨巷道式堆垛起重机保留了叉车的一些特点，又发展了适用于在高货架中工作的性能。它的特点如下。

（1）高架叉车采用多节门架，起升高度比一般叉车高，可达12米，但比巷道式堆垛起重机所能达到的高度低得多。

（2）高架叉车备有特殊的货叉机构，货叉不但能单独侧移、旋转，而且也能侧移和旋转联动。这样大大缩小了对仓库巷道宽度的要求，从而能更有效地利用仓库的面积。所需巷道宽度比一般叉车所需窄得多，但不如巷道式堆垛起重机窄。

（3）高架叉车机动性比巷道堆垛起重机高，可以在道外作业。一台设备可以进行多巷道工作，也可开出仓库外作为一般叉车使用。

（4）高架叉车的控制方式一般分为有人操作和无人操作两种。有人操作又分为手动控制和半自动控制，无人操作又分为自动控制和远距离集中控制（多数用计算机）。

（5）高架叉车一般都采用蓄电池作为电源。蓄电池组可以直接装入车内，叉车可自由运行，使用方便；但由于耗电大，蓄电池充电需占用一定时间。各运动机构驱动方式有电动机驱动和液压驱动。起升机构一般采用液压。为使货叉能准确地到达预选位置，且要缩短作业时间，其上升和下降速度能够调节。

3. 有轨巷道式堆垛起重机

有轨巷道式堆垛起重机（如图5-29所示）的主要用途是在高层货架的巷道内往复运行，将位于巷道口入库台上的货物存入货位，或将货位内的货物取出送到巷道口的出库台。随着立体仓库的发展，有轨巷道式堆垛起重机逐渐取代了桥式堆垛起重机的主力地位，主要是因为：（1）桥式堆垛起重机与巷道式堆垛起重机相比，自重很大，必须用比较坚固的建筑结构支持；（2）为使桥式堆垛起重机通过，在仓库顶部与货架之间需要留有很大的空间；（3）桥式堆垛起重机作业通道宽度要受主梁跨度的限制。与无轨巷道式堆垛起重机相比，有轨巷道式堆垛起重机在结构上有很大不同。有轨巷道式堆垛起重机采用钢轮在钢轨上行走，而无轨巷道式堆垛起重机则采用轮胎，因此在轮压不同时会产生不同的变形量；有轨巷道式堆垛起重机采用立柱，无轨巷道式堆垛起重机采用多级门架伸出时，由于门架间的间隙，货叉的水平和垂直位移会随门架升降高度的变化而变化。

图 5-28　无轨巷道式堆垛起重机

图 5-29　有轨巷道式堆垛起重机

5.7　装卸搬运设备的选择

5.7.1　装卸搬运设备选择的基本原则

选择物流设备，原则上要求技术上先进、经济上合理、生产作业上安全适用、无污染或污染小。

（1）适用性原则。适用性是针对物流设备是否具有运送货物的能力而言，包括适应性和实用性。物流企业在选择运输设备时，要充分考虑物流作业的实际需要，所选设备要符合货物的特性和货运量的大小，能够在不同的作业条件下灵活方便地操作。实用性就涉及恰当选择设备功能的问题。物流设备并不是功能越多越好，因为在实际作业中，并不需要太多的功能，如果设备不能被充分利用，则造成资源和资金的浪费。同样，功能太少也会导致物流企业的低效率。因此要根据实际情况，正确选择设备功能。

（2）先进性原则。先进性是指设备技术的先进性，主要体现在自动化程度、环境保护、操作条件等方面。但是先进性必须服务于适用性，尤其是要有实用性，从而取得经济效益的最大化。

（3）最小成本原则。最小成本原则主要指的是设备的使用费用低，整个寿命周期的成本低。有时候，先进性和低成本会发生冲突，这就需要物流企业在充分考虑适用性的基础上，进行权衡，做出合理选择。

（4）可靠性和安全性原则。可靠性和安全性日益成为选择设备、衡量设备好坏的主要因素。可靠性是指设备按要求完成规定功能的能力，是设备功能在时间上的稳定性和保持性。但是可靠性不是越高越好，必须考虑成本问题。安全性要求设备在使用过程中要保证人身及货物的安全，并且尽可能地不危害环境。

5.7.2　装卸搬运设备类别的选择

物料搬运系统分析（System Handling Analysis，SHA）是缪瑟提出的一种系统化、条理化、合乎逻辑顺序、对任何物料搬运项目都适用的方法。SHA对物料搬运设备的分类采用了一个与众不同的方法，就是根据费用进行分类。具体来说，就是把物料搬运设备分成4类，根据距离与物流指示图（如图5-30所示），选择不同类型的搬运设备。（1）简单搬运设备：距离短，物流量小。（2）简单运输设备：距离长，物流量小。（3）复杂搬运设备：距离短，物流量大。（4）复杂运输设备：距离长，物流量大。

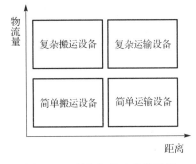

图 5-30　距离与物流量批示图

设备按技术或性能分类时，可分为起重机、输送机、无轨搬运设备和有轨搬运设备。例如，无轨搬运设备按费用分类可分为简单搬运设备（如二轮手推车）、复杂搬运设备（如狭通道带夹具的叉车）、简单运输设备（如机动货车）、复杂的运输设备（如电子控制的无人驾驶车辆）。

思考练习

1. 什么是装卸搬运？其特点有哪些？

2. 装卸搬运设备是如何分类的?

3. 起重设备的特点是什么? 如何分类?

4. 叉车的特点及类型是什么?

案例分析

重组带来新活力——东风汽车公司 EQ140-1 差速器壳生产线再设计

东风汽车公司 EQ140-1 汽车后桥减速器内差速器壳生产线包括左壳、右壳及合件三条加工线,共有加工机床 15 台,设有 22 道工序,零件重量分别为 17.4 千克、8.2 千克、20.4 千克。

东风汽车公司 EQl40-1 差速器壳生产过程中,常常要花费大量的时间和精力把物料从一个地方送到另一个地方,从一个工作地送到另一个工作地。根据调查,EQ140-1 差速器壳生产线,搬运事件发生次数占全部作业事项次数的 53.93%,搬运时间占作业时间的 33.15%。因此,物料搬运是生产系统设计的重要内容,良好的物料搬运系统可以保证生产系统有序运行,最大限度地发挥生产线的能力,降低产品成本。为改进原设计中存在的问题并适应公司业务发展的需要,公司对其物料搬运与布置系统进行了再设计。

生产线物料搬运系统设计包括确定物料分析、搬运设备的选择和搬运路线安排等综合设计。

一、存在的问题

1. 回收物流安排

搬运的物料内容包括产品或零件、工具、夹具和废弃物的搬运。对于有用产品的搬运,人们一般都予以充分的重视。在我国,不少企业常常忽视了废物搬运设计的重要性。任何一个生产系统,在原材料变为有用产品的同时,不可避免地同时生产出废物,如废液、废气和废料等,必须妥善地将其汇集并及时运送出去。因此,对废物的运送应纳入物料搬运系统设计。差速器壳原运输装置对此未予全面考虑,致使生产线遍地油水、铁屑,不仅影响工业卫生,而且也增加了搬运量。

2. 工装夹具的搬运

工装夹具的搬运在作业系统中占着相当多的时间,进行设计时应将其放在操作者最方便的地方,以缩短搬运距离。在差速器壳生产线上还有周转使用夹具搬运问题,如在第 16 序作业完毕后的夹具,要分别返回第 11、13 序使用。工序间的距离为 6 米,需人力搬运。特别是返回第 11 序的夹具每套重达 4 千克,搬运批重约 70~75 千克,夹具搬至工作地后,还需提升到 1.014 米高的工作台上,一个操作者无法完成上述作业,通常求助于第 13、16 序的工人协同完成。对一个高效率的作业系统而言,如此繁重的人力搬运无疑是一种精神负担和额外的体力消耗,故在搬运设计时必须予以妥善解决。

二、搬运设备的选择

物料搬运系统设计中另一重要问题是合理地选择搬运设备。搬运设备关系到工人的疲劳程度、搬运效率和成本的高低。搬运设备的种类很多,影响生产线搬运设备选择的主要因素是: 零件的形状、尺寸和重量,生产规模和产量水平,生产流程,生产线的布置形式及特点,搬运成本。

差速器壳生产是按产品布置进行的,在产品布置中,物料搬运设备和方法,如同其布置本身一样，一般都是专用的。传送机是最常见的搬运设备，物料通过传送机一件一件或一组一组地送至目的地。按产品布置的特点是：要求在各工序之间有某些直接运输手段，使每个操作者都把制品或零件放到下一个操作者可以拿到的位置上，以减少搬运次数和距离。根据该线的具体情况，选择滑道较符合经济原则。

三、差速器壳生产线滑道的设计

1. 设计生产线滑道的原则

（1）搬运距离最短。滑道应将零件直接送到工人装夹使用的最佳位置，卸下的零件能以最短的距离搬运至滑道上，减少工人装卸零件的搬运距离。

（2）搬运次数最少。工序间的运输滑道，应能将零件尽量一次送到加工的位置，杜绝二次搬运。

（3）重力原则。充分利用零件的自重运送，尽可能利用滑动、滚动溜送零件。

（4）机械化、自动化原则。尽量利用机械化、自动化装置移动零件，减轻工人的疲劳，提高搬运效率。

（5）多功能原则。尽可能集搬运、存储、加工等多种功能于一体，以减少搬运次数、缩短搬运距离、减轻工人疲劳、节约生产面积。

（6）控制原则。利用滑道进行生产控制、在制品控制和质量控制。

（7）安全原则。

差速器壳生产线是一条机械加工线，零件装卸上下移动频繁，因此，在进行搬运系统设计时，除绘制物料型、人员型流程程序图和平面线图外，还需要绘制上下移动线图。全线的滑道、工作台及脚踏板的高度和长度均应根据线图的数据进行设计、制作，根据物料型流程图及线图的数据设计滑道的结构。

2. 滑道设计

该生产线新设计制作的滑道，分别采用下列两种类型结构。

（1）V形滑道滑送。分为单排双层滑道，如第1、11、13、15序；双排双层滑道如第6序。

（2）滚子滑道。该类滑道又分为单排单层、单排双层（如第5、10序）和双排滚子滑道三种结构。

各滑道依据工序作业状况，分别设计接水盘、铁屑盘，使附在零件上的冷却液自动流入固定水沟，铁屑则汇集于接屑盘集中运送。第16、17序内的滑道与工作台设计为一体。新设计的滑道，既成为工序间的运输工具，又是在制品的储存设备、作业工作台、工具存放处等多功能设备。

另外，在第16序至第11序铺设一条7米长的地轨，于第11序新安一台气压升降机，周转使用的夹具从第16序工作台上自动落于装夹具小车后，操作工人用微力推动小车滑至升降台上，既节约了搬运时间，又减少了工人的体力消耗。

经过两年多的运行表明，新设计的差速器壳生产线是一条高效、可靠的搬运系统。

案例思考

1. 东风汽车公司是如何通过改进搬运方式来提高劳动生产率的？

2. 该企业成功的经验应用在类似的制造企业中能否产生同样的效果？应用在服务行业中呢？试举例说明。

Chapter

6

第6章 集装单元化装备

 引导案例

德国 Eurokai 的第三方物流公司 Oeangate 为在中欧、南欧和东欧国家从事电子产品的生产企业和食品、服装、鞋类的零售业提供合同物流服务。Oeangate 向零售消费者（每年从亚洲进口大批货物）提供的最普遍的增值服务是加速进口运输的速度，以加快库存周转，从亚洲通过苏伊士运河运往欧洲的集装箱船停靠到意大利南部港口，在那里卸下一部分集装箱货物，并通过卡车迅速运送到消费者指定的地点。其拖船上货物继续通过海运运往北欧港口，然后由 Oeangate 通过传统的运输方式运往消费地。在意大利卸下的货物运转速度快，用来满足紧急订单，而通过低成本、全水路运输的货物在前批紧急订单卖完之后，也能抵达消费地。通过这种方式，可以使客户的库存效率提高 10%。

6.1 集装单元化概述

6.1.1 集装单元化的概念及作用

现代物流的特征之一是物料的集装单元化，在现代物流中占有重要的地位。集装单元化程度的高低是判断一个国家现代物流是否发达的重要标志之一。

1. 集装单元化的概念

在货物的储运过程中，为便于装卸和搬运，用集装器具或采用捆扎方法将物品组成标准规格的单元货件，称为货物的集装单元化。被集装单元化的货物称为单元货物（Unit Load）。用于集装货物的工具称为集装单元器具，必须具备两个条件：一是能使货物集装成一个完整、统一的重量或体积单元；二是具有便于机械装卸搬运的结构，如托盘有叉孔、集装箱有角件吊孔等，这是它与普通货箱和容器的主要区别。

从包装角度来看，集装按一定单元将杂散物品组合包装，是属于大型包装的形态。在多种类型的产品中，小件杂散物很难像机床、构件等产品那样进行单件处理，由于其杂、散，且个体体积、重量都不大，所以，总是需要进行一定程度的组合，才能有利于销售、流通和使用。从这一点上说，商品的外包装、粉粒体物料的纸袋及液体和气体的容器等也是一种集装单元。但一般物流技术上所称的集装单元化，是指固体物料（如机械零部件）和商品运输包装的集装单元化，如零件堆放在集装盘内或洗衣皂纸箱堆码在托盘上等。

集装是在材料学和装卸技术两个方面都有了突破性进展之后才出现的，用大单元实现组合，是整个包装技术的一大进展。从运输角度来看，集装所组合的组合体往往又正好是一个装卸运输单位，非常利于运输和装卸，因而，在这个领域，集装被看成是一个运输体（货载），称单元组合货载或集装货载。

2. 集装单元化的类型

集装单元化有若干种类型，通常使用的集装单元主要有下列几种。

（1）托盘类。它以平托盘为主体，从平托盘发展到柱式托盘、箱式托盘、轮式托盘和专用托盘。集装箱系统和托盘类是集装单元化的两大支柱。

（2）集装箱系统。它由大型容器发展而来，集装箱配置半挂车又演变成配置大型的台车。集装箱是当前集装单元发展的最高阶段。

（3）捆扎型。它是用绳索、钢丝或打包铁皮把小件的货物扎成一捆或一叠，这是简单的集装单元化，如成捆的型钢、木材和成扎的铝锭等。

（4）其他容器。它包括柔性集装袋、集装网络和罐式集装箱等。

3. 集装单元化的作用

集装单元化是物流管理硬技术（设备、器具等）与软技术（为完成装卸搬运、储存、运输等作业的一系列方法、程序和制度等）的有机结合，主要有以下几点作用。

（1）通过标准化、通用化、配套化和系统化以实现物流功能作业的机械化、自动化。

（2）物品移动简单，减少重复搬运次数，缩短作业时间和提高效率，装卸机械的机动性增高。

（3）改善劳动条件，降低劳动强度，提高劳动生产率和物流载体利用率。

（4）物流各功能环节便于衔接，容易进行物品的数量检验，清点交接简便，减少差错。

（5）货物包装简单，节省包装费用，降低物流功能作业成本。

（6）容易高堆积，减少物品堆码存放的占地面积，能充分灵活地运用空间。

（7）能有效地保护物品，防止物品的破损、污损和丢失。

6.1.2　集装单元化系统

1. 集装单元化系统的概念

集装单元化系统（以下简称集装系统）是以集装方式进行物流全过程的各项活动并对此进行综合、全面管理的物流形式。集装系统有时简称集装或集装化，这是许多活动综合的总称。既是一种包装形式，又远远超出包装的范畴；既是一种运输或储存形式，又不完全只起运输或储存的作用。它贯穿了物流的全过程，在全过程中发挥作用。

集装系统有效地将分散的物流各项活动联结成一个整体，是物流系统化中的核心内容和主要方式。集装系统能在多方面起作用，因而许多人已将其看成是干线物流的发展方向。

在集装系统中，首要的问题是将货物形成集装状态，即形成一定大小和重量的组合体，

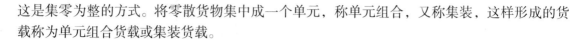

这是集零为整的方式。将零散货物集中成一个单元，称单元组合，又称集装，这样形成的货载称为单元组合货载或集装货载。

2. 集装系统的基本要素

1）工具要素

集装系统的工具主要是各种集装工具及配套工具，如集装箱、托盘、集装网络、集装袋、滑板、散装罐等。这些工具的主要作用是将零杂货物组合成单元货物，并以这些工具为承托物，以单元货物为整体进行物流活动。

这些工具以不同形式进行集装，适用于不同对象的货物，再加上各集装工具有不同的类型和尺寸，所以，基本上可以覆盖全部物质资源。换句话说，集装系统可以适用于全部物流对象。与这些集装工具配套的，还有一些辅助性工具，主要有以下几种。（1）集装站、场站、码头。它们是衔接集装运输的节点，如火车集装装运站、集装处理场、集装码头等。在集装站、场站、码头中的活动主要是集装的存放及装卸。（2）集装装卸设施。它主要包括集装箱吊车、托盘叉车、集装箱半挂车、散装管道装卸设施、散装输送传送设备等。（3）集装运输设备。它主要包括集装箱船、集装箱列车、散装罐车等。（4）集装储存设施。它主要包括集装箱堆场、托盘货架、集装货载、立体仓库等设施。

2）管理要素

集装系统的管理和一般的工厂管理、商业管理区别甚大，整个系统也是依靠有效的管理才能形成内在的、有机的联系。由于集装的范畴很广，从地域上讲，集装货载的运动可能遍及全国甚至全球，因此，管理有很强的特殊性。管理的主要内容有以下几方面。（1）托盘、集装箱的周转管理。托盘、集装箱、集装罐等集装工具一旦发运，如何回收、复用、返空是管理中的一个重大问题，因此，管理上采取集装箱网络、托盘联营等方式，可以比较有效地解决管理问题。（2）集装联运经营管理。集装的整个物流过程涉及若干种运输方式、若干部门和场站，因此，必须进行一种有效的协作才能使集装箱联运顺利实现。（3）集装信息。集装信息是管理中的重要部分，也是集装系统的独立要素。

3）支撑要素

集装系统的支撑要素主要包括体制、法律、制度等，这里不做详细介绍。

6.2 托　　盘

6.2.1 托盘概述

1. 托盘的概念

中国国家标准《物流术语》对托盘（Pallet）的定义是：用于集装、堆放、搬运和运输的放置作为单元负荷的货物和制品的水平平台装置。作为与集装箱类似的一种集装设备，托盘现已广泛应用于生产、运输、仓储和流通等领域，被认为是 20 世纪物流产业中两大关键性创新之一。托盘作为物流运作过程中重要的装卸、储存和运输设备，与叉车配套使用在现代物流中发挥着巨大的作用。托盘给现代物流业带来的效益主要体现在：可以实现物品包装的单元化、规范化和标准化，保护物品，方便物流和商流。托盘又名栈板、夹板。托盘按作用划分，至少有两种：一种为日常口语中的托盘，端饭菜时放置碗盏的盘子；另外一种是物流用的托盘。物流使用的托盘，按材质、用途、台面、叉车的叉入方式和结构区分，托盘有多种类型。尤其在一些要求快速作业的场合，由于托盘作业效率高、安全稳定，使用率越来越大。

托盘具有自重小、装盘容易、保护性较好、易堆垛保管货物、可节省包装材料、降低包装成本、节省运输费用等优点，但由于托盘有自重和体积，减少了仓库的有效载重和空间，增加了空托盘回收、保管、整理的麻烦，且需要较宽的通道。

2. 托盘的作用

托盘是使静态货物转变为动态货物的媒介物，是一种载货平台，而且是活动的平台，或者说是可移动的"地面"。

即使放在地面上失去灵活性的货物，一经装上托盘便立即获得了活动性，成为灵活的流动货物。因为装在托盘上的货物，在任何时候都处于可以转入运动的准备状态中。这种以托盘为基本工具组成的动态装卸方法，就叫做托盘作业。

托盘作业不仅可以显著提高装卸效果，它的使用，使仓库建筑的形式、船舶的构造、铁路和其他运输方式的装卸设施及管理组织都发生变化。在货物包装方面，促进了包装规格化和模块化，甚至对装卸以外的一般生产活动方式也都会有显著的影响。随着生产设备越来越精密，自动化程度越来越高，生产的计划性越来越强和管理方式的逐步先进，工序间的搬运和向生产线供给材料或半成品的工作就越发显得重要了。而托盘作业是迅速提高搬运效率和使材料流动过程有序化的有效手段，在降低生产成本和提高生产效率方面起着巨大的作用。

搬运作业的重大原则就是作业量最少原则。即当货物移动时尽量减少"二次搬运"和"临时停放"，使搬运次数尽可能减少。为了提高运输效率，操作者当然希望尽可能地减少转载作业。但是，运输中意外的途中换装作业是很多的。例如，铁路作业时，线路上的运输是一次完成的，但是其前后的作业则最少需要 6～8 次。假如这 6～8 次换装作业每次都要将托盘上的货物转移到别的托盘上，则全程的装卸作业很繁重，这就会丧失托盘运输的效果。反之，如果货物在始发地装上托盘之后，不管途中有怎样复杂的货物储运作业过程，都不改变托盘上货物的原状，直达终点，就能充分发挥托盘运输的效果。不仅在铁路方面，在汽车运输和船舶运输方面，实行托盘直达运输，或者由各种运输方式组成联合直达运输，对运输行业和利用运输的物资单位，都能得到很好的运输经济效果。

因此，托盘的直达运输与使用是发展现代物流的必不可少的方式之一。但是在中国，实际情况是绝大多数制造厂都没能实现托盘的直达运输，由此造成的人力、物力资源的浪费是十分惊人的。根据中国物流与采购联合会托盘专业委员会的调查，在不能实现托盘直达运输的理由中，企业选择"托盘周转与回送等管理困难"一项者最多。绝大多数企业都把托盘作为企业内部的周转工具，托盘很少离开企业，从而大大降低了托盘的使用效果。

6.2.2 托盘的分类

托盘的出现也促进了集装箱和其他集装方式的形成和发展，现在，托盘已是和集装箱一样重要的集装方式，形成了集装系统的两大支柱。

1. 平托盘

一般所说的托盘，主要指平托盘，平托盘是使用最广的形式之一。

1）平托盘的形式

（1）单面型。单面型托盘只有一面有铺板，结构强度较小，适用于轻载荷或小型托盘。这种形式的托盘一般不能用于堆垛。

（2）单面使用型。这种托盘两面均有铺板，但只有一面是载货面。一般多使用这种形式的托盘。

（3）双面使用型。这种形式的托盘两面均有铺板，并且都是载货面，强度也大，可以放在滚子输送机上运送，也可堆垛，多用于运输行业中。

（4）二向进叉型（二向型）。这种托盘在面对的两个方向有插口，结构强度大。通常使用的托盘多为这种形式。

（5）四向进叉型（四向型）。这种托盘的四侧都有插口，可以插入货叉。在铁路货车、载重汽车及仓库内部需要变换托盘的方向来进行堆垛作业时多采用这种形式的托盘。

（6）无翼型。铺板两端与纵梁或垫块的外侧平齐的托盘叫无翼型托盘，一般的托盘都是这种形式。

（7）单翼型。这种托盘的上铺板的两端突出纵梁侧面，在用起重机或跨车搬运时供吊挂之用。

（8）双翼型。这种托盘的上、下铺板的两端都突出纵梁侧面，其用途与单翼型相同，但两面铺板都可使用。

平托盘构造如图 6-1 所示。

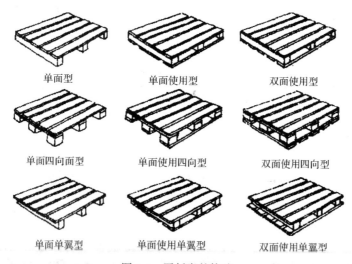

单面型　　　　　单面使用型　　　　　双面使用型

单面四向面型　　　单面使用四向型　　　双面使用四向型

单面单翼型　　　单面使用单翼型　　　双面使用单翼型

图 6-1　平托盘的构造

2）平托盘的分类

平托盘又可以进一步按三个条件分类。

（1）按承托货物台面，分为单面型、单面使用型、双面使用型和翼型四种。

（2）按叉车叉入方式，分为单向叉入型、双向叉入型、四向叉入型三种。使用四向叉入型托盘，叉车可从四个方向进叉，因而叉运较为灵活。单向叉入型只能从一个方向叉入，因而在叉车操作时较为困难。

（3）按制造材料，分为木制平托盘、钢制平托盘、塑料制平托盘等。

2．柱式托盘

柱式托盘是在平托盘的四个角安装四根立柱后形成的，立柱可以是固定的，也可以是可拆卸的。柱式托盘多用于包装件、桶装货物、棒料和管材等的集装，还可以作为可移动的货架、货位。该托盘因立柱的顶部装有定位装置，所以堆码容易，堆码的质量也能得到保证；而且多层堆码时，因上部托盘的载荷通过立柱传递，下层托盘货物可不受上层托盘货物的挤压。

柱式托盘的种类有固定柱式托盘、拆装式柱式托盘、可套叠柱式托盘和可折叠柱式托盘。图 6-2 所示为固定柱式托盘、可折叠柱式托盘的简图。

(a) 固定柱式托盘 (b) 可折叠柱式托盘

图 6-2　柱式托盘

3．箱式托盘

箱式托盘是在平托盘基础上发展起来的，多用于装载一些不易包装或形状不规则的散件或散状货物，也可以装载蔬菜、瓜果等农副产品，金属箱式托盘还用于热加工车间集装热料。这种托盘的下部可叉装、上部可吊装，可使用托盘搬运车、叉车、起重机等作业；并可进行码垛，码垛时可相互堆叠多层；空箱可折叠。箱壁可以是平板或网状构造物，可以有盖或无盖，如图 6-3 所示。

4．轮式托盘

轮式托盘（如图 6-4 所示）是在平托盘、柱式托盘或箱式托盘的底部装上脚轮而成的，既便于机械化搬运，又宜于短距离的人力移动。适用于企业工序间的物料搬运，也可在工厂或配送中心装上货物运到商店，直接作为商品货架的一部分。

图 6-3　箱式托盘 图 6-4　轮式托盘

5. 专用托盘

专用托盘是一种集装特定货物（或工件）的储运工具。专用托盘和通用托盘的区别在于它具有适合特定货物（或工件）的支承结构。图 6-5 所示为油桶专用托盘。

图 6-5   油桶专用托盘

6.2.3   托盘的标准化

以托盘作为仓储货物集装单元化的装载工具，可始终用机械装备如叉车等来装卸、搬运、保管货物。在这几个物流环节中，同一托盘连续使用，不需更换。如果托盘规格不统一，在各作业环节间不能通用与互换，势必会造成因更换托盘而增加人力、时间与资金投入的情况，造成不必要的麻烦与浪费。因此要实行托盘化，必须做到托盘规格的统一，即托盘标准化。

但是由于托盘规格的标准影响着不同地区和国家集团的经济利益，在托盘问题上的利益平衡，在短时期内几乎难以做到，一些已在某些地区和国家推行的托盘规格已不可能相互妥协与退让。这样，ISO 统一全球联运托盘的规格存在很大的困难，最终只能对已在相关地区和国家推行的 1200 毫米×1000 毫米、1200 毫米×800 毫米、1219 毫米×1016 毫米（即 48 英寸× 40 英寸）、1140 毫米×1140 毫米、1100 毫米×1100 毫米和 1067 毫米×1067 毫米 6 种托盘的规格在 ISO 6780《联运通用平托盘主要尺寸及公差》中采取兼容并包的态度，将这 6 种托盘的规格并列成为全球通用的国际标准。

当前，中国的托盘规格相当混乱。除机械工业系统使用 JB 3003—81 规定的 800 毫米×1000毫米和 500 毫米×800 毫米两种规格的托盘外，1996 年，中国交通部科研院又提出将 ISO 6780—1988《联运通用平托盘主要尺寸及公差》等效采用为中国托盘的国家标准。以后，原国家技术监督局以 GB/T 2934—1996 标准系列文号批准并发布了这个等效标准，其中包括了 1200毫米×1000 毫米、1200 毫米×800 毫米、1140 毫米×1140 毫米及 1219 毫米×1016 毫米 4 个托盘规格。中国的托盘标准选的是 1000 毫米×1200 毫米和 1100 毫米×1100 毫米这两种规格。

6.2.4   托盘的使用

1. 托盘货物的堆码方式

托盘货物的堆码方式主要有 4 种基本类型，如图 6-6 所示。

1）重叠式

重叠式如图 6-6(a)所示，即各层码放方式相同，上下对应。这种方式的优点是：员工操作速度快；各层重叠之后，包装物四个角和边重叠，能承受较大的荷重。这种方式的缺点是：

各层之间缺少咬合作用，稳定性差，容易发生塌垛。在货体底面积较大的情况下，采用这种方式可有足够稳定性。一般情况下，重叠式码放再配以各种紧固方式，则不但能保持稳定，而且保留了装卸操作省力的优点。

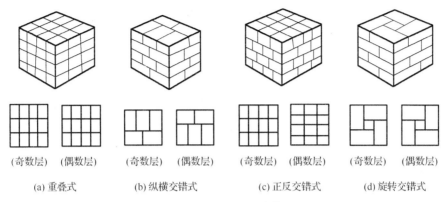

|　（奇数层）　（偶数层）　|　（奇数层）　（偶数层）　|　（奇数层）　（偶数层）　|　（奇数层）　（偶数层）　|

　　　（a）重叠式　　　　　　（b）纵横交错式　　　　　（c）正反交错式　　　　　（d）旋转交错式

图 6-6　常见托盘码货模型

2）纵横交错式

纵横交错式如图 6-6(b)所示，相邻两层货物的摆放旋转 90°角，一层呈横向放置，另一层呈纵向放置，层间有一定的咬合效果，但咬合强度不高。这种方式装盘也较简单，如果配以托盘转向器，装完一层之后，利用转向器旋转 90°，工人则只用同一装盘方式便可实现纵横交错装盘，劳动强度和重叠式相同。重叠式和纵横交错式适合自动装盘机进行装盘操作。

3）正反交错式

正反交错式如图 6-6(c)所示，同一层中，不同列的货物以 90°角垂直码放，相邻两层的货物码放形式是另一层旋转 180°角的形式。这种方式类似于房屋建筑砖的砌筑方式，不同层间咬合强度较高，相邻层之间不重缝，因而码放后稳定性很高，但操作较为麻烦，且包装体之间不是垂直面互相承受荷载，所以下部货体易被压坏。

4）旋转交错式

旋转交错式如图 6-6(d)所示，第一层相邻的两个包装体都互为 90°角，两层间的码放又相差 180°，这样相邻两层之间互相咬合交叉，托盘货体稳定性较高，不易塌垛。其缺点是，码放难度较大，且中间形成空穴，会降低托盘装载能力。

2．托盘的维修管理

在托盘保养管理中，最重要的一点是不使用破损状态的托盘。如果破损托盘不经修理而使用，不仅会缩短托盘的寿命，而且还有可能造成货物的破损和人身事故。托盘破损大多因下列原因产生：叉车驾驶员野蛮驾驶操作；货叉损伤盘面或桁架，人工装卸空托盘时跌落而造成损伤。

木制平托盘破损最多的部位是盘面。从修理的实例看，盘面的重钉修理占总数的 60%～80%，所以托盘的物理寿命除了因叉车操作不当，使横梁损伤报废之外，更取决于盘面的重钉次数。盘面靠三个钉子钉在横梁上，考虑到横梁的钉穴，重钉修理次数仅限为 3 次左右。如果从目前修理的实际情况为每两年一次来考虑，其寿命为 8 年。实际工作中，也有的地方对横梁采取增强措施，将使用寿命提高到 10 年以上。从一般的实际使用情况看，运输用托盘的寿命平均为 3 年；场内保管用托盘，寿命平均为 6 年左右。

3．正确使用托盘的规则

（1）承载物应均匀平整地摆放在托盘上，保证托盘表面均匀受力。

（2）在使用叉车提升货物前，应保证叉车工作臂完全进入托盘内（工作臂进入深度不应低于托盘 2/3 的深度），提升货品时应保证叉车工作臂保持水平。

（3）使用叉车时，切勿直接推拉或撞击托盘，严重的碰撞会令托盘损毁。

（4）员工工作时切勿站立在托盘上，以免对员工造成危险。

6.3　集　装　箱

6.3.1　集装箱概述

1．集装箱的概念

集装箱是指具有一定强度、刚度和规格，专供周转使用的大型装货容器。使用集装箱转运货物，可直接在发货人的仓库装货，运到收货人的仓库卸货，中途更换车船时，无须将货物从箱内取出换装。因此集装箱是一种重大的发明。集装箱最大的成功在于其产品的标准化及由此建立的一整套运输体系。

2．集装箱的功能

（1）能长期的反复使用，具有足够的强度。

（2）途中转运不用移动箱内货物，就可以直接换装。

（3）可以进行快速装卸，并可从一种运输工具方便地换装到另一种运输工具。

（4）货物的装满和卸空很方便。

（5）容积大，装的货物多。

（6）规格标准，在港口和船上可以层叠摆放，节省大量空间。

6.3.2　集装箱的种类

运输货物用的集装箱种类繁多，从运输家用物品的小型折叠式集装箱直到 40 英尺（12192 毫米）标准集装箱，以及航空集装箱等，不一而足。常见的国际货运集装箱类型如下。

1．按用途分类

集装箱按箱内所装货物一般分为以下几种。

1）通用干货集装箱（Dry Cargo Container）

这种集装箱也称为杂货集装箱，以装运杂货为主，通常用来装运文化用品、日用百货、医药、纺织品、工艺品、化工制品、五金交电、电子机械、仪器及机器零件等。干货集装箱占集装箱总数的 80%，除了冷冻货、活的动物、植物之外，在尺寸、重量等方面适合集装箱运输的货物，均可使用干货集装箱，其外形如图 6-7 所示。这种集装箱通常为封闭式，在一端或侧面设有箱门。

2）保温集装箱（Keep Constant Temperature Container）

这种集装箱是为了运输需要冷藏或保温的货物的集装箱，如图 6-8 所示。所有箱壁都采用导热率低的材料隔热而制成，可分为冷藏集装箱和保温集装箱两种。

图 6-7　通用干货集装箱

图 6-8　保温集装箱

冷藏集装箱是专门运输那些要求一定低温的新鲜水果、肉、水产品等食品的。目前国际上采用的冷藏集装箱有内藏式和外置式两种。内藏式集装箱的箱内装备有冷冻机。外置式集装箱的箱内没有冷冻机，而只有隔热结构，在箱的前壁设有冷气吸入口和排气口，由专门的冷藏装置供给冷气。这两种冷藏集装箱各有优缺点。如果集装箱运输时间较长，采用外置式较为合适；反之，如果集装箱运输期较短，则采用内藏式较好。

保温集装箱适于装载对温度变化十分敏感的货物，如精密仪器、油漆、石蜡等；也适于装载在运输途中不允许温度上升而需要通风的货物，如水果罐头、糖果、葱头等蔬菜类食品，其特点是能隔绝外部温度变化的影响。在一般情况下，箱内温度保持不变。集装箱前壁和箱门上各有几个通风窗口，一般直径为 215 毫米，并装有百叶窗以供开闭。

3）罐式集装箱（Tank Container）

这种集装箱是专门用以装运酒类、油类（如动植物油）、液体食品及化学品等液体货物的集装箱，如图 6-9 所示。这种集装箱还可以装运其他液体的危险货物。这种集装箱有单罐和多罐数种，罐体四角由支柱、撑杆构成整体框架。

4）台架式集装箱（Platform Based Container）

这种集装箱是没有箱顶和侧壁，甚至连端壁也去掉而只有底板和四个角柱的集装箱，如图 6-10 所示。这种集装箱可以从前后、左右及上方进行装卸作业，适合装载长、大件和重货件，如重型机械、钢材、钢管、木材、钢锭等。台架式的集装箱没有水密性，怕水湿的货物不能装运，或用帆布遮盖装运。

图 6-9　罐式集装箱

图 6-10　台架式集装箱

5）平台集装箱（Platform Container）

这种集装箱是在台架式集装箱上再简化而只保留底板的一种特殊结构的集装箱，如图 6-11 所示。平台的长度和宽度与国际标准集装箱的箱底尺寸相同，可使用与其他集装箱相同的紧固件和起吊装置。这一集装箱的采用打破了过去一直认为集装箱必须具有一定容积的概念。

6）敞顶集装箱（Open Top Container）

这是一种没有刚性箱顶的集装箱，但有由可折叠式或可折式顶梁支撑的帆布、塑料布或涂塑布制成的顶篷，其他构件与通用集装箱类似，如图6-12所示。这种集装箱适于装载大型货物和重货，如钢铁、木材，特别是像玻璃板等易碎的重货，利用吊车从顶部吊入箱内不易损坏，而且也便于在箱内固定。

图6-11　平台集装箱

图6-12　敞顶集装箱

7）汽车集装箱（Car Container）

这是一种运输小型轿车用的专用集装箱，其特点是在简易箱底上装一个钢制框架，通常没有箱壁（包括端壁和侧壁），如图6-13所示。这种集装箱分为单层和双层两种。

8）动物集装箱（Pen Container or Live Stock Container）

这是一种装运鸡、鸭、鹅等活家禽和牛、马、羊、猪等活家畜用的集装箱，如图6-14所示。为了遮蔽太阳，箱顶采用胶合板露盖，侧面和端面都有用铝丝网制成的窗，以求有良好的通风。侧壁下方设有清扫口和排水口，并配有上下移动的拉门，可把垃圾清扫出去。还装有喂食口。

图6-13　汽车集装箱

图6-14　动物集装箱

9）服装集装箱（Garment Container）

这种集装箱的特点是在箱内上侧梁上装有许多根横杆，每根横杆上垂下若干条皮带扣、尼龙带扣或绳索，成衣利用衣架上的钩，直接挂在带扣或绳索上，如图6-15所示。这种服装装载法属于无包装运输，它不仅节约了包装材料和包装费用，而且减少了人工劳动，提高了服装的运输质量。

2. 按箱体材料分类

集装箱按其主体材料构成可分为以下4类。

图6-15　服装集装箱

　　1）钢集装箱

　　钢集装箱的外板采用钢板，结构部件也均采用钢材。这种集装箱的最大优点是强度大、结构牢，焊接性和水密性好，而且价格低廉；但其重量大，易腐蚀生锈。由于自重大，降低了装货量，而且每年一般需要进行两次除锈涂漆，使用期限较短，一般为 11～12 年。

　　2）铝集装箱

　　通常说的铝集装箱，并不是纯铝制成的，而是各主要部件使用适量的各种轻铝合金，故又称铝合金集装箱。一般都采用铝镁合金，这种铝合金集装箱的最大优点是重量轻、不生锈、外表美观。铝合金集装箱的弹性好，加外力后容易变形，外力除去后一般就能复原。因此最适合于在有箱格结构的全集装箱船上使用。此外，铝集装箱加工方便，加工费低，一般外表需要涂其他涂料，维修费用低，使用年限长，一般为 15～16 年。

　　3）玻璃钢集装箱

　　玻璃钢集装箱是用玻璃纤维和合成树脂混合在一起制成薄薄的加强塑料，用黏合剂贴在胶合板的表面上形成玻璃钢板而制成的集装箱。玻璃钢集装箱的特点是强度大、刚性好。玻璃钢的隔热性、防腐性、耐化学性都比较好，能防止箱内产生结露现象，有利于保护箱内货物不遭受湿损。玻璃钢板可以整块制造，防水性好，还容易清洗。此外，这种集装箱还有不生锈、容易着色的优点，故外表美观。维修简单，维修费用也低。玻璃钢集装箱的主要缺点是重量较大，与一般钢集装箱相差无几，价格也较高。

　　4）不锈钢集装箱

　　不锈钢是一种新的集装箱材料，优点是强度大、不生锈、外表美观；在整个使用期内无需进行维修保养，故使用率高，耐蚀性能好。其缺点是价格高，初始投资大；材料少，大量制造有困难，目前一般都用作罐式集装箱。

3. 按结构分类

　　集装箱按结构可分为以下 3 类。

　　1）内柱式和外柱式集装箱

　　这里的"柱"指的是集装箱的端柱和侧柱。内柱式集装箱即侧柱和端柱位于侧壁和端壁之内；反之，则是外柱式集装箱，如图 6-16 所示。一般玻璃钢集装箱和钢集装箱均没有侧柱和端柱，故内柱式和外柱式集装箱均指铝集装箱而言。内柱式集装箱的优点是外表平滑、美观，受斜向外力不易损坏，印刷标记时比较方便。外板和内衬板之间隔有一定空隙，防热效果较好，能减少货物的湿损。外柱式集装箱的优点是受外力作用时，外力由侧柱或端柱承受，起到了保护外板的作用，使外板不易损坏。由于集装箱内壁面平整，有时也不需要有内衬板。

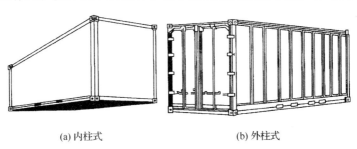

(a) 内柱式　　　　　　　　　　(b) 外柱式

图 6-16　内柱式和外柱式集装箱

2）折叠式和固定式集装箱

折叠式集装箱是侧壁、端壁和箱门等主要部件能很方便地折叠起来，反复使用时可再次撑开的一种集装箱。反之，各部件永久固定的组合在一起的称固定式集装箱，如图6-17所示。折叠式集装箱主要用在货源不平衡的航线上，是为了减少回空时的舱容损失而设计的。目前，使用最多的还是固定式集装箱。

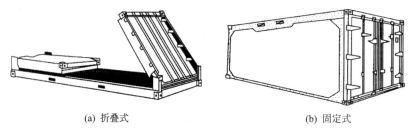

(a) 折叠式　　　　　　　　　　　(b) 固定式

图 6-17　折叠式和固定式集装箱

3）预制骨架式和薄壳式集装箱

预制骨架式集装箱的骨架是由许多预制件组合起来的，并由它们承受主要载荷，外板和骨架用铆接或焊接的方式连为一体，称之为预制骨架式集装箱。通常是铝质和钢质的预制骨架式集装箱，外板采用铆接或焊接的方式与骨架连接在一起，而玻璃钢的预制骨架式集装箱，其外板用螺栓与骨架连接。薄壳式集装箱则把所有构件结合成一个刚体，优点是重量轻，受扭力作用时不会引起永久变形，所以集装箱的结构一般或多或少都采用薄壳理论进行设计。

4．按外部尺寸分类

目前国际标准集装箱的宽度均为8英尺（2438毫米）；高度有8英尺、8英尺6英寸（2591毫米）和小于8英尺三种；长度有40英尺（12192毫米）、30英尺（9144毫米）、20英尺（6096毫米）和10英尺（3048毫米）4种。

此外，还有一些国家颁布的各自标准下所使用的集装箱，以及一些集装箱运输的先驱者，主要是美国的海陆公司和麦逊公司，根据本公司的具体条件，制定的本公司使用的集装箱标准。

6.3.3　集装箱标准

集装箱运输的初期，集装箱的结构和规格各不相同，影响了集装箱在国际上的流通，亟须制定集装箱的国际通用标准，以利于集装箱运输的发展。集装箱标准化，不仅能提高集装箱作为共同运输单元在海、陆、空运输中的通用性和互换性，而且能够提高集装箱运输的安全性和经济性，促进国际集装箱多式联运的发展。同时，集装箱的标准化还给集装箱的载运工具和装卸机械提供了选型、设计和制造的依据，从而使集装箱运输成为相互衔接配套、专业化和高效率的运输系统。集装箱标准按使用范围分，有国际标准、国家标准、地区标准和公司标准4种。

1．国际标准

国际标准集装箱是指根据国际标准化组织（ISO）第104技术委员会制定的国际标准来建造和使用的国际通用的标准集装箱。

集装箱标准化历经了一个发展过程。ISO/TC 104技术委员会自1961年成立以来，对集装箱国际标准做过多次补充、增减和修改，现行的国际标准为第1系列共13种，其宽度均

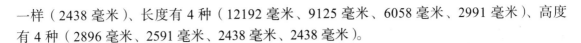

一样（2438 毫米）、长度有 4 种（12192 毫米、9125 毫米、6058 毫米、2991 毫米）、高度有 4 种（2896 毫米、2591 毫米、2438 毫米、2438 毫米）。

2．国家标准

国家标准是指各国政府参照国际标准并考虑本国的具体情况，而制定的本国集装箱标准。

我国现行的国家标准《集装箱外部尺寸和额定重量》（GB 1413—85）中规定了集装箱各种型号的外部尺寸、极限偏差及额定重量。

3．地区标准

此类集装箱标准是由地区组织根据该地区的特殊情况制定的，此类集装箱仅适用于该地区，如根据欧洲国际铁路联盟（VIC）所制定的集装箱标准而建造的集装箱。

4．公司标准

某些大型集装箱船运公司，根据本公司的具体情况和条件而制定的集装箱标准，这类集装箱主要在该公司运输范围内使用，如美国海陆公司的 35 英尺（10668 毫米）集装箱。

6.3.4　集装箱的标记

集装箱标记是指为了便于对集装箱在流通和使用中识别和管理，便于单据编制和信息传输，国际标准化组织制定的集装箱标记，此标准即《集装箱的代号、识别和标记》[ISO 6346—1981（E）]。国际标准化组织规定的标记有必备标记和自选标记两类，每类标记中又包括识别标记和作业标记。具体来说，集装箱上有箱主代号，箱号或顺序号、核对号，集装箱尺寸及类型代号。

1．必备标记

1）识别标记

它包括箱主代号、顺序号和核对数字。

（1）箱主代号。国际标准化组织规定，箱主代号由四个大写的拉丁文字母表示，前三位由箱主自己规定，第四个字母一律用 U 表示。

（2）顺序号，又称箱号。由 6 位阿拉伯字母组成。如有效数字不是 6 位时，则在有效数字前用 "0" 补足 6 位，如 "053842"。

（3）核对号。核对号是用来核对箱主代号和顺序号记录是否准确的依据。它位于顺序号后，以一位阿拉伯数字加一方框表示。

核对号是由箱主号的四位字母与顺序号的 6 位数字通过以下方式换算而得的。具体换算步骤如下。

① 将表示箱主号的 4 位字母转换成相应的数字，字母与数字的对应关系如表 6-1 所示。

表 6-1　箱主号字母数字的转换表

字母	A	B	C	D	E	F	G	H	I	J	K	L	M
数字	10	12	13	14	15	16	17	18	19	20	21	23	24
字母	N	O	P	Q	R	S	T	U	V	W	X	Y	Z
数字	25	26	27	28	29	30	31	32	34	35	36	37	38

② 将前四位字母对应的数字加上后面顺序号的数字，共计 10 位数字。例如，中国远洋运输公司的某集装箱，箱主号与顺序号为 COSU800121，对应的数字分别为 13、26、30、32、8、0、0、1、2、1。

③ 采用加权系数进行计算，其计算公式为：

$$S = \sum_{i=0}^{9} C_i \times 2^i$$

式中，C_i 为 10 个数字中的第 i 个。

$$S = 13 \times 2^0 + 26 \times 2^1 + 30 \times 2^2 + 32 \times 2^3 + 8 \times 2^4 + 0 \times 2^5 + 0 \times 2^6 + 1 \times 2^7 + 2 \times 2^8 + 1 \times 2^9 = 1721$$

④ 将 S 除以模数 11，余数即为核对数。仍以 COSU800121 为例，$S=1721$，除以 11 后余数为 5，故其核对数为 5，外加方框表示：COSU800121⑤。

⑤ 最大重量和自重。最大重量（Max Gross）又称额定重量，是集装箱的自重与最大允许装货重量之和，是一个常数，任何类型的集装箱装载货物后，都不能超过这一重量。集装箱最大重量和自重的标记要求用千克（kg）和磅（lb）两种单位同时标出。

2）作业标记

作业标记包括以下三个内容。

（1）额定重量和自定重量标记。额定重量即集装箱总重，自重即集装箱空箱质量（或空箱重量），ISO 688 规定应以千克（kg）和磅（lb）同时表示。

（2）空、陆、水联运集装箱标记。由于该集装箱的强度仅能堆码两层。因而国际标准化组织对该集装箱规定了特殊的标志，该标记为黑色，位于侧壁和端壁的左上角，并规定标记的最小尺寸为：高 127 毫米，长 355 毫米，字母标记的字体高度至少为 76 毫米。

（3）登箱顶触电警告标记。该标记为黄色底黑色三角形，一般设在罐式集装箱和位于登顶箱顶的扶梯处，以警告登顶者有触电危险。

2. 自选标记

1）识别标记

（1）国家和地区代号，如中国用 CN、美国用 US。

（2）尺寸代号，由两位阿拉伯数字组成，用于表示集装箱的尺寸大小。

（3）类型代码，由两阿拉伯数字组成，说明集装箱的类型，类型代码可从有关手册中查得。

例如，CN22G1，其中 CN 代表集装箱登记所在国的代号。22G1 为集装箱尺寸与类型代号，用 4 个数符表示。其中"22"表示箱长为 20 英尺（6068 毫米），箱宽为 8 英尺（2438 毫米），箱高为 8 英尺 6 英寸（2591 毫米）；"G1"表示上方有透气罩的通用集装箱。

一个典型的集装箱标记如图 6-18 所示。

JBJU	001436		③
国家代号	尺寸代号		类型代号
CN	20		G2
总质量与空箱质量			
MAX	GROSS	24000	KG
		52910	LB
	TARE	2060	KB
		4550	LB

图 6-18　一个典型的集装箱标记

2）作业标记

（1）超高标记。该标记为在黄色底上标出的黑色数字和边框，此标记贴在集装箱每侧的左下角，距箱底约 0.6 米处，同时该贴在集装箱主要标记的下方。凡高度超过 2.6 米的集装箱应贴上此标记。

（2）国际铁路联盟标记。凡符合《国际铁路联盟条例》规定的集装箱，可以获得此标记。该标志是在欧洲铁路上运输集装箱的必要通行标志。

6.3.5 集装箱的装箱操作与管理

1. 集装箱的选定

在选用集装箱时，必须考虑以下问题。

1）运输线上的外界环境和特殊要求

（1）在国际多式联运中，在经过欧洲大陆，集装箱如从卸货港经过陆上运输进入另一国时，必须满足《国际公路运输海关公约》（简称《TIR 条约》）的规定。该条约规定了有关公路上运行的车辆或该车辆上装载的集装箱，在国境上进行换装和通过国境线的货物，必须办理海关手续。

（2）澳大利亚政府有关部门规定，集装箱上所使用的木材，如未经防虫处理不得使用。在澳大利亚航线上使用的集装箱，必须确实掌握该集装箱上所用的木材是否经防虫处理。

（3）集装箱在多式联运中，有时其温、湿度相差较大，对于运输某些温、湿度十分敏感的货物，要尽量选用绝热性能良好的集装箱，或在箱内铺设具有吸湿性的衬垫材料，保证货物不受损坏。

2）装货作业上的要求

根据货物的特性，必须用木材来固定货物时，应尽量避免选用玻璃钢集装箱和箱底无木制底板的金属底集装箱，以免钉钉子后破坏集装箱的水密性。

3）装卸机械上的要求

有些重货只能使用机械装卸，而在拆箱地点又无装货平台时，就需要使用开顶集装箱，利用吊车进行装载，但必须注意开顶集装箱无水密性。

4）降低回空的条件

有些航线可能会造成某些专用集装箱回空，所以应尽可能选用回程时也能装载另一种货物的集装箱，避免集装箱回空运输。

2. 装载方法和固定方法的考虑

集装箱货一般分为整箱货和拼箱货，整箱货是指货批量能装满一个集装箱以上的货物，装箱货由货主装箱后将集装箱运到集装箱场，这种装箱方式称为托运人装箱方式；拼箱货是指货批量不能装满一个集装箱的零星小批量货，通常由货运站负责装箱，这种装箱方式是承运人装箱方式。

在集装箱内装货的方法是，预先将货物的量和集装箱的容积计算清楚，使货物能装满箱底，然后对装货的高度加以调整。最好做到货物与货物之间、货物与集装箱之间不留空隙。在不得已而产生空隙时，就需要使用木材、垫舱板、气垫、橡胶垫等材料进行填堵工作。把货物和集装箱形成一体化，达到安全运输的目的。货物装箱完毕，无论是否满箱，都要对箱门口货物进行绑扎固定，以防开箱时货物倒出伤人。

由于装箱货物的种类、卸货地点不同，因此在装箱前应根据具体条件来考虑其装载方法和固定方法。

一般要把握以下几个原则和方法。

（1）对于运输时间长、外界运输环境差的货物，要考虑箱内会不会发生水滴而产生水湿事故，固定货物的强度是否满足运输形式中技术状态的要求。

（2）装货物时应该考虑卸货的先后顺序。对于后卸的货物应该装在集装箱的内部，先卸的货装在外部。

（3）装货物时应该考虑重量的配置：在装箱时应尽可能使重量均匀地分布于集装箱底板上，以免底板集中受力或偏心受力。此外，当货物是重物，难以避免负荷集中分布时，可采用衬垫等方式使负荷分散。在使用大型国际集装箱，要将叉车驶入集装箱内装卸货物时，要求底板有一定的强度，其强度大体上满足两吨叉车装载两吨货物驶入，重量超过上述情况的设备应避免使用。

（4）在同一集装箱中配载不同货物时，要注意货物的性质、重量、包装对其他货物的有害影响。货重在箱内应均匀分布，不允许偏载。要按货物标定的"不可倒置"、"平放"、"竖放"等标志装箱。箱内堆垛时，要采用全自动起升叉车在箱内作业。装拼箱货时，要注意轻压重，包装强度弱的压包装强度大的，清洁货压污货，同形状和同包装货放在一起，有异味、潮湿的货物，用塑料薄膜包妥后与其他货隔开。有尖角棱刺的货物，应另加保护以免损伤其他货物。

（5）装货物时，应该适当兼顾拆箱卸货的便利性。因为有时在装箱地由于有较高的技术和良好的机械设备，货物能很顺利装入箱内，但如在偏僻的地区拆箱卸货，既没有装卸经验，又无装卸设备时，货物难以取出。

（6）固定货物时应该考虑拆卸固定用具的便利性。因为，有时在固定货物时，装货地可能很容易固定了，但在卸货地却无法拆卸固定用具。

3．装载量的确定

为使集装箱能达到最大的装载量，必须进行精确计算。装载技术的好坏，有时会影响装载件数，装箱前必须要正确地掌握装载量。

6.4　其他集装方式

除了集装箱、托盘这两种应用面广、适用种类多的主体集装方式外，还有若干种对某些物、在某些领域能发挥特殊作用的集装方式。

6.4.1　集装袋

1．集装袋概述

集装袋是一种袋式集装容器，主要特点是柔软、可折叠、自重轻、密闭隔绝性强。集装袋的制作材料，是高强度纺织材料，为保护基材，提高强度、整体性及加强密封性能，在表面涂以橡胶或塑料材料复合而成。主要的基本材料是聚丙烯纺织材料，也有采用天然纤维帆布材料的，表面涂覆材料有 EVA 塑料、乳胶、聚丙烯及聚氯乙烯等。

采用集装袋，有利于粉粒体、液体等难于处理的物品的物流，而且可提高装卸效率，降低费用和减少物流损失。由于集装袋体轻又可折曲，所以与同样用途的金属容器相比，易于整个物流过程的处理，在返空、清洗、存放方面更有优势。

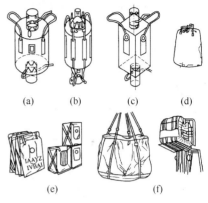

常用的集装袋是重复使用型，其中尤以圆筒形使用得最广（如图 6-19(a)、6-19(b)所示）。近几年，由于方形集装袋有较高的装载效率，能保证运输的稳定性，同容量的方形集装袋比圆形集装袋的高度可以降低 20%左右，所以方形集装袋发展得非常迅速（如图 6-19(c)所示）。圆锥形集装袋主要用来装载粒度比较小而排料困难的物料（如图 6-19(d)所示）。一次使用型集装袋多为圆形，其构造强度虽比重复使用型小得多，但足能保证一次使用的强度要求。在实际使用中往往不止使用一次，大多数可使用 5 次左右。

图 6-19　集装袋

集装袋还有其他多种形式，但多属于专用性质。例如，图 6-19(e)所示为一种存放服装的折叠式集装袋；图 6-19(f)所示为单元型集装袋，可集装各种袋装品，形成一个整体进行搬运，也可和托盘、集装箱等单元化器具配合，进行集装单元化运输。它的特点是结构简单、制造容易、不易破损、密封性能好、不易混入水分和杂质、重量轻、空回时可以折叠、所占空间很小、价格低廉，在某些条件下比使用托盘更为经济实用。与传统的麻袋、纸袋搬运散装物料相比，集装袋可提高装卸效率 2～4 倍。

2．集装袋的种类

（1）按集装袋形状，集装袋可分为圆筒形和方形两种，一般以圆筒形居多。

（2）按适装物品形状，集装袋可分为粉粒体集装袋和液体集装袋两种。两种集装袋在构造及材质上均有区别。

（3）按吊带设置方式，集装袋有顶部吊带、底部托带和无吊带三种。顶部吊带在顶部袋口处，底部托带是指 4 根吊带从底部托过，从上部吊运。顶部吊带集装袋、底部托带集装袋在装卸时可叉可吊，而无吊带集装袋只能依靠叉车装卸。

（4）按装卸料方式，集装袋可分为上部装料下部卸料两个口、上部装料并卸料一个口两种。

（5）按集装袋的材质，集装袋可分为涂胶布袋、涂塑布袋、交织布袋三种。

3．集装袋的使用

集装袋使用领域很广，目前主要用于水泥、粮食、石灰、化肥、树脂类等易变质、易受污染并污染别的物品的粉粒状物的装运。在液体物品方面，适用于装运液体肥料、表面活性剂、动植物油、酱油、醋等。

6.4.2　货捆

货捆是依靠捆扎将货物组合成大单元的集装方式。许多条形及柱形强度比较高的、无须防护的材料，如钢材，木材，各种棒、柱建材，还有能进行捆扎组合的铝锭、其他金属锭等，采用两端捆扎或四周捆扎的方式，可以组合成各种各样的捆装整体。

目前集装的捆扎方式一般有带式捆扎、网罩紧固、加框紧固及收缩或拉紧薄膜加固等方法。如果还要预防因长距离输送和中转装卸等发生散货，针对这种情况还可以考虑以下方法。

（1）在每个上部接触面，喷上极稀薄的橡胶糊以防止滑动的方法。

（2）在每个单位部件的中间部分，垫入一块薄布，把部件分割开，以增加个装的摩擦阻力。

（3）增高货架的外围高度，降低中心部位，形成围绕中心的倾斜面，使堆积的个装向货架中心部位倾斜。

（4）用经过延伸加工的热收缩性塑料膨胀薄膜，做成摩擦外套，用这种薄膜，裹紧堆装的部件。

这些方法目前正在运用。图 6-20 所示为常见的几种紧固捆扎方式。

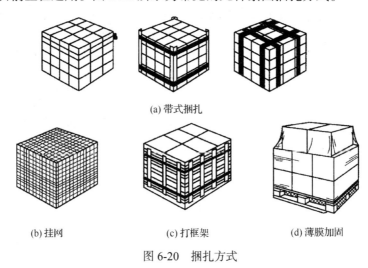

(a) 带式捆扎

(b) 挂网   (c) 打框架   (d) 薄膜加固

图 6-20　捆扎方式

思考练习

1. 集装单元化的基本概念、基本类型和主要特点分别是什么？
2. 简述集装系统的概念及基本要素构成。
3. 说明集装箱的种类及特点。
4. 简述托盘的种类、标准和特点。

案例分析

中远集装箱运输系统

中远集装箱运输有限公司，简称中远集运，是中国远洋运输集团（中远集团）所属的专门从事海上集装箱运输的核心企业。经营范围主要包括：国际、国内海上集装箱运输，接受订舱，船舶租赁，船舶买卖，船舶物料、备件、燃油的供应，与海运有关的其他业务及陆上产业，国内沿海货物运输及船舶代理，通信服务，船员劳务外派业务，仓储、货物多式联运和物流服务。

中远集运目前拥有 120 艘标准箱位集装箱船，总箱位逾 23 万标准箱，年箱运量达到 400 万标准箱。运力排名世界前列，箱运份额约占全球总额的 4.2%；国内排名第一，箱运份额占国内总额的 8%。开辟 20 多条全球运输主干航线，船舶挂靠世界上 100 多个重要港口。集装箱运输业务遍及全球，其影响力辐射五大洲各交通枢纽和经济热点地区，在全球拥有 1000

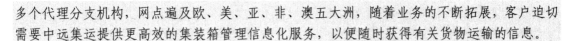

多个代理分支机构，网点遍及欧、美、亚、非、澳五大洲，随着业务的不断拓展，客户迫切需要中远集运提供更高效的集装箱管理信息化服务，以便随时获得有关货物运输的信息。

1. 项目背景

为了适应国际货物运输的发展，为全球用户提供高效、优质的信息增值服务，2001 年，中远集运在集装箱运输业务流程的基础上，开始在全球的各分支机构推广 IRIS-2（综合地区性信息系统）应用系统，将原来全球分散的、仅属于本单位所用的数据在中远集运系统内实现全球数据共享。系统包括了国际集装箱运输的一个完整的运输途径，全面优化集装箱运输管理，为客户提供更为便捷、优质的集装箱全球运输服务。

2. 系统功能

IRIS-2 系统是一个将集装箱运输业务的日常经营操作实践和有关业务规则进行标准化、模块化，以实现操作、管理中远集团系统内部，覆盖全球各个分支机构的信息系统。该系统采用全球统一的数据结构、全球统一的集中式管理模式，覆盖了国际集装箱运输"端到端"经营业务活动的标准服务路径，实现了全球范围内各分支机构之间的信息共享，为中远集运提高客户服务水平、进一步开拓市场提供了坚实的软件基础，同时为中远集团开拓电子商务信息服务打下了坚实的基础。

此次中远集运建立的 IRIS-2 系统遍及全球 1000 多个代理分支机构，影响力辐射欧、美、亚、非、澳五大洲各经济热点地区的交通枢纽、国际空港和主要口岸。

3. 运行效果

中远集运在建立 IRIS-2 系统并投入运行后，大大提高了公司的直接和间接经济效益，主要表现在以下方面。

（1）减少流动资金：IRIS-2 系统为运费结算提供了便利性和准确性，使运费到账速度大大加快，所需流动资金大大减少。

（2）提高生产效率：实现了货源组织、船舶调度工作的优化管理，提高了船舶生产效率。

（3）节约集装箱管理成本：在全球范围内实现了对集装箱的有效跟踪，提高了集装箱的利用率，使集装箱数和集装箱船箱位数之比进一步下降。

（4）吸引高附加值产品的运输：更高质量的服务有利于承运费率水平相对较高的货物。

（5）提高运货质量，增加运费收入：提高了中远集运集装箱运输单证的准确性，公司对客户、集装箱的跟踪，对运费的收取，将更加准确、及时，并减少了各类索赔案件的发生。

（6）节约成本开支和降低手工操作出错率：减少重复的单证工作。

除此以外，IRIS-2 系统的建成和运用也将促进中远集运的管理水平、经营效益和服务质量的进一步发展，参与国际船运业的竞争，为交通行业的全球信息系统建设积累经验，使得国内外贸易和运输公司的工作方式，甚至是物流工作模式逐步得到改善，并将推动电子商务在运输领域的广泛应用。

案例思考

1. 集装箱业务在中远集运业务中的地位是什么？

2. IRIS-2 系统对提高中远集运的经济效益起到了哪些作用？

Chapter 7

第 7 章 包装与流通加工装备

 引导案例

　　赤湾港是我国重要的进口散装化肥灌包装和集散地之一，每年处理进口化肥灌包量均在 100 万吨以上。赤湾港涉及了多品种、多形式的化肥港口物流业务，涵盖了散装灌包，进口保税，国际中转，水路、铁路、公路配送等多项服务。

　　赤湾港从国外进口化肥的装运采用散装方式，到达港口后，使用龙门式起重机的抓斗抓起化肥，再经漏斗输送到灌包房，灌包房设有散货灌包机 28 套，灌包机的工作效率为45～51 吨/小时。利用灌包机将散装化肥灌成每包 50 千克装的袋装肥料再进行销售。

7.1 包 装 概 述

　　包装是在流通过程中为了保护产品、方便储运、促进销售，按一定技术方法采用容器、材料及辅助物等将物品包装并予以适当的封装和标识的工作总称。简言之，包装是包装物及包装操作的总称。在社会生产过程中，包装是生产过程的最后一道工序和物流过程的开始，同时也是实现商品价值和使用价值的重要手段之一，是产品生产和消费的桥梁。由此可见，包装在物流体系中占有极为重要的地位。

7.1.1 包装的概念与功能

1. 包装的概念

　　从远古的原始社会、农耕时代，到科学技术十分发达的现代社会，包装随着人类的进化、商品的出现、生产的发展和科学技术的进步而逐渐发展，并不断地发生一次次重大突破。从总体上看，包装大致经历了原始包装、传统包装和现代包装三个发展阶段。

　　1）原始包装

　　人类使用包装的历史可以追溯到远古时期。早在距今一万年左右的原始社会后期，随着生产技术的提高，生产得到发展，有了剩余物品需储存和进行交换，于是开始出现原始包装。最初，人们割藤捆扎猎获物，用植物的叶、贝壳、兽皮等包裹物品，这是原始包装发展的胚

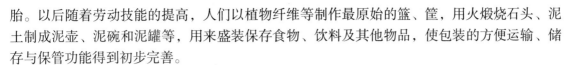

胎。以后随着劳动技能的提高，人们以植物纤维等制作最原始的篮、筐，用火煅烧石头、泥土制成泥壶、泥碗和泥罐等，用来盛装保存食物、饮料及其他物品，使包装的方便运输、储存与保管功能得到初步完善。

2）传统包装

约在公元前 5000 年，人类就开始进入青铜器时代。4000 多年前的中国夏代，中国人已能冶炼铜器，商周时期青铜冶炼技术进一步发展。春秋战国时期，人们掌握了铸铁、炼钢技术和制漆、涂漆技术，铁制容器、涂漆木制容器大量出现。在古代埃及，公元前 3000 年就开始吹制玻璃容器。因此，用陶瓷、玻璃、木材、金属加工各种包装容器已有千年的历史，其中许多技术经过不断完善发展，一直使用到如今。

16 世纪，欧洲陶瓷工业开始发展；美国建成了玻璃工厂，开始生产各种玻璃容器。至此，以陶瓷、玻璃、木材、金属等为主要材料的包装工业得到较快的发展，近代传统包装开始向现代包装过度。

3）现代包装

自 16 世纪以来，由于工业生产的迅速发展，特别是 19 世纪的欧洲产业革命，极大地推动了包装工业的发展，从而为现代包装工业和包装科技的产生和建立奠定了基础。

从 20 世纪中后期开始，国际贸易飞速发展，包装已为世界各国所重视，大约 90% 的商品需经过不同程度、不同类型的包装，包装已成为商品生产和流通过程中不可缺少的重要环节。电子技术、激光技术、微波技术广泛应用于包装工业，包装设计实现了计算机辅助设计（CAD），包装生产也实现了机械化与自动化生产。

我国的国家技术监督局发布的《中华人民共和国国家标准物流术语》中对包装定义："包装是指为在流通过程中保护产品、方便储运、促进销售，按一定技术方法而采用的容器、材料及辅助材料等的总体名称。包装也指为了达到上述目的而采用容器、材料、辅助材料的过程中施加一定技术方法等的操作活动。"

在流通领域中，包装大致可分为销售包装和运输包装两类，前者的主要目的在于美化、宣传商品，以扩大销售量，包装是连同商品一起卖给消费者的；后者的主要目的在于方便装卸、储运，使商品在整个物流过程中完好无损。

2．包装的功能

在商品的生产、流通和消费的各个领域，包装的功能有以下几个方面。

1）保护功能

科学的包装可以保护商品在流通、储运过程中的完整性和不受损伤，这也是包装的基本功能。例如，防止物品破损、变形，防止物品发生化学变化，防止有害生物如鼠咬、虫蛀等；同时也防止危害性内装物对接触的人、生物和环境造成伤害或污染。

2）便利功能

包装的便利功能指便于装卸、储存和销售，同时也便于消费者使用。

"包装"将商品按一定的数量（或重量）、形状、尺寸规格进行包装，并根据商品的性质，恰当地使用包装材料和容器，便于商品计量与清点，有利于合理地使用各种运输工具，提高运输、装卸和堆码效率，提高仓容利用率和储存效率，加速商品流转，降低产品的流通费用，提高商品在流通过程中的经济效益。

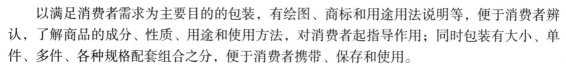

以满足消费者需求为主要目的的包装，有绘图、商标和用途用法说明等，便于消费者辨认，了解商品的成分、性质、用途和使用方法，对消费者起指导作用；同时包装有大小、单件、多件、各种规格配套组合之分，便于消费者携带、保存和使用。

3）促销功能

良好的包装，能给人以美的享受，起到诱导和激发消费者的购买欲望的作用。因此，包装在购买者与商品之间起着连接（媒介）作用，起着宣传、美化、促进销售商品的作用。

7.1.2　包装技术与方法

1．防湿、防水包装

采用防湿、防水包装的目的：其一是为阻隔外界水分的侵入；其二是为减少、避免由于外界温、湿度的变化，而引起包装内部产生反潮、结露和霉变现象。

防湿、防水包装的包装材料必须具有抵御外力作用和防止水分进入内部两种保护性能。因此要求防湿、防水包装应由两种材料构成：一种是用于抵御外力的框架外壁材料；另一种是具有防湿、防水性能的内衬材料。

1）外壁材料

外壁材料必须具有一定的机械强度，既能承受内装物的重量，又能承受搬运、装卸和运输各环节中所遇到的各种机械外力，包括各种作业中所发生的动应力和堆码中的静应力。当受到各种外力作用时，在正常情况下保持其刚性而保护内装物的质量，特别是外部浸水受潮的条件下，仍能具有一定的机械强度，能保持其刚性不变而使内装物得到保护。

用于抵御外力的框架外壁材料有木材板、金属板和瓦楞纸板等。

2）内衬材料

防湿、防水用的内衬材料有纸张类、塑料类、金属类和复合材料类。用于防湿防水的纸张有石油沥青油毡、石油沥青纸、防潮柏油纸、蜡剂浸渍纸等。常用的防湿、防水的薄膜塑料有低密度聚乙烯、聚氯乙烯、聚苯乙烯、聚氨酯、聚乙烯醇、聚偏二乙烯等。常用于防湿、防水的金属和复合材料有铝箔、铝塑复合膜、布塑复合膜等。

3）密封材料与防水涂料

防湿、防水用的密封材料有压敏胶带、防水胶粘带、防水胶粘剂及密封用橡胶皮等。压敏胶带等用于包装纸箱的封箱，而密封橡胶皮用于金属箱、罐的密封。密封材料必须具有良好的黏结性和耐湿、耐水性。密封材料遇湿、遇水后，其黏结性能不应下降，箱体的结合部位不应产生分离现象。

用于纸箱、胶合板箱等表面防水处理的防水涂料有石蜡和清漆等，用于包装箱外的覆盖材料应具有一定的强度和耐水、耐老化、耐高低温、耐日晒等特性。

4）防湿、防水包装方法

对防湿、防水的包装容器，装填内装物后应严密封缄，要保证接合处不渗水。在箱体内壁衬防水材料，使其平整完好地紧贴于内壁，每侧内壁应尽量选用整张的防水材料，而箱顶盖板内部必须用整张防水材料，四周应以上幅覆盖下幅。对大型框架滑木箱顶板上的防水材料，应在中间加盖板或采用双层木板结构的顶盖。将防水材料夹在其间，以防顶板积水渗入。为提高防水效果，可敷设双层防水材料，如一层石油沥青油毡和一层塑料薄膜。

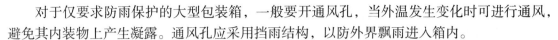

对于仅要求防雨保护的大型包装箱，一般要开通风孔，当外温发生变化时可进行通风，避免其内装物上产生凝露。通风孔应采用挡雨结构，以防外界飘雨进入箱内。

对于纸箱要用涂蜡或涂防水清漆进行防水处理。对纸箱的摇盖或天地盖接缝处，应用防水胶带密封。

2. 防霉包装

防霉包装是在流通过程中，防止霉变侵袭包装及其内装物而采取的一种保护包装。防霉包装能使包装及其内装物处于霉菌被抑制的状态，保持其质量完好和延长保存期限。

防霉技术的运用可根据产品和包装性能的要求不同，采取不同的防霉途径和措施，可从使用的材料、产品和包装三个方面着手分别加以解决。从材料方面来说，要对材料进行防霉筛选，首先要选用耐霉材料，必要时要对材料采用改进分子结构或配方组成的办法使其达到防霉的要求；从产品方面来说，要通过对产品结构设计、制造工艺、表面隔离及采用添加防霉剂处理的办法达到防霉的要求；从包装方面来说，要根据霉菌的生理特性，控制霉菌的生长条件，通过对包装结构、工艺过程的改进来达到防霉的目的。

3. 防震包装

防震包装又称缓冲包装，在各种包装方法中占有重要地位。产品从生产出来到开始使用要经过一系列的保管、堆积、运输和装卸过程。在任何环节中，都会有外力作用于产品之上，并可能使产品发生机械性的损坏。为了防止产品遭受损坏，就要设法减少外力的影响，所谓防震包装就是指为了减缓内装物受到的冲击和震动，保护其免受损坏所采取的一定保护措施的包装。

1）防震包装材料

防震材料是置于被包装产品与外包装之间来吸收冲击、震动等外力而保护被包装产品的，所以防震材料是防震包装中的关键因素之一，防震材料主要有以下几种。

（1）泡沫塑料。泡沫塑料可定义为具有细孔的海绵状发泡树脂材料，通常是将气体导入并分散在液体树脂中，随后将发泡的材料硬化。

（2）气泡塑料薄膜。气泡塑料薄膜是采用专门的加工方法，在两层塑料薄膜之间封入空气，在一面形成一个个突出的气泡。气泡塑料薄膜的材料一般为聚乙烯。气泡塑料薄膜适用于包装重量较轻的物品。

（3）兽毛填充橡胶。把猪毛、马毛、合成纤维等用天然橡胶作为黏合剂黏合在一起，制成防震胶垫，即兽毛填充橡胶防震材料。这种防震材料适用于包装仪器仪表和精密机械。

2）防震包装技术方法

防震包装的结构形式一般有全面缓冲防震技术方法、现场发泡缓冲防震技术方法、部分缓冲防震技术方法和浮吊缓冲防震技术方法等。下面主要介绍前三种方法。

（1）全面缓冲防震技术方法，指将内装物与外包装容器间的所有空隙，全部用缓冲材料填满固定的方法，对内装物进行全面保护。缓冲材料一般采用丝状、粒状和薄片，以便能对形状复杂的内装物很好填塞。当发生冲击、震动时，能有效地吸收能量，分散其作用力来保护内装物。全面缓冲防震包装技术方法有压缩包装法、浮动包装法和模合包装法等。

压缩包装法和浮动包装法的原理都是将包装内所有空隙均用缓冲材料填塞，便于吸收能量和分散外力，达到保护内装物的目的。所不同之处是浮动包装法使用小块衬垫，这些材料可以流动而充满受力部分的间隙，吸收冲击能量和分散震动冲击力；而压缩包装法所填入的缓冲材料是不能流动的。模合包装法是利用聚苯乙烯等树脂材料，制成与内装物形状一样的模型的包装充填固定内装物。

（2）现场发泡缓冲防震技术方法，是一种全面缓冲防震的包装方法，这种包装技术方法主要运用于各仪器、仪表、家用电器、玻璃陶瓷制品及不规则的内装物品。

现场发泡包装技术方法的原理是利用现场就地生产发泡液，用喷机的喷嘴喷入内装物的包装箱内，并使其固定封合在包装箱内而实现的。其具体方法和作业程序是先用喷枪将发泡液喷入箱的底部，待其发泡膨胀而形成泡沫体时，在其上迅速覆盖一层聚乙烯薄膜，再将内装物品放置在泡沫体上形成巢形，然后在内装物上再覆盖一层聚乙烯薄膜，在薄膜上部继续喷入发泡液，使其发泡并充满包装箱体内后，封盖而完成全部作业程序。

（3）部分缓冲防震技术方法，对于整体结构好的产品和有内包装容器的产品，可对其侧端面、棱边、拐角等部位使用缓冲防震材料进行衬垫，如图 7-1 所示。

这种方法所使用的缓冲材料主要有泡沫塑料防震垫、充气塑料薄膜防震垫、橡胶弹簧等。

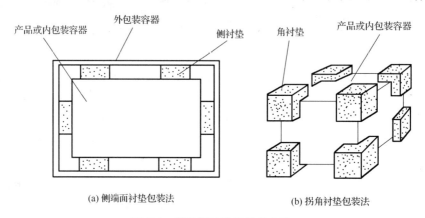

(a) 侧端面衬垫包装法　　　　　　　　(b) 拐角衬垫包装法

图 7-1　部分缓冲防震技术方法

7.2　包 装 设 备

按照加工的方式不同，大致可以将包装机械分为以下几种：计量充填机械、灌装机械、封口机械、裹包机械、捆扎机械、装箱机与纸箱包装机、贴标机和打码机等。

1．计量充填机械

将产品按要求的数量装入包装容器中的操作称为计量充填。计量充填技术主要用于销售包装，在运输包装中也有应用，如用专用运输工具运输散装水泥、石油等。

实际生产中，由于产品的性质、状态和要求的计量精确度和充填方式等因素的不同，出现了各式各样的计量充填机械。通常按计量充填的原理不同，将计量充填机械分为容积式充填机、称重式充填机、计数式充填机三种类型。

1）容积式充填机

容积式充填机是将精确体积的物料装进每个容器，而不考虑物料密度或重量，常用于那些比重相对不变的物料，或用于那些体积要求比质量要求更重要的物料。根据计量原理的不同有固定量杯式、螺杆式、计量泵式等多种。固定量杯式充填机是较为常用的一种充填机，如图 7-2 所示。

2）称重式充填机

称重式充填机是按规定的重量计量产品，并进行充装的机械，如图 7-3 所示。按计量方式不同有杠杆式、簧片式、电阻应变片式、电子秤式、连续式、全自动式等多种。实际应用较广的是连续式称重充填机，采用连续称量检测和自动调节技术，确保在连续运转的输送机上得到稳定的质量流率，然后进行等分截取，以得到各个相同的定量。其特点是计量速度高、计量精度较低，多用于粮食、化肥之类的货物，这类货物多采用散装长途运输，到达目的地之后再装袋出售的方式。

图 7-2　固定量杯式充填机　　　　图 7-3　连续式称重充填机

3）计数式充填机

计数式充填机是把精确个数的产品装进每个容器的计量充填机械，多用于被包装物呈规则排列的产品包装。根据其计数原理不同分为长度式、容积式、堆积式等几种计数形式。图 7-4 所示为计数充填机。

2．灌装机械

灌装机械主要用于在食品领域中对啤酒、饮料、乳品、酒类、植物油和调味品的包装，还包括洗涤剂、矿物油和农药等化工类液体产品的包装。包装所用容器主要有桶、瓶、听、软管等。按照灌装产品的工艺可分为常压灌装机、真空灌装机、加压灌装机等。灌装机械通常与封口机、贴标机等连接使用。灌装机的计量方法有定位法、定量法和定时法三种，均有相应的控制装置。如在进料口上方安置与储槽相连的计量装置，借助装置内沿液体方向安装的孔板来测量。图 7-5 所示为自动液体灌装机。

图 7-4　计数式充填机　　　　图 7-5　自动液体灌装机

3．封口机械

封口机械是指在包装容器内盛装产品后对容器进行封口的机器。不同的包装容器有不同的封口方式，如塑料袋多采用接触式加热加压封口或非接触式的超声波熔焊封口；麻袋、布袋、编织袋多采用缝合的方式封口；瓶类容器多采用压盖或旋转封口；罐类容器多采用卷边式封口；箱类容器多采用钉封或胶带粘封。图 7-6 所示为龙门式封口机。

4．裹包机械

裹包机械是用薄型挠性材料（如玻璃纸、塑料膜、拉伸膜、收缩膜等）裹包产品的包装设备，广泛应用于食品、烟草、药品、日用化工品及音像制品等领域。裹包机械种类繁多、功能各异，按裹包方式可分为折叠式裹包机、接缝式裹包机、覆盖式裹包机、贴体式裹包机、拉伸式裹包机、缠绕式裹包机等。

折叠式裹包机是用挠性包装材料裹包产品，将末端伸出的裹包材料按一定的工艺方式进行折叠封闭。通常适用于长方形的物品，外观整齐，视觉效果好。图 7-7 所示为转塔折叠式裹包机。

图 7-6　龙门式封口机

图 7-7　转塔折叠式裹包机

5．捆扎机械

捆扎机械是利用带状或绳状捆扎材料将一个或多个包件紧扎在一起的机器，属于外包装设备，目前我国生产的捆扎机基本上采用塑料带作为捆扎材料，利用热熔搭接的方法使紧贴包件表面的塑料带两端加压黏合，从而达到捆紧包件的目的。图 7-8 所示为自动捆扎机。

6．装箱机与纸箱包装机

对于啤酒、饮料等商品，灌装之后必须进行运输包装，才能进入流通领域。这个装箱工作，可以选择装箱机，也可以选择纸箱包装机，两者过程不同，但都能达到相同的目的。图 7-9 所示为自动装箱机。图 7-10 所示为自动纸箱包装机。

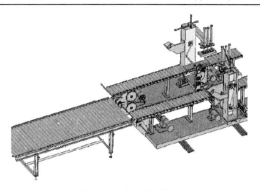

图 7-8　自动捆扎机

图 7-9　装箱机

图 7-10　纸箱包装机

7．贴标机和打码机

1）贴标机

贴标机是以黏合剂把标签（纸质或金属箔）粘贴在规定的包装容器上的设备，如图 7-11 所示。贴标机是现代包装不可缺少的组成部分。目前我国生产的贴标机的种类正在逐步增加，技术水平也有了很大的提高，已从手动、半自动贴标的落后局面，转向自动化高速贴标机占据广大市场的格局。

2）打码机

打码机是一种由单片机控制的非接触式喷墨标识系统，如图 7-12 所示。其通过控制内部齿轮泵或由机器外部供应压缩气体，向系统内墨水施加一定压力，使墨水经由一个几十微米孔径喷嘴射出，分别打在产品表面不同位置，形成所需各种文字、图案等标志。

图 7-11　圆瓶不干胶自动贴标机

图 7-12　打码机

7.3 自动包装线

包装自动生产线又称自动包装线，即按包装的工艺过程，将各种包装机和有关辅助设备，用输送装置连接起来，并具有独立控制装置的工作系统。它能使被包装物品和包装材料按预定的包装要求和工艺顺序，经过各包装机完成包装的全过程。在自动包装线中，工人不需要直接参与操作，其主要任务是监视、调整和控制，以保证自动包装线的正常运行。

自动包装线有许多突出的优点，如可提高包装质量、提高生产能力、改善劳动条件、减少占地面积、降低生产成本等。它特别适用于少品种、大批量的产品包装，是包装工业的发展方向。

7.3.1 全自动称重包装生产线

全自动称重包装生产线广泛应用于石油化工、化肥、粮食、饲料、医药、冶金等多行业的粒料、粉料、块料、液体等产品的称重包装。生产线主要由给料机构、称重单元、显示控制系统、执行机构及机构结构件等组成，系统结构紧凑合理，安装简便，一般具有秤重传感器精度高、智能化秤重控制仪显示、双速或三速给料、单/双称重斗、毛重式/净重式计量、故障自诊断等特点，能够针对各种生产现场和生产能力做相应调整，满足用户的需求。图 7-13 所示为敞口袋式全自动包装码垛生产线示意图。

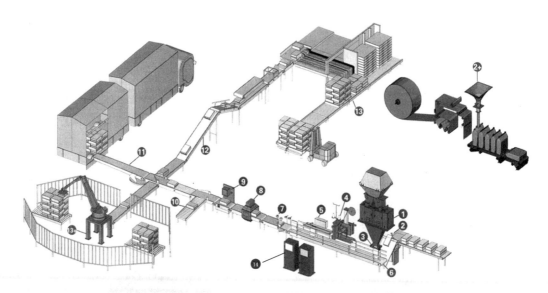

1—自动称重秤；2—自动供袋；2+—F.F.S 塑料膜自动制袋灌装机；3—夹袋装置；4—折边缝包机；
5—热缝合机；6—输送机；7—倒袋机；8—金属检测机；9—重量复检机；10—输送剔除机；
11—车载输送机；12—倾斜输送机；13—自动码垛机；13+—机器人码垛机；14—电气仪表及控制柜

图 7-13 敞口袋式全自动包装码垛生产线

7.3.2 全自动瓶装包装生产线

全自动瓶装包装生产线是由数片、塞纸、旋盖、铝箔封口、不干胶贴标等单机组成的瓶装生产线，如图 7-14 所示。生产线适用于各种片形包装，如圆形片、球形片、软/硬胶囊及各种异形片的包装，也能完成空瓶进瓶、物料计数灌装直至成品包装的全过程。全自动瓶装包装生产线能有效地减轻操作人员的劳动强度，提高劳动生产率及实现产品的标准化。

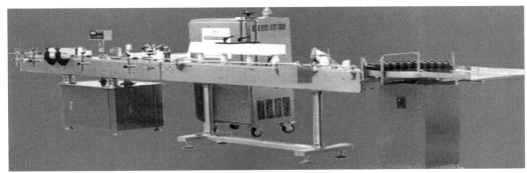

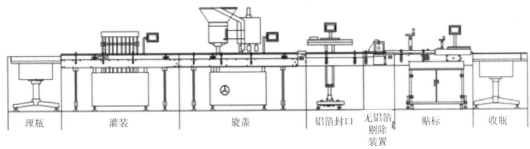

| 理瓶 | 灌装 | 旋盖 | 铝箔封口 | 无铝箔剔除装置 | 贴标 | 收瓶 |

图 7-14　全自动瓶装包装生产线

全自动瓶装包装生产线的主要性能及特点：一是各单机能独立完成其工作，有独立的操作系统，其生产过程用变频器、无级调速器、数控显示等电器元件来控制调整各参数，并显示设定；二是各单机联动，分离快捷，并且调整快速，使生产的每个工序保证其协调性；三是各单机能适应多种规格料瓶的包装，且调整件少，可由用户根据各自产品工艺要求，进行多种生产线组合。

此类生产线有以下四种组合形式：

（1）理瓶机+数片机+旋盖机+铝箔封口机+不干胶贴标机；

（2）理瓶机+数片机+塞纸旋盖机+铝箔封口机+不干胶贴标机；

（3）理瓶机+数片机+塞纸旋盖铝箔封口联动机+不干胶贴标机；

（4）理瓶机+数片机+塞纸旋盖机+铝箔封口机+上浆贴标机。

7.3.3　纸模工业品包装生产线

纸浆模塑缓冲防震包装制品（以下简称 PMP）是以废旧报纸、废旧纸箱纸、造纸厂或印刷厂的边角料等为原料，经水力碎浆、配料等工艺调配成一定浓度的浆料，浆料在特制的金属模具上经真空吸附成湿坯制品，成型好的湿坯再经干燥、热压整型而成。

纸模工业品包装生产线的工艺流程为：制浆——成型——烘干——整形——包装。生产线的主要设备包括碎浆机、搅拌器、磨浆机、浆泵、成型机、烘干机、整形机及配套模具等，如图 7-15 所示。

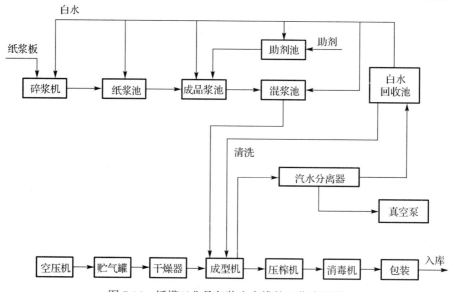

图 7-15   纸模工业品包装生产线的工艺流程图

PMP 的生产过程无废水、废气排出，生产过程用水封闭循环使用。生产所用主要原材料为废纸，来源丰富、价格低廉，属废物的综合开发利用。PMP 在完成其对被包装物在仓储、运输、销售等商品流通过程中的缓冲防震保护使命后，其废弃物如普通纸一样可循环再生利用，即使弃于自然环境中也如一般纸张一样易于腐烂分解成植物纤维。

PMP 对被包装物的缓冲防震保护是通过纤维本身的弹性及其精心设计的空腔几何结构来实现的。通过大量的实际应用及测试表明，PMP 对被包装物的保护性足以替代 EPS（可发性聚苯乙烯），PMP 是 EPS 理想的环保型替代品。

7.3.4   自动灌装生产线

自动灌装生产线由刷瓶机、回转式定位冲瓶机、高精度灌装机、质检灯、输送线、动力头、压盖机（或其他封口设备）、烘干机、胶带封箱机组成（如图 7-16 所示），也可根据用户的需要组合安装其他不同的设备。

图 7-16   自动灌装生产线

此自动灌装线主要用于白酒、葡萄酒、酱油、食醋及其他液体的灌装生产（葡萄酒、黄酒、酱油、食醋等容易起泡沫的液体可换成负压真空灌装机）。该线具有自动化程度高、生产效率大、操作简单、节省人力、使用寿命长等优点。

7.4　包装的标准化与合理化

所谓包装的标准化是指对包装的类型、规格、制造材料、结构、造型等给予统一的规定。在物流过程中，货物的运输、堆码、储存等活动都要对包装的外观规格提出统一化的要求。

7.4.1　包装标准化

1. 包装标准化的概念

包装标准就是对包装标志，包装所用的材料规格、质量，包装的技术要求，包装件的试验方法等的技术规定。

包装标准可分以下三类。

一类是包装基础标准和方法标准。这是包装工业基础性的通用标准，如包装通用术语、包装的尺寸系列、运输包装件试验方法等。

二类是工农业产品的包装标准。这是指对产品包装的技术要求或规定。其中：一种是产品质量标准中对包装、运输、储存等的规定；另一种是单独制定的包装标准，如洗衣粉包装箱、针织内衣包装与标志，铝及铝合金加工产品的包装、标志、运输和储存的规定等。

三类是包装工业的产品标准。这是包装工业产品的技术要求和规定，如普通食品包装纸、纸袋纸、高压聚乙烯重包装袋、塑料打包袋等。

2. 包装标准化管理

包装标准化是指对产品包装的类型、规格、容量、使用的包装材料、包装容器的结构造型、印刷标志及产品的盛放、衬垫、封装方式、名词术语、检验要求等加以统一规定，并贯彻实施。其中主要的是统一材料、统一规格、统一容量、统一标记和统一封装方法。

包装标准化的管理对提高包装质量、降低包装成本、保护内装产品的固有性质、减少其在流通过程中的破损、节约运力、增加经济效益、方便销售、增强产品的竞争能力等都有着重要的作用，因此加强包装标准化管理是提高经济效益的一项重要措施。

产品包装的质量必须用它的各项标准来衡量。产品没有包装不能进入流通领域，有了包装而无标准就无法鉴别包装质量的优劣。

实现包装标准化，可减少包装规格型号，同类产品能够通用，在包装生产过程中，减少了机器更换规格尺寸和印刷标志的时间，提高了工效，节约了工时费用。为包装生产的连续化、机械化提供了条件，同时节约了包装材料，促进了商品包装的回收复用，减少了包装费用。而且对于保护产品质量，提高运输工具的装载量，加速物流都具有十分重要的意义。

7.4.2　包装合理化

1. 包装合理化的概念

包装合理化，一方面指包装总体的合理化，用整体物流效益与微观包装效益进行统一衡量；另一方面指包装材料、包装技术、包装方式的合理组合与运用。

2．包装合理化的要求

（1）防止包装不足，包括：包装强度不足；包装材料水平不足；包装容量层次与容积不足；包装成本过低，不能保证有效的包装。

（2）防止包装过剩，包括：包装物强度设计过高、包装选择过高、包装技术过高、体积过大、包装成本过高。

（3）用科学方法确定最优包装，包括：确定包装形式，选择包装方法，都应与物流诸因素的变化相适应；必须考虑装卸、保管、输送的变化的要求，确定最优包装。

3．包装合理化的途径

1）包装的轻薄化

由于包装只是起保护作用，对产品使用价值没有任何意义，因此在强度、寿命、成本相同的条件下，更轻、更薄、更短、更小的包装，可以提高装卸搬运的效率。而且轻薄短小的包装一般价格比较便宜，如果是一次性包装也可以减少废弃包装材料的数量。

2）包装的单纯化

为了提高包装作业的效率，包装材料及规格应力求单纯化，包装规格还应标准化，包装形状和种类也应单纯化。

3）包装的标准化

包装的规格和托盘、集装箱关系密切，也应考虑和运输车辆、搬运机械的匹配，从系统的观点制定包装的尺寸标准。

4）包装的机械化

为了提高作业效率和包装现代化水平，各种包装机械的开发和应用是很重要的。

5）包装的绿色化

包装的绿色化是指无公害、少污染的符合环保要求的各类包装物品，主要包括纸包装、可降解塑料包装、生物包装和可食性包装等，是包装经营发展的主流。

7.5　流通加工概述

7.5.1　流通加工的概念

流通加工是流通中的一种特殊形式。商品流通是以货币为媒介的商品交换。它的重要职能是将生产及消费（或再生产）联系起来，起"桥梁和纽带"作用，完成商品所有权和实物形态的转移。因此，流通与流通对象的关系一般不是改变流通对象的形态，而是保持流通对象的已有形态，完成中间的位移，实现其"时间效用"及"空间效用"。

流通加工则与生产有较大的区别，流通加工是在物品从生产领域向消费领域流动的过程中，为了促进销售、维护产品质量和提高物流效率，对物品进行加工，使物品发生物理或化学的变化。总的来讲，流通加工在流通中，仍然和流通总体一样起"桥梁和纽带"作用。但是，它却不是通过"保护"流通对象的原有形态而实现这一作用的，它是和生产一样，通过改变或完善对象的原有形态来实现"桥梁和纽带"作用的。

流通加工和一般的生产型加工在加工方法、加工组织、生产管理方面并无显著区别，但在加工对象、加工程度方面差别较大，其差别的主要表现为以下几点。

（1）流通加工的对象是商品，具有商品属性；而生产加工的对象是原材料、零配件、半成品。

（2）流通加工程度大多是简单加工，而非复杂加工。一般来讲，如果必须进行复杂加工才能形成人们所需的商品，那么，这种复杂加工应专设生产加工过程，生产过程理应完成大部分加工活动，流通加工对生产加工只是一种辅助及补充。

（3）从价值观点看，生产加工目的在于创造价值及使用价值，而流通加工则在于完善其使用价值，并在不做大的改变情况下提高价值。

（4）流通加工的组织者是从事流通工作的人，能密切结合流通的需要进行各种加工活动，从加工单位来看，流通加工由商业或物资流通企业完成，而生产加工则由生产企业完成。

（5）商品生产是为消费而进行的，流通加工也可能是为消费（或再生产）而进行的，这一点与商品生产有共同之处。但是，流通加工有时候也是以自身流通为目的的，纯粹是为流通创造条件，这种为流通所进行的加工与直接为消费进行的加工从目的来讲是有区别的。

7.5.2　流通加工的形式

1．为保护产品所进行的加工

在物流过程中，直到用户投入使用前都存在对产品的保护问题。为防止产品在运输、储存、装卸、搬运、包装等过程中遭到损失，促进使用价值能顺利实现，往往必须进行一定的加工。这种加工并不改变进入流通领域的"物"的外形及性质。这种加工主要采取稳固、改装、冷冻、涂油等方法。

2．为适应多样化需要的流通加工

将生产出来的单调产品进行多样化的改制，以满足消费者多样化的需求。如钢材卷板的舒展、剪切加工；平板玻璃按需要规格的开片加工；树木改制成方木、板材的加工；商品的大包装改为小包装等。

3．方便消费、省力的流通加工

发挥流通加工中心人才、设备、场所的优势，对产品进行深度加工。如对钢材定尺、定型、按需求下料；将木材、铝合金加工成各种可直接投入使用的型材；冷拉钢筋及冲制异型零件；钢板预制处理、整形、打孔等加工。

4．为提高产品利用率的流通加工

利用流通领域的集中加工代替原分散在各使用部门的单个加工，不仅可以减少原材料的消耗，提高加工质量，而且还能使加工后的副产品得到充分利用。

5．为提高物流效率，降低物流损失的流通加工

对一些形状特殊，影响运输、装卸作业效率，极易发生损失的物品进行加工，可以弥补其物流缺陷，如对自行车在消费地进行装配加工、将造纸用材料磨成木屑的加工、对石油气的液化加工等，均可提高物流效率。

6．为衔接不同运输方式的流通加工

在干线运输及支线运输的结点，设置流通加工环节，可以有效解决大批量、低成本、长

距离运输，多品种、小批量、多批次末端运输和集货运输之间的衔接问题，在流通加工点与大生产企业间形成大批量、定点运输的渠道，以流通加工中心为核心，组织对多用户的配送。也可在流通加工点将运输包装转换为销售包装，从而有效衔接不同目的的运输方式，如水泥中转仓库从事的散装水泥袋装流通加工及将大规模散装转化为小规模散装。

7．为实现高效率配送而进行的流通加工

配送中心通过对物品进行各种加工，如拆整化零、定量备货、定时供应等，为实现高效率配送创造了条件。

7.5.3　流通加工的功能

1．弥补生产加工不足的功能

由于产品生产企业多、分布面广、生产资料及产品种类繁多、规格型号复杂，要完全做到产品标准化极为困难。此外，社会需求的复杂性也可能导致生产企业无法完全满足客户在品种、规格型号上的需要。而流通企业了解市场供需双方情况，在流通领域开展加工，能弥补生产加工的不足，更好地满足客户的需要。

2．强化产品存储的功能

流通加工使产品的使用价值得到妥善的保存。如对生活消费品的冷冻、防腐、保鲜、防虫、防震加工；对生产资料的防潮、防锈、木材的防干裂加工等。

3．方便配送的功能

配送是流通加工、整理、分拣、分类、配货、末端运输等一系列活动的集合。配送活动的开展，依赖于流通加工，流通加工是做好配送工作的前提。

4．提高商品附加价值的功能

对蔬菜等食品原材料进行深加工，如加工成半成品，可以满足消费者对商品个性化的需求，提高商品的附加价值。

7.6　流通加工装备

7.6.1　剪板设备

剪板设备主要是指剪板机。剪板机是在各种板材的流通加工中应用比较广泛的一种剪切设备，它能剪切各种厚度的钢板材料。常用的剪板机分为平剪、滚剪及震动剪三种类型，平剪是使用最多的。剪切厚度小于 10 毫米的剪板机多为机械传动，剪切厚度大于 10 毫米的剪板机为液压传动。一般用脚踏或按钮操纵进行单次或连续剪切金属。

剪板加工通常是在固定地点设置剪板机，以进行下料加工或设置各种切割设备将大规格钢板裁小或切裁成毛坯，这样做降低了销售起点，方便了用户。

1．圆盘剪板机

圆盘剪板机（如图 7-17 所示）是利用两个圆盘状剪刀，按其两剪刀轴线相互位置的不同

及与板料的夹角不同分为直滚剪、圆盘剪。直滚剪主要用于将板料裁成条料，或由板边向内剪裁圆形或环形坯料。

常见的圆盘剪板机为手动式圆盘剪板机。其特征是：由带有圆形刀的上下刀体、手柄、曲梁和机座所组成；手柄通过棘轮与装有上刀的上刀轴配合连接，上刀体通过曲梁固定在机座上，下刀体与机座通过螺栓连接，机座水平支架上的定位有可左右调节位置的定位尺，用以确定被剪板材的宽度。这种剪切机可对板材连续剪切，既可剪直线，也可剪曲线，适用于剪切厚 3 毫米以下的钢板、铁板、橡胶、皮革等。

2．多功能剪板机

多功能剪板机通常包括床身、悬臂梁、电机、皮带、点轮传动系统，床身上水平安装 3 根传动轴，悬臂梁上对应安装 3 根传动轴，采用 2 个相对转动的滚子为进给器，2 个相对转动的圆柱体为剪切刀，2 个相对转动、有一定形状、凹凸配合的圆轮为挤压器来实现剪切、挤压一定形状，并一次完成。它主要用于加工薄板，可以提高工效，广泛应用于薄板加工业。

多功能剪板机有板料折弯剪切机和板材型材剪切机两种。以下主要介绍板料折弯剪切机。

板料折弯剪切机，如图 7-18 所示，在同一台剪切机上可以完成两种工艺，剪切机下部进行板料剪切，上部进行折弯；也有的剪切机前部进行剪切，后部进行板料折弯。滑块置于机器中部，由 3 只油缸驱动做上下运动，滑块向上进行折弯，向下进行剪切。机架是用厚钢板焊成的整体结构，与一般折弯机相比，具有更高精度和稳定性。折弯时，滑块上下停留的位置和行程量可任意调节；剪切时，滑块行程与折弯时行程无关，剪切时行程一般保持恒定。另外，它在中间油缸内设置了 1 只伺服阀，可以任意控制滑块上升的最高位置，满足"自由折弯"时达到各种不同的弯曲角度。

图 7-17　圆盘剪板机

图 7-18　板料折弯剪切机

3．摆式剪板机

摆式剪板机，如图 7-19 所示，又可分为直剪式和直、斜两用式，直、斜两用式主要用于剪切 30 度焊接坡口断面。摆式剪板机的刀架在剪切时围绕一固定点做摆动运动，剪切断面的表面粗糙度值较小、尺寸精度高，而且切口与板料平面垂直。摆式结构主要用于厚度大于 6 毫米、板宽不大于 4 米的剪板机。

4．振动剪板机

振动剪板机又称冲型剪切机，如图 7-20 所示，其工作原理是通过曲柄连杆机构带动刀杆做高速往复运动，行程次数由每分钟数百次到数千次不等。

图 7-19　摆式剪板机

振动剪切机是一种万能板料加工设备。在进行剪切下料时，先在板料上画线，然后刀杆上的上冲头能沿着画线或样板对被加工的板料进行逐步剪切。振动剪切机具有体积小、质量轻、容易制造、工艺适应性广、工具简单等优点，但是生产率较低，工作时要人工操作，振动和噪声大，加工精度不高。

5. 机械剪板机

机械剪板机，如图 7-21 所示，结构简单，操作维修简便，价格低廉，广泛应用于冶金、轻工、汽车、电机电器、仪表、五金等行业。

图 7-20　冲型剪切机

图 7-21　机械剪板机

机械剪板机的机床为机械式传动，结构合理，重心低，运动平稳；刀架为钢板焊接结构，刚性与强度好，剪切精度高；采用转键离合器，控制刀架运行，动作灵敏可靠，使用寿命长。

7.6.2　切割设备

切割设备通常指切割机。切割机是常用的流通加工设备之一，种类繁多，按切割方式分类有等离子切割机、高压水切割机、CNC 火焰切割机、激光切割机、电火花线切割机等；按切割的材质分类有金属板材管材、切割机，玻璃切割机，石材切割机，布匹切割机，半导体切割机等。以下介绍金属板材、管材切割机和玻璃切割机。

1. 金属板材、管材切割机

（1）机械式缩小仿形电火花线切割机，如图 7-22 所示。它将"相似菱形的对角线之长与边长成比例"的几何原理应用于电火花线切割机床，在床面上设置一个稳定的双层缩放尺机构，在缩放尺上设置一个运丝系统，在工作台与床面之间设置初始进给系统，可解决电火花线切割机不便制作工艺品冲模的问题。该机利用仿形缩小的原理可将工件加工部位比靠模缩小 2 倍、3 倍和 5 倍。

（2）固定式钢管切割机，如图 7-23 所示。钢管切割机包括割具总成部分、回转机构、驱动机构、固定机架部分、升降机构和重锤机构。升降机构安装在固定机架底部；驱动机构安装在固定机架部分一侧；回转机构安装在固定机架部分中部并连接驱动机构；割具总成部分安装在回转机构上；重锤机构和割具总成部分配合安装并配合工作。驱动机构转动带动回转机构转动，再带动割具总成围绕被切割钢管回转，完成切割任务。

图 7-22　机械式缩小仿形电火花线切割机　　　图 7-23　固定式钢管切割机

（3）便携式火焰切割机。一种用于钢管切割的便携式火焰切割机，主要由机体、链条、切割装置组成。采用链式传动结构，以张紧的链条作为导向轨道，并使机体固定在被切割的钢管上，通过涡轮、蜗杆的传动，带动链轮转动，使机体沿着链条在钢管外管壁旋转，机体上配有切割装置，随着机体运行，实现钢管切割（如图 7-24 所示）。此类火焰切割机运行平稳、体积小、携带方便，切割质量高，可切割直径 273 毫米以上任何管径的钢管，切割管口粗糙度为 12.5～25 微米，直线度偏差最大为 1 毫米。

2．玻璃切割机

（1）玻璃自动切割机。玻璃自动切割机由切桌、切割桥、电脑控制箱、掰板台、供电柜等主要部件组成，如图 7-25 所示。切桌由支架、桌面、输送带、传动装置、气垫装置等构成。支架是用来支持桌面的，由型钢柱、型钢梁等构成，其外侧一般整面封以钢板，做成柜式 12 支座。

图 7-24　便携式火焰切割机　　　　图 7-25　玻璃自动切割机

（2）靠模切割机。靠模切割机由气垫切割台、气箱、风机柜、电气柜、进料辊、模板、模板架、切割臂、切割头等组成，如图7-26所示。气箱、风机柜、电气柜用型钢及钢板组合成一箱体，箱体型钢架的四角下面各有一调节螺栓。气箱在箱体的上部，下部是电气柜和风机柜，各部分由钢板隔开，电气柜是本机的供电中枢。

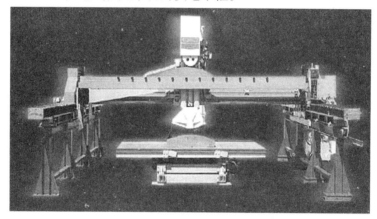

图7-26　靠模切割机

（3）水平式夹层玻璃自动切割机。现代建筑使用的夹层玻璃是采用自动化、大批量方式生产的，产品的规格大，往往需按订单的尺寸进行切割加工，供用户使用。水平式夹层玻璃自动切割机由切割及掰断两大部分组成，如图7-27所示。前者的切桌、切割桥、电脑控制箱等部件的结构与玻璃自动切割机很相似。该机的特点是有两个切割桥，分别安装在切桌的上、下方。

（4）水平式无齿锯切割机。水平式无齿锯切割机由金刚砂砂轮片、传动装置、固定式悬臂梁、移动式载物架、导轨、导向板、工作台、机架、水喷头及控制台等组成（如图7-28所示）。工作台、固定式悬臂架与机架连成一体，构成坚固的钢结构。工作台上装有导轨及导向板，移动式载物架装于导轨上。金刚砂砂轮的传动装置装在固定式悬臂梁上，金刚砂砂轮装在其传动装置的轴上。

图7-27　水平式夹层玻璃自动切割机

图7-28　水平式无齿锯切割机

（5）玻璃异形切割机。随着玻璃材质用途的多样化，需要切割一些异型材质。图7-29所示为球面玻璃异形切割机，图7-30所示为非直线型玻璃切割机，都是比较常见的玻璃异形切割机。

图 7-29　球面异形玻璃切割机

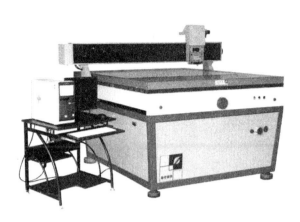

图 7-30　非直线玻璃切割机

7.6.3　冷链设备

1．冷链物流的概念

冷链物流（Cold Chain Logistics）泛指冷藏、冷冻类食品在生产、贮藏运输、销售到消费前的各个环节中始终处于规定的低温环境下，以保证食品质量，减少食品损耗的物流活动。它是随着科学技术的进步、制冷技术的发展而建立起来的，以冷冻工艺学为基础、以制冷技术为手段的低温物流过程。

冷链物流的适用范围包括初级农产品、加工食品、速冻食品、快餐原料及特殊商品等，所以它比一般常温物流系统的要求更高、更复杂，建设投资也要大很多，是一个庞大的系统工程。由于易腐食品的时效性要求冷链各环节具有更高的组织协调性，所以，冷链设备是食品冷链运作的关键。冷链设备主要包括冷库和冷藏车。

2．冷库

利用降温设施创造适宜的湿度和低温条件的仓库，如图 7-31 所示。又称冷藏库、冻库或冻藏库，是加工、储存产品的场所。能摆脱气候的影响，延长各种产品的储存期限，以调节市场供应。冷库主要通过两种原理来进行产品保鲜：（1）采取降低温度的方法（−25℃～5℃），降低病源菌的发生率和果实的腐烂率使其不会变质；（2）通过低温减缓果品的呼吸代谢过程，从而达到阻止衰败，延长储藏期的目的。冷库主要由库体、制冷系统、冷却系统、控制系统和辅助系统几个部分组成。

3．冷藏车

冷藏车是用来运输冷冻或保鲜货物的封闭式厢式运输车，是装有制冷机组的制冷装置和聚氨酯隔热厢的冷藏专用运输汽车，如图 7-32 所示。常用于运输冷冻食品、奶制品、蔬菜水果、疫苗药品等。

冷藏车由专用汽车底盘的行走部分、隔热保温厢体（一般由聚氨酯材料、玻璃钢组成）、制冷机组、车厢内温度记录仪等部件组成，对于特殊要求的车辆，如肉钩车，可加装肉钩、挡腰、铝合金导轨和通风槽等选装件。其中，制冷机组一般分为两种，独立式机组和非独立式机组，区别在于独立式机组完全通过另外的一个机组来发电维持工作，非独立式机组是完全通过整车的发动机工作取力来带动机组的制冷工作。

图 7-31　冷库　　　　　　　　　　　　　图 7-32　冷藏车

7.6.4　混凝土搅拌及输送设备

1. 混凝土搅拌站

混凝土搅拌站是用来集中搅拌混凝土的联合装置，又称混凝土预制场，如图 7-33 所示。由于它的机械化、自动化程度较高，所以生产率也很高，并能保证混凝土的质量和节省水泥，常用于混凝土工程量大、工期长、工地集中的大中型水利、电力、桥梁等工程。随着市政建设的发展，采用集中搅拌、提供商品混凝土的搅拌站具有很大的优越性，因而得到迅速发展，并为推广混凝土泵送施工，实现搅拌、输送、浇筑机械联合作业创造条件。混凝土搅拌站主要由搅拌主机、物料称量系统、物料输送系统、物料储存系统和控制系统 5 大系统和其他附属设施组成。

2. 混凝土搅拌运输车

混凝土搅拌运输车或称搅拌车，是用来运送建筑用预拌混凝土的专用卡车。由于它的外形，也常被称为田螺车，如图 7-34 所示。卡车上装有圆筒形搅拌筒用以运载混合后的混凝土，在运输过程中会始终保持搅拌筒转动，以保证所运载的混凝土不会凝固。运送完混凝土后，通常都会用水冲洗搅拌筒内部，防止硬化的混凝土占用空间。混凝土搅拌运输车由汽车底盘和混凝土搅拌运输专用装置组成。我国生产的混凝土搅拌运输车的底盘多采用整车生产厂家提供的二类通用底盘。其专用机构主要包括取力器、搅拌筒前后支架、减速机、液压系统、搅拌筒、操纵机构、清洗系统等。

图 7-33　混凝土搅拌站　　　　　　　　　图 7-34　混凝土搅拌运输车

7.7　流通加工合理化

流通加工合理化的含义是实现流通加工的最优配置，不仅做到避免各种不合理流程，使流通加工的存在价值增加，而且做到最优的选择。

为了避免各种不合理现象，对是否设置流通加工环节，在什么地点设置，选择什么类型的加工，采用什么样的技术装备等，需要做出正确抉择。

7.7.1　加工和合理商流相结合

通过加工有效促进销售，使商流合理化，是流通加工合理化的考虑因素之一。加工和配送的结合，通过加工，提高了配送水平，强化了销售，是加工与合理商流相结合的一个成功的例证。

此外，通过简单地改变包装的加工，形成方便的购买量，通过组装加工解除用户使用前进行组装、调试的困难，都是有效促进商流的方法。

7.7.2　加工和配送结合

这是将流通加工设置在配送点中，一方面按配送的需要进行加工，另一方面加工又是配送业务流程中分货、拣货、配货的一个环节，加工后的产品直接投入配货作业，这就无需单独设置一个加工的中间环节，使流通加工有别于独立的生产，实现流通加工与中转流通的巧妙结合。同时，由于在配送之前有加工，可使配送服务水平大大提高，这是流通加工合理化的重要形式之一，在煤炭、水泥等产品的流通中已表现出较大的优势。

7.7.3　加工和合理运输结合

流通加工能有效衔接干线运输与支线运输，促进两种运输形式的合理化。利用流通加工，在支线运输转干线运输或干线运输转支线运输本来就必须停顿的环节，不进行一般的支转干或干转支，而是按干线或支线运输合理的要求进行适当加工，从而大大提高运输及运输转载水平。

7.7.4　加工和节约相结合

节约能源、节约设备、节约人力、节约耗费是流通加工合理化重要的考虑因素，也是目前我国设置流通加工、实现其合理化的较普遍形式。

7.7.5　加工和配套结合

在对配套要求较高的流通中，配套的主体来自各个生产单位，但是，完全配套有时无法全部依靠现有的生产单位，进行适当的流通加工，可以有效促成配套，大大提高流通的"桥梁与纽带"的作用。

对于流通加工合理化的最终判断，是看它是否取得了最优效益。对流通加工企业而言，与一般生产企业的一个重要不同之处是流通加工企业更应树立社会效益第一的观念，只有在以"补充完善"为己任的前提下才有生存的价值。如果只是追求企业的微观效益，不适当地进行加工，甚至与生产企业争利，这就有违于流通加工的初衷，或者其本身已不属于流通加工范畴了。

❓ 思考练习

1. 什么是包装？包装有什么功能？
2. 简述防湿、防霉、防震包装技术。
3. 包装合理化的途径是什么？
4. 流通加工有何功能？
5. 流通加工的主要方式有哪几种？
6. 如何实现流通加工合理化？

案例分析

泡沫填充袋保障运输

作为 Thomson 集团公司一个组成部分的 Thomson Learning 公司，坐落在美国肯塔基州，是一家世界领先的计算机教学公司。该公司专门生产计算机领域的文本教材、在线课件等教学材料，以及其他能够促进有效学习的产品。最近，Thomson Learning 公司在提高包装品质方面下了工夫，改用 Scaled Air 公司生产的填充在包装袋内的泡沫包装来运输自己的产品。通过这项改变，Thomson Learning 公司对存放包装材料的空间需求减少了 446 平方米，降低了劳动力成本，并使包装产品所需的时间缩短了 25%。

1. 项目背景

目前，在 Thomson Learning 公司位于美国肯塔基州的占地面积为 8 万平方米的工厂中，8 条主要的包装生产线上都配备了向包装袋中填充泡沫的包装系统。该种保护性的、在包装袋内填充泡沫的包装也提高了包装区域的生产能力和吞吐量。而且尤为重要的是，还减少了产品因为损坏而被退回事件的发生。因为泡沫体积最大可以膨胀 280 倍，形状与其内容物相一致，形成了一个保护性的衬垫。

很显然，Thomson Learning 公司在寻找高品质包装方式时要考虑的一个重要问题是保护性能。公司每天包装并运输大量的物品，包括了教科书、光盘、评估和测试材料，以及许多其他在运输过程中必须安全稳定的产品。虽然他们以前使用的松散填充包装也可以提供缓冲作用，具有保护性，但是不能达到 Thomson Learning 公司所需要的缓冲级别。使用松散填充材料，一般每天必须向悬挂的料斗中补充原料三次。这项工作要求操作工将生产线停下来，放低料斗，加入松散填充材料，再将料斗升起归位。这是一个非常耗时的过程，每条生产线在一天中都要被迫暂停数分钟。

2. 案例介绍

用散装箱包装的可膨胀泡沫可以被存放在包装区域的外面。只要触碰一下按钮，安装在地面上的 0.48 米、高度可调节的包装袋填充泡沫设备就会分配出一定量的 Instapakw 聚氨酯泡沫，注入一个由 Sealed Air 公司出品的 Instamate（R）牌聚乙烯薄膜密封袋中。这种高强度的包装袋在运输容器中膨胀，与所装的产品形状相一致，使货物在运输过程中更稳定，避免了来回移动和碰撞。

SpeedyPacker 只是 Sealed Air 公司的系列产品中的一个，这些系统使用 Instapak 出品的泡沫，泡沫的体积能够膨胀到液态时体积的 280 倍。几秒钟之内，就在包装作业线上，这种填充在包装袋内的泡沫衬垫将 Thomson Learning 公司的学习材料固定在运输箱内的位置上，有助于降低产品在运输中被损坏的风险。根据被包装的产品不同，SpeedyPacker 系统可将包装袋料卷定制成 6 种袋长和不同的泡沫量，每分钟最多可以生产 21 个包装袋。

Thomson Learning 公司的维护经理 Dick Adams 先生说，Thomson Learning 的工厂进行了 240 个小时（大约 6 个月）的运输测试，他们在向加利福尼亚州和波士顿的顾客运输用瓦楞纸板运输箱包装的产品时，使用了 Instapak 出品的填充了泡沫的包装袋作为缓冲材料。征求顾客对新包装反馈意见的顾客回执卡片被加在每个运输箱中。

结果顾客给这个新的向包装袋中填充泡沫的包装方法打出了很高的分数。由于包装袋中填充有泡沫的衬垫为产品提供的保护作用，订购的货物能够以更好的状态抵达，因而 Thomson Learning 公司被退回来的产品减少了。另外，Thomson Learning 公司工作在包装作业线上的员工给该系统打出的分数是 A+。

3. 案例分析

包装的首要功能就是保护商品，本案例中需要保护的商品是文本教材、在线课件等教学材料，对这些商品的保护主要侧重于防止商品破损变形。这就要求包装能承受冲击、振动、颠簸、压缩、摩擦等各种力的作用。比如，在搬运装卸作业中，由于操作不当包装跌落，造成落下冲击；又比如，仓库储存堆码，使最低层货物承受强大的压力；再比如，由于运输或其他环节的冲击震动，跳起后又落下，都要求包装有足够的强度。因此，选择合适的包装材料对保护产品尤为重要。本案例中，包装材料是填充泡沫，这种包装材料有效地固定了商品，避免物品在箱体内来回移动，同时又是一种非常好的抗冲击的材料。

Thomson Learning 公司为提高向包装袋内填充泡沫这一包装方式的工作效率，引进了先进的包装技术和设备，不仅实现了工作效率的极大提高，还节省了存放包装材料的仓库空间，更主要的是先进的包装技术和设备的使用降低了包装的成本，包装质量得到进一步提升，为 Thomson Learning 公司赢得了更多的客户。

案例思考

1. 所包装的商品除了要防止其破损变形之外，还需防止哪些状况的出现？试分别举例说明。

2. 包装技法有哪些种类？本案例中 Thomson Learning 公司为其生产的文本教材、在线课件等教学材料提供了哪种类型的包装技法？

3. Speedy Packer 系统是如何帮助 Thomson Learning 公司降低包装成本的？

第 8 章　物流信息与导航定位装备

 引导案例

在海尔的销售体系中，专卖店的管理是重中之重，这是因为专卖店直接和客户交流。专卖店的所作所为直接关系到海尔的声誉、形象。专卖店所产生的影响也是其他销售方式不能替代的。通过专卖店的销售可以产生直接的经济效益，加强对其管理可以增大效益，减少投入。一系列的要求促使海尔应用了二维条码技术。北京某科技有限公司根据海尔的要求，把握其固有的特点，为海尔量身定做了一套二维条码管理系统，使得海尔专卖店的作用得到了充分的发挥。

8.1　条形码扫描识读设备

8.1.1　条形码的分类

1. 一维条形码的分类

1949 年，美国人 Bernard Siliver 和 N. J .Woodland 首先发明了条码技术，后经不断发展与完善，条码被广泛应用在生产和管理的各个领域，极大地提高了整条供应链的效率。在物流过程中，利用条码技术，可以实现数据的自动采集、自动识别。在商品从供应商到消费者的整个物流过程中，都可以通过条码来实现数据共享，使信息的传递更加方便、快捷、准确，使整个物流系统的经济效益得到提高。条形码的码制有几十种之多，常用的有下面几种。

1）UPC 码

1973 年，美国率先在国内的商业系统中应用了 UPC 码，之后加拿大也在商业系统中采用了 UPC 码。UPC 码是一种长度固定的连续型数字式码制，其字符集为数字 0～9。它采用四种元素宽度，每个条或空是 1、2、3 或 4 倍单位元素宽度。UPC 码有两种类型，即 UPC-A 码和 UPC-E 码。

2）EAN 码

1977 年，欧洲经济共同体各国按照 UPC 码的标准制定了欧洲物品编码 EAN 码，与 UPC

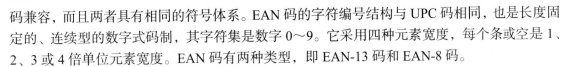

码兼容，而且两者具有相同的符号体系。EAN 码的字符编号结构与 UPC 码相同，也是长度固定的、连续型的数字式码制，其字符集是数字 0～9。它采用四种元素宽度，每个条或空是 1、2、3 或 4 倍单位元素宽度。EAN 码有两种类型，即 EAN-13 码和 EAN-8 码。

3）交叉 25 码

交叉 25 码是一种长度可变的连续型自校验数字式码制，其字符集为数字 0～9。采用两种元素宽度，每个条和空是宽或窄元素。编码字符个数为偶数，所有奇数位置上的数据以条编码，偶数位置上的数据以空编码。如果为奇数个数据编码，则在数据前补一位 0，以使数据为偶数个数位。

4）39 码

39 码是第一个字母数字式码制，1974 年由 Intermec 公司推出。它是长度可变的离散型自校验字母数字式码制。其字符集为数字 0～9、26 个大写字母和 7 特殊字符（－、.、Space、/、%、+、$），共 43 个字符。每个字符由 9 个元素组成，其中有 5 个条（2 个宽条、3 个窄条）和 4 个空（1 个宽空、3 个窄空），是一种离散码。

5）库德巴码

库德巴码（Code Bar）出现于 1972 年，是一种长度可变的连续型自校验数字式码制。其字符集为数字 0～9 和 6 个特殊字符（－、.、/、%、+、$），共 16 个字符。常用于仓库、血库和航空快递包裹中。

6）128 码

128 码出现于 1981 年，是一种长度可变的连续型自校验数字式码制。它采用四种元素宽度，每个字符有 3 个条和 3 个空，共 11 个单元元素宽度，又称（11，3）码。它有 106 个不同条形码字符，每个条形码字符有三种含义不同的字符集，分别为 A、B、C。它使用这 3 个交替的字符集可将 128 个 ASCII 码编码。

7）93 码

93 码是一种长度可变的连续型字母数字式码制。其字符集成为数字 0～9、26 个大写字母、7 个特殊字符（－、.、Space、/、%、+、$）及 4 个控制字符。每个字符有 3 个条和 3 个空，共 9 个元素宽度。

8）49 码

49 码是一种多行的连续型、长度可变的字母数字式码制。出现于 1987 年，主要用于小物品标签上的符号。采用多种元素宽度，其字符集为数字 0～9、6 个大写字母、7 个特殊字符（－、.、Space、/、%、+、$）、3 个功能键（F1、F2、F3）和 3 个变换字符，共 49 个字符。

9）其他码制

除上述码外，还有其他的码制，如 1977 年发明的 25 码（主要用于电子元器件标签）、1971 年发明的 Plessey 码（主要用于图书馆）等。

各种常见条形码的对比如表 8-1 所示。

2．二维条形码

一维条码自出现以来，发展速度很快，极大地提高了数据录入和采集的效率。但是一维条码的信息容量很小，如商品上的条码仅能容纳几位或几十位阿拉伯数字或字母，在应用中，更多的是对"物品"进行标识，而不是对"物品"进行描述。对商品的详细描述只能依赖数据库提供，在没有数据库和不便联网的地方，一维条码的使用受到了较大的限制，有时甚至变得毫无意义。另外，在用一维条码表示汉字时，十分不方便，且效率很低。基于上述原因，人们迫切希望发明一种新的码制，除具备一维条码的优点外，同时还有信息容量大、可靠性高、保密防伪性强等优点。为了满足人们的这种需求，美国 Symbol 公司经过几年的努力，于 1991 年正式推出名为 PDF417 的二维条码，简称为 PDF417 条码（Portable Data File 417），即"便携式数据文件"，如图 8-1 所示。二维条码主要用于以下几个方面：电子商务中的单证；证件（如护照、身份证、驾驶执照等）；物流中心、仓储中心等的物品盘点；商业机密、政治情报、军事机密、私人信函等。

表 8-1　各种常见条形码的各项指标比较

项目	UPC 码	EAN 码	交叉 25 码	39 码	库德巴码	128 码	93 码	49 码
长度	固定	固定	可变	可变	可变	可变	可变	可变
连续	连续	连续	离散	离散	连续	连续	连续	连续
支持符号	数字式	数字式	自校验数字式	字母数字式	自校验数字式	自校验数字式	字母字母数字式	字母字母数字式
字符集	0~9	0~9	0~9、A~Z、-、/、+、%、$、Space、.	0~9、-、/、+、%、$、Space、.	0~9、-、/、+、%、$、.	ASCII 码	0~9、A~Z。-、/、+、%、$、Space、.	0~9、A~Z、-、/、+、%、$、Space、.、F1、F2、F3
元素宽度	四种	四种	两种	多种可变	多种可变	四种	多种可变	多种可变

　　二维条形码的特点与一维条码相比，二维条码具有以下的特点。

　　（1）信息容量大。根据不同的条空比例每平方英寸可以容纳 250 到 1100 个字符。在国际标准的证卡有效面积上（相当于信用卡面积的 2/3，约为 76 毫米 × 25 毫米），如 PDF417 条码可以容纳 1848 个字母字符或 2729 个数字字符，约 500 个汉字信息，比普通条码信息容量高几十倍。

图 8-1　PDF417 码示意图

　　（2）编码范围广。二维条码可以将照片、指纹、掌纹、签字、声音、文字等凡可数字化的信息进行编码。

　　（3）保密、防伪性能好。二维条码具有多重防伪特性，它可以采用密码防伪、软件加密，以及利用所包含的信息如指纹、照片等进行防伪，因此具有极强的保密防伪性能。

　　（4）译码可靠性高。普通条码的译码错误率约为百万分之二左右，而二维条码的误码率不超过千万分之一，译码可靠性极高。

　　（5）修正错误能力强。二维条码大多采用了数学纠错技术，如 PDF417 条码采用了世界上最先进的数学纠错理论，如果条码由于玷污、破损等造成信息丢失，只要破损面积不超过 50%，照常可以被破译出来。

　　（6）条码符号的形状可变。同样的信息量，二维条码的形状可以根据载体面积及美工设计等进行自我调整。

8.1.2　条形码的结构

一维条码是由不同宽度、不同反射率的"条"和"空"，按照一定的编码规则（码制）编制而成的，条码信息靠"条"和"空"的不同宽度和位置来传递，信息量的大小是由条码的宽度和印刷的精度来决定的，条码越宽，包容的"条"和"空"越多，信息量越大；条码印刷的精度越高，单位长度内可以容纳的"条"和"空"越多，传递的信息量也就越大。这种条码技术只能在一维方向上通过"条"与"空"的排列组合来存储信息，所以叫一维条码。每种类型的条码都有固定的编码容量和条码字符集。其中，"条"指对光线反射率较低的部分，"空"指对光线反射率较高的部分。因为计算机只能识读二进制数据，所以条码符号作为一种为计算机信息处理而提供的光电扫描信息图形符号，也应满足计算机二进制的要求。通常对于每种物品，它的编码是唯一的。对于普通的一维条码来说，还要建立与商品信息对应的数据库，条码作为标识代码的信息，其具体含义要在相应的数据库中查找。

一个完整的条形码的组成从左到右依次为：左侧静区、起始字符、左侧数据字符、分隔字符（主要用于 EAN 码）、右侧数据字符、校验字符、终止字符、右侧静区，如图 8-2 所示。

图 8-2　条形码符号结构

（1）两侧静区（左侧静区、右侧静区）：条码左右两端外侧与"空"的反射率相同的限定区域，它能使阅读器进入准备阅读的状态，当两个条码之间距离较近时，静区则有助于对它们的区分，静区的宽度通常应不小于 6 毫米（或 10 倍模块宽度）。

（2）起始字符/终止字符：位于条码开始和结束的若干条与空，标志条码的开始和结束。其为辅助码，不代表任何信息，逻辑形态为 101，其中 1 代表细黑，0 代表细白。

（3）数据字符（左侧数据字符、右侧数据字符）：位于条码中间的条、空结构，包含条码所表达的特定信息。

（4）分隔字符：为辅助码，用来区分左侧数据码与右侧数据码，其逻辑形态为 01010。

（5）校验字符：数据字符之后是校验字符。它通过对数据字符的一种算术运算，对所译出的条码进行校验，以确认所阅读信息的正确性。

（6）导入值：为 EAN-13 的最左边第一个数字，即国家代码的第一码，是不用条码符号表示的，其功能仅作为左侧数据码的编码设定之用。

（7）前缀码（国家代码）：国际编码组织已分配给各国的国家号码。

导形码中的其他项目不再详述。

8.1.3　条形码扫描识读设备

要将按照一定规则编译出来的条形码转换成有意义的信息，需要经历扫描和译码两个过程。物体的颜色是由其反射光的类型决定的，白色物体能反射各种波长的可见光，黑色物体则吸收各种波长的可见光，所以当条形码扫描器光源发出的光在条形码上反射后，反射光照射到条码扫描器内部的光电转换器上，光电转换器根据强弱不同的反射光信号，转换成相应的电信号。根据原理的差异，条形码扫描器可以分为光笔、红光 CCD、激光、影像四种，扫描条码时，电信号输出到条码扫描器的放大电路，增强信号之后，再送到整形电路将模拟信号转换成数字信号。白条、黑条的宽度不同，相应的电信号持续时间长短也不同。主要作用就是防止静区宽度不足。然后译码器通过测量脉冲数字电信号 0、1 的数目来判别条和空的数目，通过测量 0、1 信号持续的时间来判别条和空的宽度。此时所得到的数据仍然是杂乱无章的，要知道条形码所包含的信息，则需根据对应的编码规则，将条形符号换成相应的数字、字符信息。最后，由计算机系统进行数据处理与管理，物品的详细信息便被识别了。

1. 条码扫描器概述

目前，条码识读设备虽然种类繁多，但大体上可分为两大类，即在线式阅读器和便携式阅读器。在线式阅读按其功能和用途，又可分为多功能阅读器和条码类在线式专用阅读器。在线式阅读器一般直接接由交流电源供电。在线式阅读器除具有识别等多种常用码制条码的功能外，根据不同需要还可增加可编程功能、可显示功能及多机联网通信功能等。而便携式阅读器则配有数据存储器，通常由电池供电，当数据收集后，先把数据存储起来，然后将上万个条码信息转储到服务器。便携式阅读器广泛应用于仓库管理、商品盘点及各种野外作业中。

扫描器作为阅读器的输入装置，发展也很快，大体上可分为接触式、非接触式、手持式和固定式扫描器等。目前常用的有笔式、CCD 式和激光式等。下面简单介绍几种常见的条码扫描器。

1）笔式扫描器

顾名思义，笔式扫描器是笔形的扫描器，笔头装有光敏元件（如图 8-3 所示）。扫描方式为：在条码符号上从左到右，或从右到左将笔式扫描器进行移动而实现条码信息的读取。扫描时，操作员手持扫描器，以一定的速度移动。数据的读取是由扫描决定的，当光笔通过斑点或缺损位置时无法读取。对于有弯曲面的商品，条码的读取也很困难。若操作者没有经验，也容易造成首次读取失败。尽管这种扫描器在操作时存在一定的局限

图 8-3　笔式扫描器

性，但它价格低廉、坚固耐用和小巧灵活，因而目前应用仍较为普遍。

2）手持式扫描器

手持式扫描器具有小型、宜于使用的特点（如图 8-4 所示）。阅读时只需将读取头（光源）接近或轻触条码即可进行自动读取。手持式扫描器所使用的光源有激光（氦-氖激光、半导体激光）和可见光 LED（发光二极管）。LED 类扫描器又称 CCD 扫描器，激光手持式扫描器又

称激光枪。由于激光枪、CCD 扫描器具有性能稳定、价格适中、识读率高、使用简便等优点，目前在条码扫描系统中应用最为普遍。

3）台式扫描器

台式扫描器的用途很广，大都固定安装在某个位置上，用来识读在某一范围内出现或通过的条码符号。图 8-5 所示为用于超级市场 POS 系统的台式激光扫描器，这种扫描器对条码的方向没有要求，又称全方位扫描器，读取距离为几厘米到几十厘米。

图 8-4　手持式扫描器

图 8-5　台式扫描器

由于台式激光扫描器具有性能稳定、扫描速度快等优点，目前在超级市场 POS 系统中应用最为普遍。为方便在不同场合的使用，现在台式激光扫描器的形状也多式多样。

4）卡槽式扫描器

卡槽式条码扫描器（如图 8-6 所示）是一种用于人员考勤管理的条码扫描器，手持带有条码符号的卡片在卡槽划过时即可实现读取。目前在厂矿、宾馆、会议考勤管理等方面得到广泛的应用。

5）便携式数据采集器

便携式数据采集器是为适应一些现场数据采集（如扫描笨重物体的条码符号）而设计的，适合于脱机使用的场合（如图 8-7 所示）。它是将扫描器带到物体的条码符号前扫描，因此又称手持终端机或盘点机。它由电池供电，扫描与数据传输不同步，它有自己的内部存储器，可以储存一定量的数据，并在适当的时候将这些数据传输给计算机。几乎所有的便携式数据采集器都有一定的编程能力，可以满足不同场合的应用需要。

图 8-6　卡槽式扫描器

图 8-7　便携数据采集器

2. 条码扫描器的选择

选择条码扫描器之前，要了解扫描设备的几个主要技术参数，然后才可根据应用的要求，对照这些参数选取适用的产品。

1）分辨率

对于一维、二维条码扫描器的阅读系统而言，分辨率为正确检测读入的最窄条符的宽度。

145

选择扫描器时，并不是扫描器的分辨率越高越好，而是应根据具体应用中使用的条形码密度来选取具有相应分辨率的阅读设备。使用中，如果所选扫描器的分辨率过高，则条符上的污点、脱墨等对系统的影响将更为严重。

2）扫描景深

扫描景深指的是在确保可靠阅读的前提下，扫描头允许离开条形码表面的最远点距离与扫描器可以接近条形码表面的最近点距离之差，也就是条形码扫描器的有效工作范围。有的条形码扫描设备在技术指标中未给出扫描景深指标，而是给出扫描距离，即扫描头允许离开条形码表面的最短距离。

3）扫描宽度

扫描宽度指的是在给定扫描距离上扫描光束可以阅读的条形码信息物理长度值。有些场合所使用的条码标签比较宽，使用一般的扫描器难以阅读。这时候就需要选择宽幅的一维、二维条码扫描器了。

4）扫描速度

扫描速度是指单位时间内扫描光束在扫描轨迹上的扫描频率。例如，工业生产流水线上，传送带上的物品包装上有条形码标签，而选择固定扫描器的时候，需要能准确快速地阅读到传送带上的每个标签，如果识别速度达不到，则不能"胜任"。

5）一次识别率

一次识别率表示的是首次扫描读入的标签数与扫描标签总数的比值。例如，每读入一个条形码标签的信息需要识别两次，则一次识别率为50%。从实际应用角度考虑，当然希望每次阅读都能通过，但遗憾的是，由于受多种因素的影响，要求一次识别率达到100%是不可能的。

应该说明的是：一次识别率这一测试指标只适用于手持式光笔扫描识别方式。如果采用激光扫描方式，光束对条形码标签的扫描频率高达每秒数百次，通过扫描获取的信号是重复的。

6）误码率

顾名思义，就是产生错误的概率。无论是一维还是二维条码扫描器都不可能做到每次阅读百分之百准确，难免会出现一些差错。对于一个条形码系统来说，误码率是比一次识别率更重要的指标。这就需要在选择扫描器的时候，要根据实际情况来选择误码率较低的设备。

7）工业级别

工业级别是反映一个工作环境的参数，特别是生产用的场合一定要注意使用环境是否与扫描枪的工业级别匹配。

3．条形码打印机

条形码打印机是用来打印可以粘贴到其他物体上的条形码标签的打印机，如图8-8所示。条形码打印机有两种不同的打印机技术：热敏及热转换。直接热敏打印机的打印头通过加

图8-8　条形码打印机

热使特殊打印纸发生化学变化转变成黑色。热转换打印机也使用加热的方法，但是它不是在纸张上发生反应，而是通过熔化色带上的蜡或树脂从而打印到标签上，高温将墨水从色带转

印到纸张上。直接热敏打印机通常价格较低，但是所打印的产品标签如果置于高温、阳光直射或化学气体的环境中很容易就变得模糊。

8.2　射频识别设备

8.2.1　RFID 系统的构成

射频识别技术（Radio Frequency Identification，RFID）是一种无线通信技术，可以通过无线电信号识别特定目标并读写相关数据，而无需识别系统与特定目标之间建立机械或光学接触。RFID 并不是一个崭新的技术，最早可以追溯至第二次世界大战时期，那时它被用来在空中作战行动中进行敌我识别。经过多年的发展，13.56 MHz 以下的 RFID 技术已相对成熟，目前业界最关注的是位于中高频段的 RFID 技术，特别是 860～960 MHz（UHF 频段）的远距离 RFID 技术发展最快；而 2.45 GHz 和 5.8 GHz 频段由于产品拥挤，易受干扰，技术相对复杂，其相关的研究和应用仍处于探索的阶段。

最基本的 RFID 系统由标签、阅读器和天线三部分组成。

1. 标签

标签（Tag）由耦合元件及芯片组成，每个标签具有唯一的电子编码，一般保存有约定格式的电子数据，在实际应用中电子标签附着在待识别物体的表面。标签相当于条码技术中的条码符号，用来存储需要识别传输的信息。另外，与条码不同的是，标签必须能够主动或被动地把存储的信息发射出去。标签一般是带有线圈、天线、存储器与控制系统的低电集成电路。典型的标签结构如图 8-9 所示。

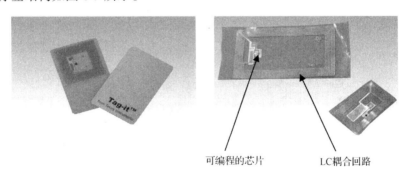

可编程的芯片　　　　　LC耦合回路

图 8-9　电子标签及内部结构

按照不同的分类标准，标签有多种分类。

1）主动式标签与被动式标签

在实际应用中，必须给标签供电才能工作，虽然它的电能消耗是非常低的（一般是百万分之一毫瓦级）。按照标签获取电能的方式不同，可以把标签分成主动式标签与被动式标签。

（1）主动式标签。主动式标签内部自带电池进行供电，电能充足，工作可靠性高，信号传送的距离远。主动式标签可以通过设计电池的不同寿命对标签的使用时间或使用次数进行限制，可以用在需要限制数据传输量或使用数据有限制的地方，如一年内标签只允许读写有限次。主动式标签的缺点主要是标签的使用寿命受到限制，而且随着标签内电池电力的消耗，数据传输的距离会越来越小，影响系统的正常工作。

（2）被动式标签。被动式标签内部不带电池，要靠外界提供能量才能正常工作。被动式标签典型的产生电能的装置是天线与线圈，当标签进入系统的工作区域，天线接收到特定的电磁波，线圈就会产生感应电流，再经过整流电路给标签供电。被动式标签具有永久的使用期，常常用在标签信息需要每天读写多次或频繁读写的地方，而且被动式标签支持长时间的数据传输和永久性的数据存储。被动式标签的缺点主要是数据传输的距离要比主动式标签短。因为被动式标签依靠外部的电磁感应来供电，它的电能就比较弱，数据传输的距离和信号强度就受到限制，需要敏感性比较高的信号阅读器才能可靠识读。

2）只读标签与可读可写标签

（1）只读标签。只读标签内部只有只读存储器 ROM（Read Only Memory）和随机存储器 RAM（Random Access Memory）。ROM 用于存储发射器操作系统说明和安全性要求较高的数据，与内部的处理器或逻辑处理单元完成内部的操作控制功能，如响应延迟时间控制、数据流控制、电源开关控制等。另外，只读标签的 ROM 中还存储有标签的标识信息，这些信息可以在标签制造过程中由制造商写入 ROM 中，也可以在标签开始使用时由使用者根据特定的应用目的写入特殊的编码信息。这种信息可以只简单地代表二进制中的 0 或 1，也可以像二维条码那样，包含丰富的复杂信息。但这种信息只能一次写入，多次读出。只读标签中的 RAM 用于存储标签反应和数据传输过程中临时产生的数据。另外，只读标签中除了 ROM 和 RAM 外，一般还有缓冲存储器，用于暂时存储调制后等待天线发送的信息。

（2）可读可写标签。可读可写标签内部的存储器除了 ROM、RAM 和缓冲存储器之外，还有非活动可编程记忆存储器。这种存储器除了存储数据的功能外，还具有在适当的条件下允许多次写入数据的功能。非活动可编程记忆存储器有许多种，EEPROM（电可擦除可编程只读存储器）是比较常见的一种，这种存储器在加电的情况下，可以实现对原有数据的擦除及数据的重新写入。

2. 阅读器

阅读器（Reader）是读取（有时还可以写入）标签信息的设备，可设计为手持式或固定式。阅读器通常包含一个射频模块（发射器和接收器）、一个控制单元和一个与收发器的耦合单元（如图 8-10 所示）。另外，某些阅读器还包含其他数据接口（RS 232、RS 485、TCP/IP 等），以便将数据转发到其他系统（计算机、机器人控制系统等）。

图 8-10　阅读器

3. 天线

天线（Antenna）是标签与阅读器之间传输数据的发射、接收装置。在实际应用中，除了系统功率外，天线的形状和相对位置也会影响数据的发射和接收，需要专业人员对系统的天线进行设计、安装。

8.2.2　RFID 原理与特点

1．RFID 的工作原理

读写器通过天线发送出一定频率的射频信号，当 RFID 标签进入读写器工作场时，凭借感应电流所获得的能量发送出存储在芯片中的产品信息（Passive Tag、无源标签或被动标签），或者由标签主动发送某一频率的信号（Active Tag、有源标签或主动标签）；阅读器接收到来自标签的载波信号，对接收的信号进行解调和解码后送至计算机主机进行处理；计算机系统根据逻辑运算判断该标签的合法性，针对不同的设定做出相应的处理和控制，发出指令信号；RFID 标签的数据解调部分从接收到的射频脉冲中解调出数据并送到控制逻辑，控制逻辑接收指令完成存储、发送数据或其他操作（如图 8-11 所示）。

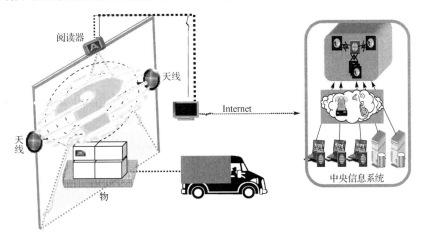

图 8-11　RFID 工作原理

2．RFID 特点

RFID 射频识别是一种非接触式的自动识别技术。它通过射频信号自动识别目标对象并获取相关数据，识别工作无须人工干预，可工作于各种恶劣环境中。RFID 技术可识别高速运动物体并可同时识别多个标签，操作快捷方便。RFID 的优点突出体现在如下几个方面。

（1）无接触识别阅读距离远，有效识别距离更大，采用自带电池的主动标签时，有效识别距离可达到 30 米以上。

（2）识别速度快，输入 12 位数据的时间只有 0.3～0.5 秒。

（3）可识别高速移动中的物体。

（4）可穿过布、皮、木等材料阅读。

（5）可以同时对多个物体进行识读。

（6）抗恶劣环境工作能力强，可全天候工作。

8.2.3　电子不停车收费系统（ETC）

电子不停车收费系统（Electronic Toll Collection，ETC），是指车辆在通过收费站时，通过车载设备实现车辆识别、信息写入（入口）并自动从预先绑定的 IC 卡或银行账户上扣除相应资金（出口），是国际上正在努力开发并推广普及的一种用于道路、大桥、隧道和车场管理的电子收费系统。其处理流程为：车辆进入通信范围内，读写天线与电子标签和 CPU 卡进行通信，判别车辆是否有效，如有效则进行交易，无效则报警并封闭车道，直到车辆离开检测线圈。如交易完成，系统控制栏杆抬升，通行信号灯变绿，费额显示牌上显示交易金额，车辆通过自动栏杆下的落杆线圈后，栏杆自动回落，通行信号灯变红，系统等待下一辆车进入，如图 8-12 所示。

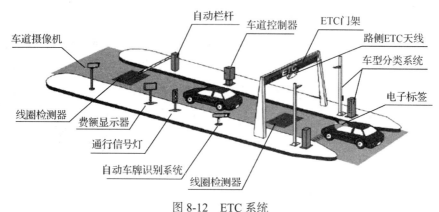

图 8-12　ETC 系统

8.3　POS 系统

8.3.1　POS 系统及构成

POS（Point of Sale）即"销售时点"，是一种多功能终端，安装在信用卡的特约商户和受理网点中，与计算机联成网络，能实现电子资金自动转账。POS 具有支持消费、预授权、余额查询和转账等功能，使用起来安全、快捷、可靠。

POS 的主控机就是一台微型计算机，包括显示器、键盘、卡读写设备、网络接口等，如图 8-13 所示。卡读写设备接受用户的信用卡，读取用户信息，网络接口用于和银行的主机或网络相连，传输信息。凭证打印机将交易的内容，如购物名称、消费金额、账号等打印出一个凭证，交与用户作为收费完成的依据。

多数 POS 为保护储蓄卡或信用卡持有者的利益，一般都设置 PIN（Personal Identification Number）识别方式来鉴别卡持有人是否为原合法所有者，以防止窃取盗用。银行发卡时会让用户输入并记录一个号码作为用户密码，这个密码就是 PIN。持卡人在 POS 消费时必须先敲入这个 PIN，POS 通过银行网络将 PIN 和信用卡账号核对无误后才允许用户进行消费。这个输入 PIN 的主设备就是用户密码键盘。

除了以上几部分外，许多 POS 还配有条码阅读器、钱箱等部件。现在许多商店靠条形码来识别、分辨商品，既准确又

图 8-13　收银式 POS

可靠，这样条码阅读器就必不可少了。有的 POS 除了接受储蓄卡或信用卡外，还可以让普通

用户直接用现金付款，因而这种 POS 配有钱箱。另外，有的 POS 还配有顾客显示牌，供顾客观看交易结果。总之，虽然 POS 的厂家和用途不同，外形和组成的差别也比较大，但其核心是一致的，即都是用来收款的。

先进的 POS 融入了商店自动化的内容，在 POS 软件中加入了库存管理、进货管理和销售管理等功能，POS 从单一的收款机变成融收款和管理于一体的高性能系统。

8.3.2　POS 系统的类型

POS 分为三种类型：简易授权型专用终端、转账终端和收银式 POS。

（1）简易授权型专用终端，包括卡读器、键盘、显示器和内置网卡，起沟通银行主机和持卡人的作用。这种终端操作简单，能有效防止人工输入，自动查找黑名单；通过网络即可将磁卡上的资料及键盘输入的金额送往银行主机，银行主机处理后授权 POS 进行交易，通过联机方式提高系统的可靠性和保密性。实际上，用户（持卡人和特约商户）是通过这种类型的终端直接跟银行主机进行交易。POS 主要起到信息传输作用，所以这种终端重点在其网络部分。

（2）转账终端除用作信用卡授权以外，还具有查询余额、转账、冲账、清算等多种功能。转账终端一般带有密码键盘和收据打印机，比起授权终端，保密性和灵活性提高了许多，目前转账终端正逐渐替代授权终端。

（3）收银式 POS 是最高档的 POS，其本身是一台微型计算机，带钱箱、读卡机、收据打印机及流水账打印机，如图 8-13 所示。它可以将现金账和信用卡账同时汇总，在完成每笔交易的同时，将库存、销售会计等项目同时更新，给商户带来更大的方便。这种 POS 综合了计算机技术、通信技术和机械技术，使收款机从早期单纯的信息采集工具进化为多功能的信息处理工具，因而对 POS 本身和商户的自动化水平提出了比较高的要求。

以上三种类型的 POS，从简易授权型到收银式，结构越来越复杂，功能也越来越齐全，反映了 POS 发展的一个趋势。同时，随着 POS 终端提供功能的增多，持卡用户或普通现金、支票用户到商户购物消费也更加方便。

8.4　卫星导航定位概述

8.4.1　卫星导航系统概述

目前，世界上有 4 个卫星导航定位系统，分别是美国的 GPS、俄罗斯的 GLONASS、中国的 COMPASS 和欧盟的 GALILEO 系统。

1．GPS（Global Positioning System）简介

GPS 系统的前身为美军研制的一种子午仪卫星定位系统（Transit），该系统于 1958 年开始研制，1964 年正式投入使用。Transit 用 5 到 6 颗卫星组成的星网工作，每天最多绕过地球 13 次，并且无法给出高度信息，在定位精度方面也不尽如人意。然而，子午仪系统使得研发部门对卫星定位取得了初步的经验，并验证了由卫星系统进行定位的可行性，为 GPS 系统的研制埋下了铺垫。

1973 年，美国国防部批准其海陆空三军联合研制新一代卫星导航系统，即授时和测距导航卫星，或称全球定位系统（Navigation Satellite Timing and Ranging/Global Positioning System, NAVSTAR/GPS），简称 GPS 系统。GPS 系统采用延时测距的被动式导航机制，能够为地球表面和近地空间的广大用户提供全天候、全天时、高精度的三维位置、三维速度和一维时间的 7 维定位、导航和授时服务，用户的数量没有任何限制。1978 年 2 月发射第一颗 GPS 卫星，1994 年 3 月 24 颗卫星构成的星座部署完毕，GPS 系统正式建成，系统总共耗资 200 亿美元。GPS 开始时只用于军事目的，现在也广泛应用于商业和科学研究上。

2. GLONASS（格洛纳斯系统）简介

GLONASS 系统由前苏联在 1976 年组建，1991 年组建成具备覆盖全球的卫星导航系统，苏联解体后由俄罗斯政府负责运营。但随着俄罗斯经济不断走低，系统的导航卫星得不到补充，同时，因失修等原因使系统陷入崩溃的边缘，最严重时，仅 6 颗卫星正常工作。随着俄罗斯的经济逐渐好转，系统卫星在数目上基本上得到完善。据俄罗斯《消息报》2013 年 1 月报道，俄自主研制的格洛纳斯全球卫星导航系统将在近期内正式投入使用，相关方离共同做出启用决定仅一步之遥。届时，格洛纳斯卫星导航系统将再次启用 24 颗卫星并实现信号全球覆盖（24 颗卫星分布在 3 个轨道平面上，每个轨道面有 8 颗卫星）。该系统目前共有 31 颗卫星在轨，除 24 颗实现全球信号覆盖的卫星外，3 颗卫星进行技术维护，2 颗卫星处于备用轨道，1 颗卫星（格洛纳斯-K）进行飞行测试，1 颗卫星备用。

3. COMPASS（北斗卫星导航系统）简介

北斗卫星导航系统的发展目标是对全球提供无源定位，与全球定位系统相似。在计划中，整个系统将由 35 颗卫星组成，其中 5 颗是静止轨道卫星，以与使用静止轨道卫星的北斗卫星导航试验系统兼容。目前已成功发射的 4 颗北斗导航试验卫星和 17 颗北斗导航卫星，将在系统组网和试验的基础上，逐步扩展为全球卫星导航系统。该系统可在全球范围内全天候、全天时为各类用户提供高精度、高可靠的定位、导航、授时服务并兼具短报文通信能力。中国以后生产定位服务设备的生产商，都将会提供对 GPS 和北斗卫星系统的支持，这将会提高定位的精确度。

4. GALILEO（伽利略卫星导航系统）简介

伽利略卫星导航系统（Galileo Satellite Navigation System），是由欧盟研制和建立的全球卫星导航定位系统，该计划于 1999 年 2 月由欧洲委员会公布，欧洲委员会和欧空局共同负责。系统由轨道高度为 23616 千米的 30 颗卫星组成，其中 27 颗工作星、3 颗备份星。卫星轨道高度约 2.4 万千米，位于 3 个倾角为 56 度的轨道平面内。2014 年 8 月，伽利略全球卫星导航系统第二批一颗卫星成功发射升空，太空中已有的 6 颗正式的伽利略系统卫星，可以组成网络，初步发挥地面精确定位的功能。

欧盟发展伽利略卫星导航系统可以减少欧洲对美国军事和技术的依赖，打破美国对卫星导航市场的垄断。

8.4.2 GPS 的构成

GPS 系统包括以下三大部分。

（1）空间部分——GPS 卫星星座。GPS 卫星星座由 21 颗工作卫星和 3 颗在轨备用卫星组成，轨道高度为 20200 千米，每颗卫星都配备有精度极高的原子钟（30 万年的误差仅为 1 秒），12 恒星时（11 小时 58 分 2.05 秒）绕地球一周；24 颗卫星均匀分布在 6 个轨道平面，彼此夹角为 60°。每 4 颗卫星工作在同一轨道平面内，各卫星的间隔为 90°。各轨道平面相对于赤道平面的倾角度为 55°，如图 8-14 所示。GPS 空间卫星的这种分布方式，可以保证在地球上的任何地点都能连续同步地观测到至少 4 颗卫星，从而提供全球范围从地面到 2 万千米高空之间任一载体高精度的三维位置、三维速度和系统时间信息的服务。

（2）地面控制部分——地面监控系统。地面监控系统由均匀分布在美国本土和三大洋的美军基地上的 1 个主控站、3 个数据注入站和 5 个监测站构成。这些子系统的功能是对空间的卫星系统进行监测、控制，并向每颗卫星注入更新的导航电文。

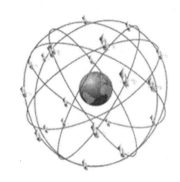

图 8-14 GPS 卫星轨道示意图

主控站位美国科罗拉多的联合空间执行中心，是整个 GPS 系统的核心，其功能是：为全系统提供时间基准；监视、控制卫星的轨道；处理监测站送来的各种数据；编制各卫星星历；计算和修正时钟误差及电离层对电波传播造成的偏差；当卫星失效时及时调用备用卫星等。

3 个注入站分别设在大西洋、印度洋和太平洋的 3 个美国军事基地上。注入站的任务是将主控站计算出的卫星参数发送给卫星，同时向主控站发射信号，每分钟报告一次自己的工作状态。

5 个监测站分别设在主控站、3 个注入站及夏威夷岛。监测站负责对诸卫星进行连续跟踪和监视，测量每颗卫星的位置和距离差，采集气象数据，并将观测数据传送给主控站进行处理，5 个监控站均为无人值守的数据采集中心。

（3）用户设备部分——GPS 信号接收机。GPS 信号接收机硬件和机内软件及 GPS 数据的后处理软件包，构成完整的 GPS 用户设备。GPS 信号接收机能捕获、跟踪卫星，接收放大 GPS 信号，并对信号进行解调和滤波处理，还原出 GPS 卫星发送的导航电文，解算信号在站星间的传播时间和载波相位差，实时地获得导航定位数据或采用后处理的方式，获得定位、测速、定时等数据。GPS 信号接收机按使用环境可分为低动态接收机和高动态接收机；按所要求的精度可分为 C/A 接收机和双频精码（P 码）接收机。

8.4.3 GPS 信号精度

美国政府在 GPS 的最初设计中，为了测量卫星至接收机的伪距，卫星发射三种伪随机码（简称伪码）信号，即 C/A 码、P 码与 Y 码，分别调制在两个载频上发射。C/A 码——粗测/捕获码，为民间用户提供标准定位服务（SPS）；P 码——精密码，为美国军方用户和特许的用户提供精密定位服务（PPS）。最初预计 C/A 码的定位精度约为 400 米，但由外场试验结果表明，定位精度可达到 15～40 米，而测速精度达到每秒零点几米。美国政府出于自身安全的考虑，于 1991 年在 Block Ⅱ 卫星上实施了可用性选择（Selective Availability，SA）政策，其目的就是降低 GPS 的定位精度。SA 通过控制卫星钟和报告不精确的卫星轨道信息来实现。它包括两项技术：第一项技术是将卫星星历中轨道参数的精度降低到 100 米左右；第二项技术是在 GPS 卫星的基准频率上施加高抖动噪声信号，而且这种信号是随机的，从而导致测量出来的伪距误差增大。通过这两项技术，美国国防部把精度降低到 100 米（水平位置）和 156 米（高度），测速精度为 0.3 米/秒，定时精度 340 纳秒。

P 码是保密码，但 P 码的编码方式已公开。为了严格限制非特许的用户使用 P 码，美国在 1994 年 1 月 31 日在卫星上实施了反电子欺骗（Anti Spoofing，AS）的技术措施，将 P 码进一步加密编译成 Y 码。Y 码是 P 码与一个被称为 W 码的密码模二相加而成的。这样，倘若敌方发射虚假的 P 码信号进行电子欺骗，使美方产生错误定位，美方只要采用装有选择 Y 码附加芯片的 P 码接收机，不接收这种假信号，就可达到防止电子欺骗的目的。

2000 年 5 月 2 日，美国政府基于两种考虑放弃了 SA 政策。一是其国内和国外的应用需求及国际竞争的需要，希望保持 GPS 的国际领先地位，同时成为国际标准的战略性策略；二是美国已经具备新的阻断敌对方利用民用信号对其发动攻击的能力，尤其是在局部区域内的控制使用能力。

8.4.4　GPS 定位原理

1. 卫星定位的基本原理

每个太空卫星在运行时，任一时刻都有一个坐标值来代表其位置所在（已知值），接收机所在的位置坐标为未知值，而太空卫星的信息在传送过程中，所需耗费的时间，可经由比对卫星时钟与接收机内的时钟计算出来，将此时间差值乘以电波传送速度（一般定为光速），就可计算出太空卫星与使用者接收机间的距离，如此就可依三角向量关系来列出一个相关的方程式。每接收到一颗卫星就可列出一个相关的方程式，因此在至少收到三颗卫星信息后，即可计算出平面坐标（经纬度）值，如图 8-15 所示。

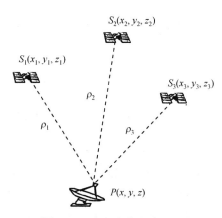

图 8-15　GPS 定位基本原理

用距离交会的方法求解 P 点的三维坐标（x,y,z）的观测方程为：

$$\rho_i = [(x_1 - x)^2 + (y_1 - y)^2 + (z_1 - z)^2]^{\frac{1}{2}} \qquad (i=1,2,3) \qquad (8\text{-}1)$$

式中，ρ_i 是由卫星发射的测距码信号到达 GPS 接收机的传播时间乘以光速所得出的量测距离。但这是伪距，不是卫星与 GPS 接收机的几何距离，用 ρ' 表示。

$$\rho' = c \cdot \Delta t \qquad （含有各种误差） \qquad (8\text{-}2)$$

2. 伪距法定位

伪距法定位是指由 GPS 接收机在某个时刻测出四颗以上的 GPS 卫星的伪距及已知的卫星位置，采用空间距离后方交会的方法求得接收机所在点的三维坐标。

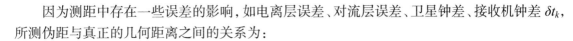

因为测距中存在一些误差的影响，如电离层误差、对流层误差、卫星钟差、接收机钟差 δt_k，所测伪距与真正的几何距离之间的关系为：

$$\rho = \rho' + \delta\rho_1 + \delta\rho_2 + c\delta t^i - c\delta t_k \qquad （8\text{-}3）$$

式中，ρ ——卫星与 GPS 接收机的几何距离；

  ρ' ——伪距；

  $\delta\rho_1$ ——电离层误差，可根据大气物理参数及一定的数学模型计算求得；

  $\delta\rho_2$ ——对流层误差，可根据大气物理参数及一定的数学模型计算求得；

  δt^i ——第 i 颗卫星的钟差（卫星时间与理想 GPS 时间的差），可根据卫星星历求得；

  δt_k ——接收机钟差（接收机时间与理想 GPS 时间的差，未知）。

由于 δt_k 也需通过方程求出，所以，要增加一个方程，式（8-1）可修改为：

$$[(x^i - x)^2 + (y^i - y)^2 + (z^i - z)^2]^{\frac{1}{2}} + c(\delta t_k - \delta t^i) = \rho'_i + \delta\rho_1 + \delta\rho_2 \quad （i=1,2,3,4） \qquad （8\text{-}4）$$

列出 4 个方程可求解 4 个未知数：x、y、z、δt_k，从而可进行定位。

8.4.5　导航定位系统在物流管理中的应用

1. 用于车辆定位、跟踪调度、线路规划

车辆导航将成为未来全球卫星定位系统应用的主要领域之一，利用 GPS 和电子地图可实时显示车辆的实际位置，对配送车辆和货物进行有效的跟踪，指挥中心可监测区域内车辆的运行状况，对被测车辆进行合理调度，还可随时与被跟踪目标通话，实行远程管理。路线规划分自动和手动两种。自动路线规划是由驾驶员确定起点和终点，由计算机软件按照要求自动设计最佳行驶路线，包括最快的路线、最短的路线、通过高速公路路段次数最少的路线等。手动路线规划是驾驶员根据自己的目的地设计起点、终点和途经点等，自己建立路线库。路线规划完毕后，系统能够在电子地图上设计路线，同时显示车辆运行途径和方向。

2. 用于铁路运输管理

我国铁路系统开发的基于 GPS 的计算机管理信息系统，可以通过 GPS 和计算机网络实时收集全路列车、机车、车辆、集装箱及所运货物的动态信息，可实现列车、货物的跟踪管理。只要知道货车的车种、车型、车号，就可以立即从近 10 万千米的铁路网上流动着的几十万辆货车中找到该货车，还能得知这辆货车在何处运行或停在何处及所有的车载货物信息。铁路部门运用这项技术极大地提高了路网及运营的透明度，为货主提供了更高质量的服务。

3. 用于船队最佳航程和安全航线的测定、航向的实时调度和监测

远洋运输的船舶利用 GPS 导航，可以提高运输的能力和效率；在内河的运输中可利用 GPS 来改善航运条件，如三峡工程就利用 GPS 来对船队进行导航。

4. 用于空中交通管理、精密进场着陆、航路导航和监视

GPS 的精度远优于现有任何航路使用的导航系统，这种精度的提高和连续性服务的改善有助于有效利用空域，实现最佳的空域划分和管理、空中交通流量管理及飞行路径管理，为空中运输服务开辟了广阔的应用前景，同时也降低了营运成本，保证了空中交通管理制度的灵活性。GPS 的全球、全天候、无误差积累的特点，更是中、远航线上最好的导航系统。国

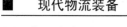
际民航组织提出，在 21 世纪将用未来导航系统 FANS（Future Air Navigation System）取代现行航行系统。FANS 是一个以卫星系统实现飞机导航的系统。

5. 用于信息查询和紧急救援

在电子地图上根据需要进行查询，将被查询目标的位置在电子地图上显示出来，指挥中心可利用监测控制台对区域内任何目标的所在位置进行查询，车辆信息以数字形式在控制中心的电子地图上显示。通过 GPS 定位和监控管理系统对遇有险情或发生事故的配送车辆进行紧急援助，监控台的电子地图可显示求助信息和报警目标，规划出最优援助方案，通过声、光警示值班员实施紧急处理。

6. 用于军事物流

全球卫星定位系统首先是为军事目的而建立的，在军事物流中，如后勤装备的保障等方面，应用相当普遍。尤其是在美国，其在世界各地驻扎的大量军队，无论是在战时还是在平时，都对后勤补给提出很高的需求。在战争中，如果不依赖 GPS，美军的后勤补给就会变得一团糟。在 2003 年的伊拉克战争中美军依靠 GPS 和其他顶尖技术，以强有力的、可见的后勤保障，为取得战争的快速胜利奠定了坚实的基础。目前，我国军事部门也在运用我国自主研发的北斗卫星导航系统。

8.5　地理信息系统

8.5.1　GIS 的构成

GIS 主要由 5 部分构成：计算机硬件系统、软件系统、地理空间数据、使用与管理人员（用户）和应用模型，如图 8-16 所示。其中，计算机硬件系统和软件系统提供了工作环境；地理空间数据是 GIS 应用优劣的核心；使用与管理人员决定了系统的工作方式；应用模型提供了解决专门问题的理论和方法。

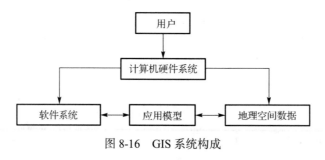

图 8-16　GIS 系统构成

1. 计算机硬件系统

计算机硬件系统一般由计算机与一些外围设备组成，其中特殊的是数据输入设备。因为地理信息系统中的数据都是数字式的，而系统外部的信息大部分是模拟式的（如地图、表格、影像等），因此必须通过模拟形式向数字形式的转换输入到系统内部。根据各种模拟形式的不同，其输入设备也多种多样，现在使用较多的有矢量数字化仪、图形扫描仪、遥感全球定位系统等。同样，输出设备也主要是一些能够显示或输出图形的设备，如图形终端显示器、绘图机、打印机、磁介质硬拷贝机、可擦写光盘及多媒体输出装置等，以图形、图像、文件、报表等不同形式显示数据的分析处理结果。

2. 软件系统

GIS 软件系统是 GIS 的核心组成，直接关系到 GIS 的功能。它主要有 3 部分，即 GIS 软件平台、应用系统和空间数据库。这里的软件平台主要处理数据的输入与转换、图形及文本编辑、数据存储与管理、空间查询与分析及数据输出与表达等；而应用系统是用于完成特定应用任务的系统，与 GIS 软件平台紧密相连。应用系统作用于各类空间数据上，构成 GIS 的各种应用；空间数据库是 GIS 的重要组成部分，是系统分析加工的对象，是 GIS 表达现实世界的内容。

事实上，GIS 软件的主要功能是实现空间数据输入/输出管理、空间数据库管理、空间数据处理和分析等。

3. 地理空间数据

地理空间数据是地理信息系统的操作对象与管理内容。GIS 必须建立在准确使用地理空间数据的基础上，因此地理空间数据也是 GIS 的重要组成部分。数据来自地图数字化、专业采集、遥感图像解析，或者从其他数据转换得到。数据的类型主要有两大类：空间数据和非空间的属性数据。

（1）空间数据。空间数据用来确定图形和制图特征的位置，是以地球表面空间位置为参照的。空间数据反映了两个方面信息：一是几何坐标，即在某个已知坐标系中的位置，如经纬度、平面直角坐标、极坐标下的位置；二是拓扑关系，即实体间的空间相关性，表示点、线、网、面等实体之间的空间关系，如网络节点与网络之间的枢纽关系、边界线与面实体间的构成关系、面实体与岛或内部点的包含关系等。

（2）非空间的属性数据。非空间的属性数据用来反映非几何属性，即与几何位置无关的属性，主要是与地理实体相联系的地理变量或地理意义。非几何属性可以分为两方面信息：一是定性属性，包括名称、类型、特性等，如土壤种类、岩石类型、土地利用等；二是定量属性，包括数量和等级等，如土地面积、人口数量、土地等级、水土流失量等。

4. 使用与管理人员（用户）

GIS 是一个动态的地理模型，是一个复杂的人机系统。因此，在包含了系统硬件、软件和数据结构之外，GIS 必须处于相应的机构或组织环境内，需要人员进行系统组织、管理、维护、数据更新、系统扩充等。所以，系统的使用与管理人员是 GIS 中的重要因素。

5. 应用模型

GIS 应用模型的构建和选择是 GIS 应用系统成败的至关重要因素。它是在对专业领域的具体对象与过程大量研究的基础上总结出的规律，GIS 应用就是利用这些模型对大量空间数据进行分析综合来解决实际问题的，如基于 GIS 的物流系统分析模型、车辆追踪模型等。应用模型是 GIS 技术产生社会经济效益的关键所在，也是 GIS 生命力的重要保证，因此，在 GIS 技术中占有十分重要的地位。

8.5.2 GIS 在物流管理中的应用

1. GIS 在仓库规划中的应用

由于 GIS 本身是把计算机技术、地理信息和数据库技术紧密相结合起来的新型技术，其特征非常适合仓库建设规划，从而使仓库建设规划走向规范化和科学化，使仓库建设的经费得到最合理的运用。仓库 GIS 作为仓库 MIS 系统中的一个子系统，用地理坐标、图标的方式更直观地反映仓库的基本情况，如仓库建筑情况、仓库附近公路和铁路情况、仓库物资储备情况等，是仓库 MIS 系统的一个重要分支和补充。作为仓库规划的 GIS 应用系统，主要解决两个方面的问题：一是解决仓库建设的规划审批的问题；二是必须解决能为规划师和上级有关部门提供辅助决策功能的问题。从仓库整个的宏观规划来说，它还可以解决仓库的宏观布局问题。可将 GIS 应用系统与企业内部管理系统结合，增强信息系统的整体功能。

2. GIS 在铁路运输中的应用

铁路运输有鲜明的地理特点，如客运站、货运站、货运代办点、客票代售点等为点特征，铁路干线、运输专用线等为线特征，货物分布区、货物吸引区、乘客分布区、乘客吸引区等为面特征，在地理信息系统中可分别以点、线、面表示。再加上行政区划分公路、水系等基础专题图，建立各种统计数据库，如国民收入、货物流向及流量、旅客流向及流量、货运销售额、客运销售额等数据，还包括资源信息（人口、面积、工业产值、农业产值、矿产资源、旅游资源等），以及资源和环境开发的近期和远景规划，然后制定出各种数据的项目及编码，形成铁路运输地理信息系统的数据字典。铁路运输地理信息系统便于销售、市场、服务和管理人员查看客运站、货运站、货运代办点、客运代办点之间的相对地理位置，运输专用线和铁路干线之间的相对地理位置，并用不同颜色和填充模式来区分各种表达信息，使用户看到销售区域、影响范围、最大客户、主要竞争对象、人口状况及分布、工农业统计值等，由此综合可看到增加运输收入的潜在地区，从而扩大延伸服务。通过这种可视方式，更好地制定市场营销和服务策略，有效地分配市场资源。

思考练习

1. 常用的条形码识读设备有哪几种？
2. RFID 系统的原理是什么？
3. GPS 系统由哪几部分组成？
4. GPS 系统的定位原理是什么？
5. GIS 由哪几部分构成？
6. 空间数据分为哪几类？

案例分析

中海北方物流有限公司物流信息系统

1. 中海北方物流有限公司概况

中海北方物流有限公司（以下简称"公司"）是中海集团物流有限公司所属的八大区域

物流公司之一。公司注册资金 5000 万元人民币，管理着东北地区 18 家子公司、分公司、办事处和 50 个配送网点。其业务涵盖物流策划与咨询、企业整体物流管理、海运、空运、码头、集装箱场站、铁路班列运输、集卡运输、仓储配送等。

公司建有现代化的集装箱场站和码头，通过集团发达的国际、国内集装箱航线，可将货物运抵国内任意指定港口和国际各主要港口；拥有集装箱冷藏班列，独立经营着冠名为"中国海运一号"大连—长春内外贸集装箱班列；组建了实力强大的集卡车队和配送车队，拥有配备 GPS 系统的集卡拖车 200 余辆、配送车 50 辆，构成了纵贯东北内陆的陆上运输体系，可将货物运往东北任意的指定地点。

公司在大连港建有 10 万平方米的现代化物流配送仓库，采用以条形码技术为核心的信息管理系统，配有国际先进的物流仓储设备，并以大连为中心，按照统一标准在各主要城市建有二、三级配送中心，形成了辐射东北三省的梯次仓储配送格局。公司的冷藏低温仓库，成为新鲜瓜果蔬菜存储、加工、包装、分拨和配送的中心。

公司具有多年的物流服务经验，吸纳了国内一流的物流人才，拥有完备的物流硬件设备，具有较强的物流策划与实施能力。公司恪守"使客户满意，使客户的客户也满意"的服务宗旨，遵循"5R"原则，提供"安全、优质、便利、快捷"的整体优化服务。

2．公司业务流程（如图 8-17 所示）

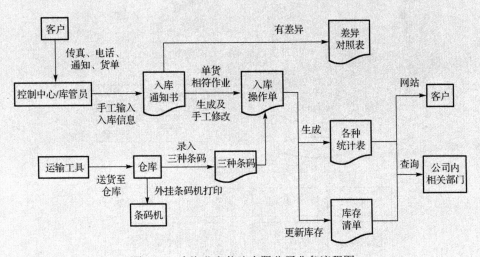

图 8-17　中海北方物流有限公司业务流程图

3．物流信息系统简介

中海北方物流有限公司的物流信息系统是以 Intranet / Extranet / Internet 为运行平台，以客户为中心，以提高物流效率为目的，集物流作业管理、物流行政管理、物流决策管理于一体的大型综合物流管理信息系统。系统由电子商务系统、物流企业管理系统、物流作业管理系统和客户服务系统组成：

（1）电子商务系统使客户通过 Internet 实现网上数据的实时查询和网上下单；

（2）物流企业管理系统对企业的财务、人事、办公等进行管理，对数据进行统计、分析、处理，为企业提供决策支持；

（3）物流作业管理系统通过集成条形码技术、GPS／GSM 技术、GIS 技术等物流技术，实现物流作业、管理、决策的信息化；

（4）客户服务系统为客户提供优质的服务。

其整体构架如图 8-18 所示，而实际应用流程如图 8-19 所示。

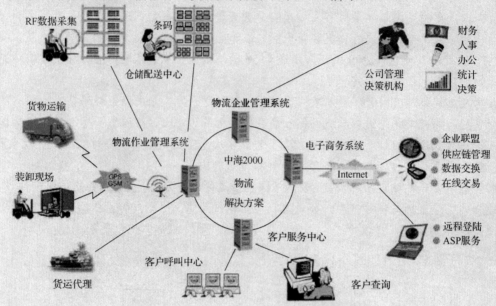

图 8-18　中海北方物流有限公司物流信息系统

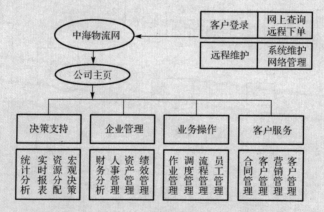

图 8-19　物流管理信息系统实际应用流程

4. 实施作用

通过实施这套基于 Internet／Intranet 的物流信息系统，中海北方物流有限公司可以高效率、低成本地提供下列服务。

1）综合物流服务

在数字仓库网络和数字配送体系的基础上，从事专业物流业务，包括为客户提供全过程物流解决方案，组织全国性及区域性的仓储、配送、加工、分销、国际货运代理、信息等综合物流服务，为客户选择合理的运输及配送方式，以最低的物流成本提供最佳的物流服务。

2）销售增值服务

充分利用数码仓库和数码配送体系的服务优势，整合销售资源，分行业建立生产商直销系统，消除销售环节的不合理现象，为大型生产企业提供销售增值服务。

以网上交易为手段进行资源整合，提供物流支持，全面发展电子商务业务，利用先进的互联网技术帮助企业提高其经营效率，降低经营成本，提高客户的满意度，使买卖双方获得更多的贸易机会，在提高市场运作效率的基础上发展销售增值服务。

3）采购增值服务

面向采购环节，积极挖掘市场，以企业采购、政府采购工程为服务对象，提供适应现代采购业务需要的物流支持和相关服务。

4）信息系统增值服务

这部分增值服务可分为以下两个部分。

（1）信息增值服务。充分利用信息系统建设所产生的货物流量、流向及价格等信息资源，进行市场客户化工作，为客户提供实时的信息发布与查询，向社会各界提供有偿的市场信息服务。

（2）物流软件增值服务。依托数字仓库应用系统和数字配送应用系统平台，面向企业客户提供从专家咨询、系统规划、网络集成、软件的客户化、用户培训、数据准备、系统交付到系统维护的一整套的全面 ASP（应用服务提供商）服务，最终协助用户实现成功的物流、商流和资金流的管理。

案例思考

1. 中海北方物流有限公司的物流信息系统采用了何种先进的物流信息技术？
2. 中海北方物流有限公司的物流信息系统是如何支持其业务发展的？

Chapter 9

第9章 港口物流装备

 引导案例

　　自1994年开港以来，深圳盐田港集装箱吞吐量平均每年以47%的速度增长，已发展成为我国四大国际深水中转港之一。

　　盐田港港口物流的资源配置模式为"物流基础平台+专业物流中心+信息中心"的模式。港区物流平台是物流的载体，是一个包括诸多因素的复杂网络体系，涉及铁道、水运、公路、仓库、场站、管理体制、信息水平等相关因素。首先是基础设施类，包括铁路、公路与航线网络、管道网络、仓库、物流中心、配送中心、站场、停车场、港口与码头、信息网络设施等。其次是设备类，包括物流中心、配送中心内部的各种运输工具、装卸搬运机械、自动化作业设备、流通加工设备、信息处理设备及其他各种设备。再次是标准类，如物流术语标准、托盘标准、包装标准、卡车标准、集装设备标准、货架标准、商品编码标准、商品质量标准、表格与单证标准、信息交换标准、仓库标准、作业标准等。

9.1 港口物流概述

9.1.1 港口物流的含义

　　在现代物流体系的发展中，港口因处于陆运和水运两大运输系统的结合点上，具有对各种物流活动进行组织、协调、衔接及配送、仓储、保税、通关、加工等流程服务的优势，成为现代物流业的桥头堡和国际贸易的重要服务基地与货流分拨配送中心。因此，现代国际港口自然发展成为国际物流中心。实现港口物流化，将功能单一的传统港口发展成为物流园区或物流中心，是现代港口建设和发展的一个重要方向。

　　港口物流就是以港口的运输和中转为主要功能，实现货物运输、仓储、配送、加工改装、包装、通关、商检、保险和信息交换等商品全程供应链服务。物流化的港口不再只有货物装卸的简单功能，由于采用现代化的通信技术和自动化运输、仓储技术，将各种现代化运输方式汇集到港口，以便将货物转运到海外和内陆的广阔腹地去，这时港口成为了交通运输枢纽，发挥着转运功能。以现代化的运输为主线，将仓储、包装、配送、加工、信息服务等多种物流功能集成化，使港口从交通枢纽转变为内涵更广、层次更高的物流网络节点。货物不仅能在物流网络上畅通流动，而且可根据顾客的需求，开展流通加工服务，通过加工服务使货物在港口转运过程中增值，从而达到提升港口功能的目的。港口物流是一个综合体系，包括信息化、自动化、网络化等层面的内容。

从严格意义上说，港口物流并不是指现代物流活动的一个基本类型，但是在现代物流体系中，港口作为物流过程中的一个不可替代的重要节点，完成了整个物流系统中的许多基本服务和衍生的增值服务。因此，"港口物流"是一个实践意义大于理论意义的概念，在国外也有"Port Logistics"之称。

9.1.2　港口物流特点

以现代港口为依托的港口物流，由于其物流中心的独特的地理位置，呈现出以下一些特点。

1. 港口物流在国际物流链中居于中心地位

港口在现代物流发展中，有着许多独特的优势，在综合物流服务链中处于特殊的地位。港口物流具有不可替代的经济运输功能，港口是水陆运输的枢纽，又是水运货物的集散地、远洋运输的起点和终点。港口以其大进大出的集疏运能力和较好的物流网络基础，成为现代物流业的主导和重点。国际贸易中货运量的90%以上靠海运完成，因而港口在整个运输链中总是最大量货物的集结点。港口是水陆两种运输方式衔接的唯一节点，港口的建设和服务水平是整个物流链能否顺畅运转的关键。

经济一体化使得港口在属地经济的重要性进一步得到加强，各地政府都十分重视对港口的投资，使得港口一般都拥有比较先进的装卸设备、面积相当的堆场和仓库、先进的生产组织系统及良好的集疏运条件，这些优势的存在进一步为港口拓展物流服务奠定了良好的硬件基础。

2. 港口物流的发展与腹地经济发展密切相关

现代物流是一种综合物流，港口作为现代物流业的中心，只是国际物流链上的一个组成部分，依赖于整个现代物流发展的综合环境。对于港口物流而言，腹地经济的发展水平、规模及该地区的人口密度都会直接影响港口物流的吞吐量。另外，腹地的交通运输体系是影响港口物流的另一重要因素。世界上大多数城市都十分重视港口的发展，并制定以港兴城的发展战略，鼓励和扶持港口的发展，使港城关系更为密切。

3. 港口物流具有集散效应

港口是国际运输体系的节点，因国际货物的装卸和转运产生了装卸公司、船运公司和陆地运输公司等；又因船舶的停靠产生了船舶燃料供给、船舶修理和海运保险；在货主和船运公司之间还形成了无船承运人、货物代理和报关代理等中介公司。随着现代物流的形成和发展，围绕港口形成了以物流增值作业为特色的物流园区和物流中心。一个港口城市与国际物流相关的企业林林总总多达数千家，物流产值占GDP的比例越来越大。依托港口建立的发达物流体系，可以为区域经济的发展提供可靠的低成本物流支持，增强城市的辐射能力和影响力。港口物流的发展使港口周边聚集大量加工企业，进而产生临港加工区，成为区域经济的增长点。港口物流的发展给城市带来大量的资金流、人流和信息流，为形成地区性的金融中

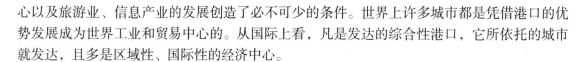

心以及旅游业、信息产业的发展创造了必不可少的条件。世界上许多城市都是凭借港口的优势发展成为世界工业和贸易中心的。从国际上看,凡是发达的综合性港口,它所依托的城市就发达,且多是区域性、国际性的经济中心。

4.港口物流面临较其他物流更加激烈的直接竞争

随着国际贸易的迅速发展,航运竞争日趋激烈,船舶大型化、高速化和集装箱化成为必然的发展趋势,各港口竞相发展物流中心,港口物流之间的竞争日益激烈。

(1)当今港口的竞争已从传统的腹地货源的竞争,转向以现代物流为特征、以吸引船运公司和发展多式联运为重点、以信息服务和全程服务为主要手段的综合竞争,其核心是从货源转向物流。由于腹地高速公路、铁路和内河航道运输网络的建设,传统的腹地概念已经被打破,物资的流动性、迁移性和蔓延性得到强化。同一区域内或邻近区域内的主要港口对货主和船运公司来说已不存在距离上的优劣,而主要看各港口的服务,尤其是港口物流的水平。

(2)大的航运企业插足港口物流的竞争。在过去的十几年里,航运企业所面对的激烈竞争使得航运企业较之港口更早地认识到开展现代物流的重要性,并花大力气拓展物流服务。国际上著名的航运大企业一般都是大跨国公司的全球物流承运人和代理人,因此航运企业,尤其是大的国际航运联盟选择哪些港口作为其物流分拨基地,或作为其物流经过的口岸,对这些港口的兴衰至关重要。那些拥有优良的物流基础的港口将成为大的航运企业客户的首选。例如,全球吞吐量最大的港口鹿特丹,由于其有效的服务和完善的腹地交通,大量的货物在港口通过高效的内陆运输网进行中转,运抵欧洲各国。

5.港口物流的发展体现整个国家物流发展的总水平

港口由于其独特的地理优势及比较完备的硬件设施,形成了既有的先天优势。港口汇集了大量的货主、航运企业、代理企业、营销商等,成为物流、人流、技术流、资金流的交汇中心。同腹地物流相比,港口物流的实践者比较容易接受到最先进的技术和管理理念。港口作为国际物流链的中心,使得这些先进的技术与管理通过物流链渗透到腹地,进而对腹地物流乃至整个国家物流的发展起到带头和示范的作用。由此可见,一国港口物流的发展水平很大程度上决定了整个国家物流的发展水平。

9.1.3 现代港口物流发展趋势

世界经济一体化和贸易自由化进程的加快,使物流的内涵和外延不断扩大,在此背景下,现代港口物流具有以下发展趋势。

1.大物流

港口物流综合了国际物流所有服务要素,能提供多方位、多层次的物流服务,所以被称为综合物流体系或大物流体系。经济一体化必将促使港口物流向国际化、规模化、系统化发展,港口物流产业内部通过联合规划与作业形成高度整合的供应链通道关系。

2.一体化

现代国际港口依托港口附近的物流园区开展一体化的物流服务,是港口物流最显著的特点。它提供货物在港口、海运及其他运输过程中的最佳物流解决方案,包括腹地运输、报关、报检、包装、库存管理和提供金融、保险等方面的整合服务。

3．虚拟链

信息化是港口物流的基本特点。现代港口是一个重要的信息中心，汇集了大量的货源信息、技术信息、服务信息。港口物流必然是建立在港口物流信息平台基础上的高效虚拟供应链，供应链的任何一个节点都能达到资源、信息共享，实现总体功能最优化的物流服务目标，依托虚拟链形成涵盖全球的虚拟港。

9.2　港口码头规划布置

9.2.1　一般码头平面布置

码头前沿线的平面布置，取决于建设地点的自然条件及船舶靠离作业和陆上货物集疏、储存作业等营运要求，常见的布置形式有顺岸式、突堤式、挖入式和离岸式。

1．顺岸式

码头前沿线与自然岸线大致平行或呈较小角度的布置形式，如图 9-1 所示。这种布置的好处在于后方可以有较大的陆域面积，以便布置堆场和仓库及其他辅助设施，这种形式是常见的码头布置形式。

2．突堤式

码头的前沿线布置成与自然岸线有较大角度的形式，如图 9-2 所示，大连、天津、青岛等港口均采用了这种形式。其优点是在一定的水域范围内可以建设较多的泊位；缺点是突堤宽度往往有限，每个泊位的平均库场面积较小，作业不方便。

图 9-1　顺岸式码头平面布置形式

图 9-2　突堤式码头平面布置形式

3．挖入式

码头布置在由陆域内开挖的港池中，这种布置形式占用自然岸线较短，可以布置较多的泊位，泊位比较紧凑集中，如图 9-3 所示。在大型的河港及河口港中较为常见，如德国汉堡港、荷兰的鹿特丹港等。挖入式港池布置，也适用于潟湖及沿岸低洼地建港，利用挖方填筑陆域，有条件的码头可采用陆上施工。近年来日本建设的鹿岛港、中国的唐山港均属这一类型。

4. 离岸式

离岸式码头是为了适应现代大型油轮或散装货船靠泊而建设的码头，如图 9-4 所示，常布置在离岸较远的深水区，一般为敞开式，不设防波堤，遇大风浪天气，泊位停止作业，船舶暂时离开码头。

离岸式码头结构一般采用墩式结构，输油管线可铺设在码头与岸连接的栈桥上，也可由铺设在海底的钢管通至岸上，前者称为栈桥式码头，后者则称为岛式码头。在同一港中，可能两种布置形式并用，形成复合布置。

图 9-3　挖入式码头平面布置形式

图 9-4　离岸式码头平面布置形式

9.2.2　综合性港口的专业区平面布置

通常除了小港和专业化港口外，综合性港口常根据货物种类、数量、船舶类型、货物流向、集疏运条件、港口自然条件和码头平面布置，将港口码头划分为如图 9-5 所示的不同的专业区。

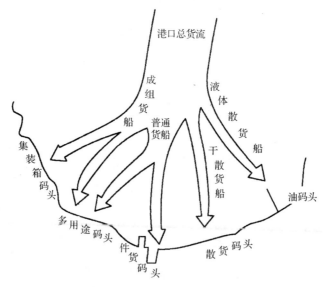

图 9-5　港口作业区划分示意图

因为我国绝大多数客运船舶为客货兼用船，所以客运码头可规划成客货兼用码头。客运码头一般靠近普通件杂货码头区，应尽可能使客运区与城市广场、滨海公园等结合起来，并与城市中心区及铁路、公路、航空站间有方便的交通联系。

集装箱码头交通运输频繁，需要相当广阔的码头用地，所以要选择在能充分保证码头用地并与公路干线连接良好的地点。另外应注意到大型集装箱船需靠泊深水泊位。

工业港区一般位于港区的尽头，并和城市规划工业用地结合。散货港区由于大型散货船的停靠点需在深水区，一般设在船舶运向工业港的途中；同时考虑某些货物装卸区有粉尘及不良气味，应选择在相对城市及其他装卸区的常风向的下侧。

木材多选择在具有广阔的水域且较僻静处贮放，在河港中一般位于港区的上游。

装卸石油的专用码头（或石油作业区）应尽量位于非油类码头常风向或强流向的下侧，其安全距离一般不宜小于 300 米。

其他危险品，若数量大且货源稳定时，可设置专用危险品码头。仅当危险品数量较少时，其装卸作业才可与港区其他码头泊位混合使用，但应采用必要的安全措施，并尽量利用端部泊位；堆放危险品的库场应单独设于港区安全地带。

渔港区宜与其他港区隔离，并因渔港区的船型小，要求水域平稳，如果在出入港时间上有高峰出现，需单独设置小船航道和口门。

港口工作船、码头和停泊区多布置在靠近主要港区与港口有关系的办公区域口门附近的防波堤根部等处。

修船设施是任何大港必备的要件，一般与其他港区隔离，设于港湾端部水域平稳并有足够水深之处。

划分专业区时，还应考虑不能将彼此间具有有害影响的货种相邻。为了减小作业性质不同区域间的彼此干扰，可参照表 9-1 设置缓冲绿地。

表 9-1 缓冲绿地功能与标准

绿地功能	绿地宽度（米）
防噪音	20
防粉尘	30～40
防火防爆	50

9.3 集装箱码头主要装卸机械

9.3.1 集装箱码头概述

集装箱码头是专供停靠集装箱船舶，装卸集装箱的港口作业场所，是在集装箱运输过程中，水路和陆路运输的连接点，也是集装箱多式联运的枢纽。集装箱码头一般设有泊位、集装箱堆场、控制室、检查口、仓库、集装箱专用机械和其他专用设施。

集装箱码头企业是指使用集装箱专用机械系统，遵循一定的操作工艺，以集装箱装卸为主要业务的生产经营型企业。除此以外，还同时经营库场堆存、装拆箱业务、修/洗箱业务、货运代理业务、船务代理业务、车/驳运输业务、电子数据信息交换业务、信息咨询及其他延伸业务。

一般集装箱码头主要有三个职能：集装箱运输系统中集散站；提供集装箱堆存，是转换集装箱运输方式的缓冲地；水路集装箱运输和陆路集装箱运输的连接点和枢纽。

集装箱码头的高度机械化和高效率的大规模生产方式，要求集装箱码头同船舶共同形成一个不可分割的有机整体，从而保证高度严密的流水作业线高效运转，充分发挥集装箱码头三个主要职能的作用。集装箱码头通常应具备的必要设施有泊位、码头前沿、堆场（前方堆场、后方堆场）、集装箱货运站、控制室、集装箱维修车间、检查口等，如图 9-6 所示。

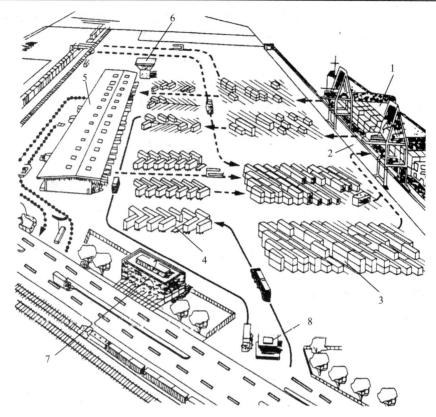

1—泊位（集装箱船）；2—码头前沿；3—前方堆场；4—后方堆场；
5—集装箱货运站；6—控制室；7—集装箱维修车间；8—检查口

图 9-6　集装箱专业码头装卸系统平面图

1. 泊位

泊位（Berth）是指在港内为了进行装卸，供船舶停泊靠岸，并有一定长度岸壁线的地方。泊位的长度和水深随停泊船舶的大小而不同。目前，世界上集装箱码头泊位的长度一般为 300 米左右，泊位水深在 11 米以上。

2. 码头前沿

码头前沿（Quay Surface）是指从码头岸壁到堆场前（防汛墙）这一部分的码头面积。由于码头前沿装有集装箱桥吊，又是进出口集装箱进行换装的主要地点，因此其宽度应根据集装箱起重机的跨距和装卸机械的种类而定。码头前沿一般由以下 3 部分构成：

（1）从岸壁线到集装箱桥吊第一条轨道（靠海侧）的距离，一般 2～3 米；

（2）桥吊的轨道（靠海侧到靠陆侧）间距离，一般 15～30 米；

（3）从桥吊第二条轨道（靠陆侧）到堆场前（防汛墙）的距离，一般 10～25 米。

由此可知集装箱码头前沿宽度一般为 30～60 米。

集装箱码头前沿除安装了集装箱桥吊和铺有桥吊轨道外，一般还备有高压和低压电箱、船用电话接口、桥吊电缆沟、灯塔等设施。码头前沿应始终保持畅通，以确保集装箱桥吊的效率。

3．堆场

堆场（Yard）是指集装箱码头内，所有堆存集装箱的场地。堆场由两部分组成：前方堆场和后方堆场。

（1）前方堆场，又称"集装箱编组场"、"调度场"、"停转场"、"排列场"、"调配场"。位于码头前沿和后方堆场之间，是为加快船舶装卸作业效率，用以堆放集装箱的场地。它的主要作用是：船到港前，预先堆放要装船出口的集装箱；卸船时，临时堆存卸船进口的集装箱。其面积占堆场总面积的比例较大，具体大小需根据集装箱码头所采用的装卸工艺系统而定，同时也因堆放的层数不同而不同。

（2）后方堆场，又称集装箱堆场，是指储存和保管空、重箱的场地，是码头堆场中除前方堆场以外的部分，包括中转箱堆场、进口重箱堆场、空箱堆场、冷藏箱堆场、危险品箱堆场等。

事实上，后方堆场同前方堆场并没有严格明显的分界线，仅仅是地理位置上的相对概念。在实际业务中，人们通常将出口箱放在码头堆场的前方，中间放中转箱，而将进口箱、冷藏箱、危险品箱、空箱放在码头堆场的后方。

上述两种堆场的场地上都画有存放集装箱的长方形格子，称为"场箱位"；并编有号码，称之为"场箱位号"（又称"箱位号"）。集装箱在堆场上的场箱位号是由行号、列号、层号的6位数字组成的，对堆存的集装箱进行位置标识。

堆场上要求有照明设备、道路交通标牌、排水明沟、冷藏箱电源插座等设施，并要求不能有妨碍码头作业或降低码头效率的任何建筑物。

4．集装箱货运站

集装箱货运站（Container Freight Station，CFS）俗称仓库，是指把货物装进集装箱内或从集装箱内取出，并对这些货物进行储存、防护和收发交接的作业场所。同传统的仓库不同，集装箱货运站是一个主要用于装拆箱作业的场所，而不是主要用于保管货物的场所。

集装箱货运站一般建于码头后方，侧面靠近码头外公路或铁路的区域。尽可能保证陆运车辆不必进入码头堆场内，而直接进出货运站。随着集装箱码头装卸量的增加，为了充分利用码头的堆场面积，也可将码头内货运站移至港外。

5．控制室

控制室（Control Tower）又称控制中心、中心控制室、控制塔、指挥塔（室），是集装箱码头各项作业的指挥调度中心。它的作用是监督、调度和指挥集装箱码头作业计划的执行。其地理位置应设置在可看到整个码头上各作业现场的地方，一般设置在码头操作或办公楼的最高层。控制室内装有电子计算机系统、测风仪及气象预报系统，并配有用于指挥码头现场作业的无线对讲机，用于监控码头作业现场的闭路电视、望远镜，以及用于对内对外联系的电话、传真机等设备。控制室是码头作业的中枢机构。

6．集装箱维修车间

集装箱维修车间（Maintenance Shop）又称修理车间，是集装箱装卸专用机械进行检查、修理和保养的地方。集装箱维修车间对于确保装卸机械的维修质量，使各种机械处于完好备用状况，提高集装箱码头效率和充分发挥集装箱运输的优越性都起着十分重要的作用。一般设置在不影响集装箱码头作业的码头后方或在保养区附近。

现代化集装箱码头作业实现了装卸、搬运机械化，根据集装箱的标准化和集装箱船的专用化要求，集装箱码头配备有专用设施和设备，了解集装箱机械设施、设备的功能和使用是进行业务管理的基础。

7．检查口

检查口（Gate House）俗称道口，又称检查桥、闸口、大门等，是集装箱码头的出入口、集装箱和集装箱货物的交接点，因而也是区分码头内外责任的分界点。由于道口是集装箱进出码头的必经之口，因此，在道口处不但要检查集装箱的有关单证，而且还要对集装箱的有关箱号、铅封号和集装箱的外表状况等进行检查。道口一般设置在集装箱码头的后方，出于保证码头机械和船舶积载的安全性，还设有地磅（又称地秤、地衡），另外还配有计算机、IC卡机等设备。

9.3.2　集装箱码头的主要装卸工艺

从国际和国内的实际营运情况来看，目前集装箱码头采用的装卸工艺主要有以下几种。

1．底盘车装卸工艺

底盘车装卸工艺方案首先由美国海陆航运公司所采用，故又称为海陆方式。由岸壁起重机械或船吊把集装箱从船上卸下，直接放在岸边的底盘车上，然后由牵引车拖到集装箱堆场，并以挂车形式整齐排列，如图9-7所示。反之，出口集装箱拖到码头后，牵引车与底盘车脱离，装载了集装箱的底盘车暂时存放在堆场上，待集装箱船进港后，由牵引车把底盘车拖到船侧，利用岸上起重机装船。该工艺最适合"门一门"运输，其特点是装卸操作次数少，集装箱破损率低，管理系统简单、节省人力。存在的不足是投资大，每个集装箱需配备一台底盘车，仅能堆放一层，需要堆场面积大，堆场利用率相对较低，装卸成本高。该系统适用于集装箱通过量小，场地大的码头。

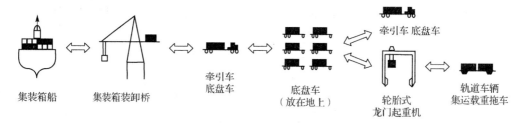

图9-7　底盘车装卸工艺方式

2．跨运车装卸工艺

该工艺首先为美国的马托松航运公司所采用，故又称为"马托松方式"。码头前沿采用岸边集装箱起重机承担船舶装卸作业，跨运车承担码头前沿与堆场之间的水平运输，以及堆场的堆码和进出场车辆的装卸作业，如图9-8所示。其特点是机动性强，能单独完成搬运、堆码和装卸车作业。不足之处是跨运车造价较高；液压件多，容易损坏，完好率低；操作视野较差，有一些死角，操作时需配备一名辅助人员；轮压大，要求场地道路承载能力高，土建投资费较大。该系统适用于进口重箱量大、出口重箱量小的码头。

图 9-8　跨运车装卸工艺方式

3. 轮胎式龙门起重机装卸工艺

码头前沿采用岸边集装箱起重机进行船舶装卸集装箱作业，轮胎式龙门起重机承担货物装卸与堆码作业，从码头前沿到堆场的集装箱水平运输由集装箱半挂列车承担，如图 9-9 所示。轮胎式龙门起重机可堆 3 或 4 层集装箱，一般跨 6 列箱和 1 列车道。轮胎式龙门起重机可从一个堆区移至另一个堆区。其特点是能有效利用堆场、设备操作简单、占用通道面积小，但灵活性不够，提取集装箱困难，组织作业复杂，初始投资较高。这种系统适用于陆域面积较小而中转量较大的码头。

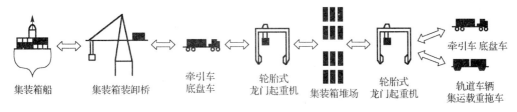

图 9-9　轮胎式龙门起重机装卸工艺方式

4. 轨道式龙门起重机装卸工艺

该系统与轮胎式龙门起重机系统的差别是堆场作业采用轨道式龙门起重机代替轮胎式龙门起重机，如图 9-10 所示。轨道式龙门起重机可堆 4～5 层集装箱，其跨距更大，可跨 14 列或更多列集装箱。其特点是堆场面积利用率高、机械维修容易、节省能源、易实现集装箱装卸自动化，但机动性差，提取集装箱、倒箱困难，初始投资也较大。本系统适用于场地面积有限，集装箱吞吐量较大的水陆联运码头。

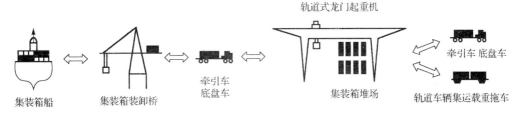

图 9-10　轨道式龙门起重机装卸工艺方式

5. 叉车装卸工艺

码头前沿采用岸边集装箱起重机装卸，码头前沿与堆场之间水平运输和货物集装箱的堆码与装卸车作业由叉车承担，如图 9-11 所示。其特点是叉车通用性强、适用普遍、机械价格便宜，但单机效率低，对路面磨损严重，场地利用率低。叉车系统主要适用于吞吐量较小的集装箱码头。

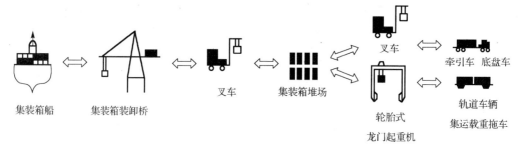

图 9-11　叉车装卸工艺方式

9.3.3　集装箱专用吊具

集装箱专用吊具的结构主要由吊具机架、吊具旋锁驱动装置、导向板驱动装置、吊具前后倾斜装置、伸缩机架驱动装置等组成。

常用的集装箱专用吊具不论结构如何，其基本工作原理是一样的，即在吊具的四角设有旋锁装置和导向装置，通过液压系统驱动旋锁与集装箱角件结合，当旋锁进入集装箱的角件孔内后，在液压系统的作用下旋锁处于闭合状态，此时就可起吊集装箱；当旋锁处于开锁状态时，旋锁可自由进出集装箱的角件孔，这时，吊具可与集装箱脱离。

按集装箱吊具的结构和吊具动作过程的不同，集装箱专用吊具可分为以下几种。

1. 固定式集装箱专用吊具

这类吊具属于直接吊装式吊具，如图 9-12 所示。常用的有 20 英尺吊具和 40 英尺吊具，分别用于起吊 20 英尺箱型和 40 英尺箱型的集装箱，它们之间不能通用。这类吊具具有结构简单、重量轻等优点。简易式集装箱专用吊架也属这类吊具。由于不能同时适用于不同箱型，操作过程中更换吊具所花费的时间较长，使用不够方便，所以，在专业化集装箱装卸作业中使用较少。

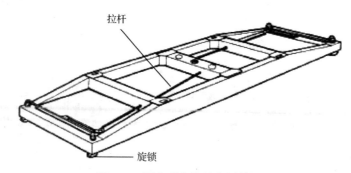

图 9-12　固定式集装箱专用吊具

2. 组合式集装箱专用吊具

组合式集装箱专用吊具是通过几种不同尺寸的固定式集装箱专用吊具组合来实现吊运集装箱的，如图 9-13 所示。组合式集装箱专用吊具主要有：吊梁式组合吊具、主从式组合吊具、双吊式吊具，其中双吊式吊具最为常用。组合式集装箱专用吊具的优点是结构简单、适应性强、自重较小（一般为 4～7 吨）。组合式吊具主要用于跨运车等堆场作业。

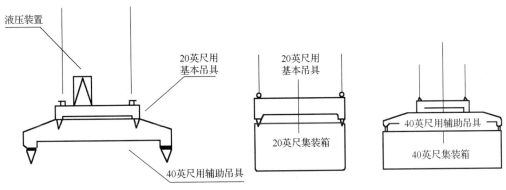

图 9-13　组合式集装箱专用吊具示意图

3．伸缩式吊具

伸缩式吊具是一种具有伸缩吊架，适用于不同箱型的吊具，如图 9-14 所示，其最大自重为 8～10 吨。伸缩式吊具是目前集装箱装卸机械中使用最为广泛的一种吊具。

4．旋转式吊具

旋转式吊具是为旋转类的门座起重作业或船舶吊机作业而设计的一种专用吊具，如图 9-15 所示。采用岸边集装箱装卸桥吊运集装箱时，由于集装箱运行轨迹与岸上起重机轨道平行，因此吊运集装箱的过程吊具不需要旋转。而使用门座起重机或船舶吊机作业时，在集装箱由船到岸或岸到船的吊运过程中，集装箱会发生旋转，如果这时吊具不做相应的旋转，则集装箱不能停放在与岸边集装箱装卸桥轨道相平行的作业线内，从而影响集装箱吊运作业的正常进行。为了能够使集装箱卸到与岸边集装箱装卸桥轨道平行的作业线位置内，在使用门座起重机或船舶吊机吊运集装箱时，吊具也要做相应的旋转，其旋转角度与起重机旋转角度相同，但方向相反。

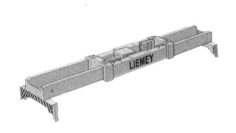

图 9-14　伸缩式吊具

图 9-15　旋转式吊具

5．双箱吊具

双箱吊具可以同时起吊两个 20 英尺的集装箱，如图 9-16 所示。在双箱吊具的中部增加可收放的 4 只旋锁，当吊具伸到 40 英尺位置时，可同时起吊两只 20 英尺的集装箱。双箱起吊方法大大提高了船舶的装卸效率。

图 9-16 双箱吊具

9.3.4 集装箱装卸桥

集装箱的标准化和集装箱船的专用化，为港口码头装卸机械的高效化提供了良好的作业条件。在现代化的集装箱码头上，目前从事码头前沿集装箱装卸作业的设备普遍采用的是岸壁式集装箱装卸桥来装卸集装箱船舶。装卸桥是一种体积庞大、自重非常大、价格昂贵的集装箱码头专用装卸设备。

集装箱装卸桥主要由带行走机构的门架、承担臂架重量的拉杆和臂架等几个部分组成。臂架可分为海侧臂架、陆侧臂架两个部分，如图 9-17 所示。门架是专门用于连接海侧和陆侧臂架的。臂架的主要作用是用来承受带升降机构的小车重量，而升降机构又是用来承受集装箱吊具和集装箱重量的。海侧臂架一般设计成可俯仰，以便集装箱装卸桥移动时与船舶的上层建筑不会发生碰撞。装卸桥作业时，由于集装箱专用船舶的船舱内设有箱格，舱内的集装箱作业对位非常方便，无需人工协助，因此，在作业中没有像件杂货那样的舱内作业工序。根据世界集装箱码头营运经验，一般情况下一个集装箱泊位平均可配备装卸桥 1～3 台。以下是集装箱装卸桥的主要技术参数。

图 9-17 装卸桥

1. 起重量

集装箱装卸桥的起重量是指额定起重量加集装箱吊具的重量。由于集装箱装卸桥的吊具种类繁多、重量不一，并且受作业条件的影响，世界各国集装箱装卸桥的起重量并不一致。确定集装箱装卸桥起重量一般要考虑以下作业条件：

（1）起吊集装箱船舱盖板的需要，舱盖板的重量一般不超过 28 吨；

（2）考虑装卸非国际标准箱的需要；

（3）考虑有可能采用同时起吊两个 20 英尺大小集装箱的作业方式，两个 20 英尺型的集装箱最大总重为 40.6 吨；

（4）兼顾装卸其他重大件货的需要。

2．起升高度

装卸桥的起升高度由两部分组成：轨道以上的高度和轨道以下的高度。它取决于集装箱船的型深、吃水、潮差、甲板面上装载集装箱层数、码头标高及船体倾斜等因素。目前，世界各国设计制造的岸壁集装箱装卸桥，一般都取轨道面上起升高度为 25 米，轨道面下起升高度为 12 米。

3．外伸距

所谓外伸距，是指集装箱装卸桥海侧轨道中心线向外至集装箱吊具铅垂中心线之间的最大水平距离。

外伸距主要取决于到港集装箱船的船宽，并考虑在甲板上允许堆放集装箱的最大高度，当船舶向外横向倾 3° 时，仍能起吊甲板上外舷侧最上层的集装箱。

4．内伸距

内伸距是指集装箱装卸桥内侧轨道中心线向内至吊具铅垂中心线之间的最大水平距离。

确定内伸距主要考虑以下两个问题：

（1）放置集装箱；

（2）放置舱盖板。

5．轨距（又称跨距）

轨距是指起重机两条行走轨道中心线之间的水平距离。轨距的大小影响到装卸桥的整机稳定性。从稳定性和更有效地疏运码头前沿的集装箱这两个方面来考虑，轨距内最好能容纳三条运输线。

6．横梁下的净空高度

横梁下的净空高度指装卸桥的横梁最低点到轨道面之间的距离。一般取决于最大搬运集装箱机械的最大高度。对于能堆码三层、通过两层集装箱的跨运车，门架横梁下的净空高度至少达 10 米；当岸边搬运机械采用集装箱牵挂车和集装箱叉车时，所配备的集装箱装卸桥的横梁下的净空高度应在 13 米以上。

9.3.5　集装箱堆场作业机械

集装箱堆场作业的机械主要有底盘车、跨运车、叉车、龙门起重机和正面吊运机等，其中一些机械类型可同时用于车辆的装卸作业。

1．底盘车

底盘车是一种集装箱挂车（如图 9-18 所示），是由陆上拖车运输发展起来的。集装箱堆场上采用的底盘车方式是指将集装箱连同运输集装箱的底盘车一起存放在堆场上。这种堆存方式的集装箱的特点是机动性最大，随时可以用拖车将集装箱拖离堆场。因此，底盘车方式比较适合于"门—门"的运输方式。目前，美国西海岸的主要港口多采用这种方式。

采用底盘车方式有如下优点：

（1）除铁路换装作业外，码头上所有作业只使用结构简单的底盘车，不需要其他辅助机械，因此装卸过程中发生机械故障而影响装卸作业的可能性很小；

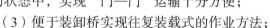

图 9-18　底盘车

（2）底盘车不能重叠堆装，集装箱处于能随时提取的状态中，实现"门—门"运输十分方便；

（3）便于装卸桥实现往复装载式的作业方法；

（4）在装卸船舶时，码头上只需要使用场地牵引车就可以了，不需要其他搬运设备，故对场地设施的要求低，对各种地面的适应性较强；

（5）即使集装箱堆场的位置离码头前沿较远，也不会影响集装箱船的装卸效率；

（6）装卸船作业时，码头上不需要有作业人员协助；

（7）吊箱次数少，集装箱损坏率低；

（8）便于与货主交接，减少交接时的差错。

采用底盘车方式有如下缺点：

（1）全部集装箱都放置在底盘车上，不能堆存，故需要巨大的场地面积；

（2）每个集装箱需要一台底盘车，初始投资费用极高；

（3）作业时一般由内陆运输人直接把车辆拖进场地内，场上发生事故时，有时难以明确事故责任；

（4）如果一个码头上同时有两个以上的船公司作业时，各公司所提供的底盘车混杂在一起，在管理上会产生混乱；

（5）每个集装箱用装卸桥卸到底盘车上时，都需要对位，装卸桥的作业效率不高。

2．跨运车

跨运车是一种具有搬运、堆垛、换装等多功能的集装箱专用机械，其外形结构如图 9-19 所示。跨运车采用旋锁机构与集装箱接合或脱开，吊具能够升降，以适应装卸和堆码集装箱的需要。吊具也能通过侧移、倾斜和微动以满足对位的需要。

跨运车方式在欧洲应用比较广泛。在集装箱码头上，跨运车可以完成以下作业：

（1）集装箱装卸桥与前方堆场之间的装卸和搬运；

（2）前方堆场与后方堆场之间的装卸和搬运；

（3）后方堆场与货运站之间的装卸和搬运；

（4）对底盘车进行换装。

跨运车一般被认为是一种故障率较高的设备，在有些国家使用时，故障率高达 30%～40%，由此

图 9-19　跨运车

造成维修费用上升。但是随着技术进步以及操作管理得当，跨运车在一些码头上的使用相当成功。在我国，跨运车使用很少。

跨运车是一种价格昂贵的集装箱专用机械，为了减少码头上跨运车的使用量，节省码头设备投资，降低装卸成本，目前有许多港口采用场地运输车来替代跨运车完成从码头前沿到堆场的搬运过程，跨运车只负责在堆场上进行堆放作业。

跨运车方式有如下优点：

（1）由于集装箱从船上卸下来时，采用"落地"方式接运，故不用像底盘车接运方式那样要对准底盘车上的"蘑菇头"才能放箱，由此提高了集装箱装卸桥的工作效率；

（2）集装箱在场地上可重叠堆放，堆放层数根据机种而不同，最高可堆放 3 层，但从实际作业情况来看，一般出口集装箱堆放 2 层，而进口集装箱因箱内货物不明，通常只能堆一层，但与底盘车方式相比，还是节省了一定的场地面积；

（3）跨运车是一种多用途机械，它以 24 千米/小时以上的高速度在场地上进行各种作业，故可灵活地调配到机械不足的场地作业；

（4）根据码头作业量的不同，可随时增减机数，而不会造成作业混乱。

跨运车方式的缺点：

（1）跨运车本身的价格较贵，采用跨运车进行换装和搬运时可能会提高装卸成本；

（2）跨运车采用液压驱动、链条传运，容易损坏，故修理费用高，完好率低，这是跨运车方式中最突出的问题；

（3）跨运车的轮压比底盘车大，一般轮压以 10 吨计，故要求较厚的场地垫层；

（4）在进行"门—门"的内陆运输时，需要用跨运车再一次把集装箱装上底盘车，比底盘车方式多了一次操作。

3. 叉车

叉车（又称叉式装卸车）是集装箱码头上常用的一种装卸机械（如图 9-20 所示），主要在吞吐量不大的综合性码头上进行集装箱的装卸、堆垛、短距离的搬运作业，也用于大型集装箱码头堆场的辅助作业，它是一种多功能的机械。

图 9-20　叉车

叉车的性能要符合下列作业要求：

（1）起重量能保证装卸作业所需的各种箱型；

（2）起升高度符合堆垛层数的需要；

（3）荷载中心（货叉前臂至货物重心之间的距离）取集装箱宽度的1/2；

（4）适应装卸集装箱的需要，除采用标准货叉外，还应备有顶部起吊的专用吊具；

（5）便于对准箱位，货架能侧移和左右摆动。

叉车搬运集装箱可以采用以下两种方式：

（1）吊运方式，即采用顶部起吊的专用吊具吊运集装箱；

（2）叉运方式，利用集装箱底部的叉孔用货叉起运，一般这种方式主要是搬运20英尺的集箱或空箱。

4．龙门起重机

龙门起重机简称龙门吊，是一种在集装箱场地上进行集装箱堆垛和车辆装卸的机械。龙门起重机可分为轮胎式（又称无轨龙门吊）和轨道式（又称有轨龙门吊）两种形式。

1）轮胎式龙门起重机

轮胎式龙门起重机（如图9-21所示）的主要特点是机动灵活，通用性强。它不仅能前进、后退，而且还能左右转向90°，可从一个堆场转向另一个堆场进行作业。轮胎式龙门起重机的跨距是指两侧行走轮中心线之间的距离。跨距大小取决于所需跨越的集装箱列数和底盘车的通道宽度。根据集装箱堆场的布置，通常标准的轮胎式龙门起重机横向可跨6列集装箱和1条车道，可堆3～4层。

2）轨道式龙门起重机

轨道式龙门起重机，是在集装箱码头堆场上进行装卸、搬运和堆垛作业的一种专用机械，如图9-22所示。一般比轮胎式龙门起重机跨度大，堆垛层数多。最大的轨道式龙门起重机，横向可跨19列集装箱和4条车道，可堆5层高。轨道式龙门起重机是沿着场地上铺设的轨道行走的，因此，只能限制在所设轨道的某一场地范围内进行作业。轨道式龙门起重机确定机械作业位置的能力较强，故较易实现全自动化装卸，是自动化集装箱码头比较理想的一种机械。

图9-21 轮胎式龙门起重机

图9-22 轨道式龙门起重机

5. 正面吊运机

正面吊运机是一种目前在集装箱码头堆场上得到越来越频繁使用的专用机械，如图 9-23 所示。虽然这种集装箱堆存设备由于运行方向与作业方向垂直而需要占据较宽的通道，但是它的堆箱层数较高，并且可以为多排集装箱作业。与叉车相比较，正面吊运机具有稳性好、轮压低、堆码层数高、堆场利用率高等优点，因此普遍较受欢迎。采用正面吊运机可以堆存 3～4 层重箱，或 7～9 层的空箱。因此，堆箱场地的利用率较高。目前，正面吊运机主要还是作为集装箱堆场的辅助作业机械，但确实是一种很有前景的集装箱装卸的专用设备。

图 9-23　正面吊运机

9.4　集装箱码头堆场管理方法

集装箱码头堆场管理主要有堆场的堆垛规则、堆场的分类及箱位的安排。堆场管理是码头生产管理的一个重要环节。码头要保证船舶如期开船，就必须提高码头装卸速度。而装卸速度的提高很大程度上取决于码头堆场箱区和箱位安排的合理性。合理安排箱区和箱位，不仅能减少翻箱率，减少堆场龙门吊等箱的时间，提高码头装卸速度，而且还能最大限度地提高码头堆场利用率和码头通过能力，降低码头生产成本。

9.4.1　堆场堆垛规则

堆场堆垛的基本规则就是保证集装箱堆放安全，减少翻箱率。工艺不同、集装箱的尺寸不同、集装箱装载的货种不同，导致堆垛方式也不相同。以下主要介绍按工艺分类、按箱型状态分类时几种基本的堆垛规则。

1. 轮胎式龙门吊作业的堆垛规则

1）箱区的编码方式（如图 9-24 所示）

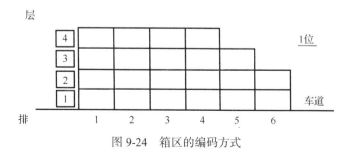

图 9-24　箱区的编码方式

集装箱堆放在码头堆场，一般都要用一组代码来表示其在堆场内的空间位置，这个位置就是堆场位置，又称"场箱位"，它是组成集装箱堆场的最小单元。

场箱位由箱区、位、排、层组成。箱区的编码分为两种，一种是用英文字母表示，由一个或两个字母组成；另一种是用数字来表示，一般由两位数字组成，其中第一位表示码头的泊位号，第二位表示堆场从海侧到陆侧后方堆场的顺序号。国内码头普遍采用一位字母或两位数字作为箱区的编码。"位"的编码用两位数字表示，一个箱区由若干个位组成。由于一个40英尺箱占用2个20英尺箱的位置，因此，一般用奇数表示20英尺箱的"位"，偶数表示40英尺或45英尺箱的"位"。"层"和"排"用一位数表示。因此，集装箱的箱位一般由五位或六位表示。如A0111表示该箱在A箱区01位第一排第一层；210111则表示21箱区01位第一排第一层。

在码头设计建造时，箱区的长度往往与泊位的长度相对应；而宽度则应视轮胎式龙门吊的跨度而定，一般箱区的排数为六排；堆箱层数视轮胎式龙门吊的高度而定，不同类型的轮胎式龙门吊系统，堆垛高度也不相同，一般是四层或五层。

2）箱区的高度与轮胎式龙门吊的起吊高度的关系

堆三过四的轮胎式龙门吊，一般堆三层高，箱区最高限度堆四层。堆四过五的轮胎式龙门吊，一般堆四层高，箱区最高限度堆五层。

原则上，堆三过四的轮胎式龙门吊不能进入堆四过五的轮胎式龙门吊堆放的箱区作业。

3）安全要求

轮胎式龙门吊作业区域，若是堆三过四的轮胎式龙门吊箱区，第六排应比其他排少堆一层。若是堆四过五的轮胎式龙门吊箱区，则第六排应堆二层，第五排应堆三层。

集装箱进场选位时，应充分考虑堆放的安全系数。相邻排孤立的层高之差不得大于3。各箱区之间要留有合适的通道，使集装箱卡车、叉车等机械能在堆场内安全行驶。

2．不同箱型的堆垛规则

1）基本原则

（1）重箱、空箱分开堆放。

（2）20英尺、40英尺和45英尺集装箱分开堆放。

（3）冷藏箱、危险品箱、特种重箱堆放在相应的专用箱区。

（4）进口箱和出口箱分开堆放。

（5）中转箱按海关指定的中转箱区堆放。

（6）出口重箱按装船要求分港、分吨堆放。

（7）空箱按不同持箱人、不同的尺码、不同的箱型分开堆放，污箱、坏箱分开堆放。

（8）重箱按堆场载荷要求堆放。

2）出口箱进场安排

出口箱进码头堆场堆放时，必须遵循一定的原则，使出口箱在配载装船时，能减少翻箱，提高装船效率，一般有以下几个原则。

（1）按排堆放。同一排内，堆放同一港口、同一吨级的箱，但同一位内不同的排，可以堆放不同港口、不同吨级的箱。

（2）按位堆放。同一位内，堆放同一港口、同一吨级的箱。

（3）按位、排堆放。同一位内，堆放同一港口、同一吨级的箱，而该位的同一排内，堆放相同港口、相同吨级的箱。

（4）在同一位中，较重的箱堆放于靠近车道的第二排，较轻的箱堆放在最里面二排，中间等级的箱堆放于较中间的排，且重吨级的箱可以压较轻吨级的箱。

（5）在多条路进箱时，有两种方式可选择：①根据集装箱卡车的车号判别交替进箱，如第一辆车进 A 区，则第二辆车进 B 区，依次类推；②先进完 A 区，然后再进 B 区。

3）进口箱进场安排

（1）同一位中相同的提单号，进同一排。

（2）一个位结束后，再选另一个位。

4）空箱进场安排

根据持箱人、箱型不同，选不同进场位置。

9.4.2　堆场的分类及箱区安排

1. 集装箱区的分类

按不同的分类方法可分出不同的箱区。

（1）按进出口业务可分为进口箱区和出口箱区。

（2）按集装箱货种可分为普通箱区、危险品箱区、冷藏箱区、特种箱区和中转箱区。

（3）按集装箱空箱、重箱可分为空箱区和重箱区。

危险品箱区、冷藏箱区因有特殊设备，如冷藏箱有电源插座，危险品箱区有喷淋装置及隔离栏，所以这类箱区是相对固定的。中转箱区虽无特殊设备，但因海关部门有特殊要求，因此该箱区也是固定的。码头箱务管理人员在安排箱区时，原则上各箱区应相对固定地堆放某一类集装箱。但也可以根据进出口箱的情况、码头实际堆存情况、船舶到港情况及船公司的用箱情况，适当调整各箱区的比例。如当某个期间内进口箱量大于出口箱量，码头箱务管理人员可将部分出口箱区调整为进口箱区；而当船舶集中到码头，出口重箱箱量又大大增加时，码头箱务管理人员可将部分进口箱区或部分空箱箱区调整为出口箱区。码头箱务管理人员应灵活使用该办法，特别是在船舶集中到港，进口箱、出口箱有较大的不平衡时，该方法可以在原有条件下最大限度地提高码头堆场的使用率和码头堆场的通过能力。

2. 集装箱码头堆场内的归位、并位、转位

归位是指码头堆场内箱状态发生变化后，从变化前的箱区，归入状态改变后的指定箱区的作业过程。如出口重箱退关后，箱状态由"出口重箱"变成"退关箱"，就需将该箱从出口重箱区归入退关箱区。

并位一般指同一堆场箱区同一箱位内，将零星分散的集装箱整理合并在一起的作业过程。一般由一台场内作业机械就可完成作业。

转位一般指同一堆场不同箱区间或同箱区不同箱位间，集装箱整理转移的作业过程。一般需两台场内作业机械及水平运输机械配合才可完成作业。

集装箱码头堆场内的归、并、转的主要目的是为了提高堆场利用率和提高箱区的作业效率，减少码头作业出错的可能性，减少翻箱。主要有以下几种情形。

（1）在装船结束后，集装箱转入指定区域。

（2）箱区内进行提箱作业后，对零星的集装箱进行的归并。

（3）根据客户申请的下昼夜提箱计划，可将此类要作业的集装箱转入一个箱区。这样可

以在客户提箱时减少轮胎式龙门吊频繁跨箱区移动，加快客户的提箱速度，合理使用轮胎式龙门吊。轮胎式龙门吊较少的码头应采取该办法。

（4）对完成拆箱提货作业后的空箱，进行归并。

（5）提前进场的出口箱或中转箱，在装船前，按不同的卸货港进行归转作业。

思考练习

1. 港口物流的特点是什么？
2. 一般码头常见的平面布置形式有哪些？
3. 集装箱码头的主要设施有什么？
4. 集装箱装卸工艺有哪几种形式？
5. 集装箱专用吊具有哪几种？
6. 常用堆场作业机械有哪几种？

案例分析

美西港口旺季治"堵"新攻略

美国西海岸的港口拥堵由来已久，但各港口方始终没有放弃治堵方案的研究。2006年高峰季节的一派顺畅景象似乎预示了其正在脱离"拥堵明星"的行列。

总部设立在美国加利福尼亚的第三方物流服务商加利福尼亚分销公司业务发展部主任托德·理塞于2006年9月初谈到目前美国西海岸港口动态的时候指出，2006年年集装箱运输夏季高峰已经到来，尽管集装箱吞吐量有增无减，屡创新高，却没有看到和听到美国西海岸港口再度发生类似2004年夏季的码头拥堵。不过他认为，当时正值集装箱运输高峰继续上涨时期，港口码头经营人、承运人、托运人和物流服务供应人还是不可掉以轻心，应各自努力做好自己的岗位工作，避免损害港口码头集装箱货物搬运网络。

据美国全国零售商联合会和全球观察咨询公司公布的2006年8月份港口跟踪报告，2006年8月份，美国西海岸港口集装箱吞吐量与2005年10月份的集装箱吞吐量持平，业内人士通常认为美国西海岸港口集装箱吞吐量10月份最高，这就是说，美国西海岸港口2006年集装箱吞吐量季节最高峰提前两个月出现了。

1. 美西海岸主要港口现状

美国南部加利福尼亚港口集装箱吞吐量常年超过美国西海岸港口集装箱总量的2/3，或者相当于美国集装箱货物总量的40%，而2006年美国南部加利福尼亚港口集装箱年吞吐量预计增长10%。尽管集装箱港口运输形势逼人，但是包括美国南部加利福尼亚港口在内的美国西部海岸港口仍然一派顺顺当当，与2004年船舶压港、集装箱压码头的忙乱景象可谓天壤之别。

长滩港集装箱吞吐量截至2006年7月底增长10.5%，达到410万标准箱，其中进口载货集装箱增长13.3%，出口载货集装箱增长8.5%。散货进出口量从2006年年初就开始出现明显上涨趋势。其中2006年7月份当月的集装箱吞吐量与2005年同期同比增长仅1.7%，进口集装箱增长5.4%，出口下跌5.7%。

洛杉矶港 2006 年 7 月底集装箱吞吐量增长 10.2%, 达到 460 万标准箱, 其中出口载货集装箱增长 27.3%; 而 2006 年 7 月份当月集装箱吞吐量与 2005 年同期同比增长 17.4%。

截至 2006 年 7 月底, 上述长滩港和洛杉矶港这两大南部加利福尼亚港口总共装卸进出口集装箱 875 万标准箱, 与 2005 年同比增长 10%。当然长滩港和洛杉矶港进出口集装箱吞吐量大增必然影响其他美国西海岸港口的业绩, 因为原本为了疏港而从当时拥堵严重的长滩港和洛杉矶港把部分集装箱分流到美国西北部地区太平洋沿岸港口, 现在因为形势好转不需要分流了, 加上美国南部加利福尼亚港口码头和多式联运基础设施的发达水平远远超过美国西北太平洋沿岸地区, 因此只要不发生严重拥堵, 承运人和托运人当然将长滩港和洛杉矶港等美国南部加利福尼亚港口作为首选。

2. 治堵方略

美国西海岸港口 2006 年集装箱吞吐量继续上涨却太平无事绝不是偶然。

首先, 各个港口码头在不同程度上削减集装箱码头免费存放时间。为了提高集装箱码头效率, 促使货主和当事人尽快从集装箱码头提取集装箱, 加快码头集装箱流通效率和减少码头拥堵, 不少美国港口双管齐下, 一方面缩短集装箱码头免费保管时间, 另一方面提高超过免费存放时间提取的集装箱码头滞延费率。

其次, 是扩大投资。最近几年美国铁路系统发展最快的是铁路集装箱多式联运, 继续扩大投资更新和扩建铁路, 引进现代化火车头、集装箱铁路货车, 扩建和增建铁路集装箱堆场和装卸站, 迄今总投资不少于 24 亿美元, 大幅度改善了北美铁路集装箱多式联运质量, 确保货物无损、准时和稳定送达目的地的三项基本标准。尤其是通过提高经营效率, 让服务要求标准越来越高的国际远洋集装箱班轮公司、货运代理公司、进出口商等广大客户更加满意。

再次, 美国年均进口箱中相当一部分是日常消费品, 而且美国港口的集装箱货物进口量年年有所增长, 因此可以称得上是一个超级消费品进口大国。必须指出的是, 这些进口消费品的原产地来自亚洲, 尤其是位于太平洋彼岸的中国。因此与中国遥遥相望的美国西海岸港口在过去几年的集装箱吞吐量急剧上升, 目前已经占到美国集装箱吞吐总量的 50%。由于美国港口集装箱年吞吐量不断增高, 码头拥堵和港口压船现象不断出现, 通过自动化技术引进、提高集装箱码头的装卸速度和吞吐效率已经成为当时美国港口码头的当务之急。到 2006 年, 美国西海岸港口的大中型集装箱码头的自动化设施和设备在先进程度上已超过美国东海岸港口或美国墨西哥海湾沿岸港口的集装箱码头。洛杉矶港和长滩港今后每隔 10 年其集装箱吞吐量将翻一番, 但是这两个港口的发展却受到港口土地的严重制约, 据测算, 今后 20 年内, 这两座美国西海岸港口的港口土地至多只能够在原有港口土地面积上扩大 25%, 如果不通过自动化技术的改造, 港口码头的集装箱拥堵和压船现象的产生是必然的。美国西海岸港口集装箱码头自动化技术的引进内容主要包括: 集装箱的自动识别和记录, 集装箱的跟踪、定位, 集装箱装卸设备动态和码头基础设施的跟踪管理。

港口集装箱码头的自动化技术内容, 根据各港的具体条件和氛围, 经过仔细策划和反复研讨后, 主要集中在港口各大出入口, 港区场地, 集装箱码头设施、设备和码头铁路调度上, 当然还包括港口码头经营人所认为的现代化成套设备。

美国西海岸集装箱港口码头上的各种现代化起重机、吊车和堆垛机等设备也按照自动化要求和标准安装电子光学识别系统，无论是船舶、车辆和车皮的集装箱装卸、识别、登录、堆存和配送将全部实现高度数字自动化。由一个人遥控装卸设施和设备，同时为几艘船舶或几辆车提供集装箱装卸业务。

在美国西海岸港口码头上来来往往的集装箱卡车、跨运车、火车、堆垛机、叉车等，全部配备了射频标签识别仪。美国西海岸集装箱港口码头的新劳动合同法已经从 2003 年 1 月份起实施，几乎同时引进实施的洛杉矶港和长滩港的自动化信息新技术也已经开始发挥威力，不仅码头工人总数减少了 75%，而且其经济效益已经明显好转，在原来的基础上提高 10%。据了解，奥克兰、塔科马、西雅图等港口也相继开始实施自动化技术，在 2006 年年初完成了其第一期港口码头自动化工程。机器人的大量使用是现代化集装箱港口码头自动化技术改造的一项新内容，其目的是进一步降低昂贵的劳动力成本和减少装卸机械的废气排放量，进一步提高自动化集装箱港口的环保标准。

最后，强化集装箱流量预测和实施码头和内地铁路、公路多式联运一体化调度，美国联合太平洋等铁路运输网络全部与美国西海岸港口码头联营管理。早在 2006 年年初，美国联合太平洋铁路和美国伯灵顿北桑塔费铁路当局就把集装箱运输联合经营规划交给美国西海岸各个港口码头当局，总共增加铁路员工 600 名，增加投资 100 亿美元改善铁路基础设施，增添 200 台火车头、2100 节集装箱铁路货车提高集装箱铁路运量和效率。铁路运输经营人与港口码头经营人互相支持和密切配合，共同迎接每年集装箱运输高峰季节的到来。

案例思考

1. 美国西海岸港口治理拥堵的主要措施是什么？
2. 在港口自动化技术上有何投入？效果如何？

第 10 章　物流设施布置

 引导案例

　　某自行车制造公司管材车间是该企业自行车生产过程中的第一个管材加工车间。由于该车间的现有设施布置是建厂初期规划设计的，随着生产量的不断提高，加工设备逐步增加，原有布置已经不能满足新的产量要求，车间内物料倒流、无效装卸次数增加、在制品数量和停留时间增加等物流混乱现象日趋严重。虽然设备加工能力增加了，但生产能力并没有得到相应的提高，相反却增加了产品质量控制的难度。

　　为适应市场对产品需求量的增加，该企业在管材加工车间生产面积不变的情况下，应用系统布置设计（SLP）对该车间的设施布置进行重新设计，改善了生产物流，达到了通过提高生产效率来提高生产能力的目的。

10.1　设施规划概述

　　设施（Facilities）是指工厂、配送中心、服务中心及其相关装备。因此设施的规划和设计是设计生产系统和服务系统的一项重要内容。我国习惯于用"工厂设计"这一名词，工厂就是工业设施，但"工厂设计"只是设施规划的一部分。随着工业工程学科的发展，设施规划的研究开发对象不仅包括工业各部门，而且也将各种服务业都包含在内，也就是将工厂规划、设计的各种原则和方法扩大到非工业设施，包括各种服务设施，如医院、机场、连锁超级市场等。

10.1.1　设施规划与设计的内容

1. 设施场址选择

　　任何一个生产或服务系统都不能脱离环境而单独存在。外界环境对生产或服务系统输入原材料、劳动力、能源、科技和其他社会因素；同时，生产或服务系统又对外界环境输出其产品、服务、废弃物等。因此，生产或服务系统不断受外界环境影响而改变其活动；同时，生产或服务系统的活动结果又不断改变其周围环境。因此，生产或服务系统所在的地区和具体的位置对系统的运营是非常重要的。

场址选择就是对可供选择的地区和具体位置的有关影响因素进行分析和评价，达到场址最优化。场址选择是一个通用的概念，适用于各种类型的设施规划与设计，对于工矿企业又常用厂址选择代替，有时对"场址"与"厂址"的细微差异不加区分。

2. 工厂布局设计

生产系统是由建筑物、机器设备、运输通道等组成的。服务系统也是由许多部门组成的，如饭店往往由餐厅、厨房、仓库等多个部门组成。各种系统的内部组成部分相互之间的位置关系又直接决定了系统的运营效率，对系统的各组成部分进行位置布置是设施规划与设计中的中心内容。工厂布局设计就是通过对系统物流、人流、信息流进行分析，对建筑物、机器、设备、运输通道和场地做出有机的组合与合理配置，达到系统内部布置最优化。

工厂布局设计是设施规划与设计的一个最为重要且最为成熟的研究领域，其主要研究范围包括工厂平面布置、物料搬运、仓储、能源管理及办公室布置等。在制造业中，工厂布局设计主要是确定工厂的生产部门、辅助服务部门和管理部门的位置，合理和有效的工厂布置对提高企业的生产效益、降低成本起着重要的作用。

3. 设施建筑设计

在设施规划与设计中，需根据建筑物和构筑物的功能和空间的需要，满足安全、经济、适用、美观的要求，进行建筑和结构设计。建筑设计需要土木建筑各项专业知识。

4. 物料搬运系统设计

根据资料统计分析，产品制造费用的20%～50%是用于物料搬运的，因此，现代管理理论都非常注重物料搬运系统。物料搬运系统设计就是对物料搬运路线、运量、搬运方法和设备、储存场地等做出合理安排。在物料搬运系统设计中，物料搬运系统分析（SHA）是一种重要的设计分析方法，其分析方法、分析程序与系统布置设计（SLP）非常相似。

5. 公用工程设计

生产或服务系统中的附属系统包括热力、煤气、电力、照明、给排水、采暖通风及空调等系统，通过对这类公用设施进行系统、协调的设计，可为整个系统的高效运营提供可靠的保障。

6. 信息网络设计

对于工矿企业来说，各生产环节生产状况的信息反馈直接影响生产调度、管理，反映出企业管理的现代化水平。随着计算机技术的应用，信息网络系统的复杂程度也大幅提高。信息网络系统设计也就成为了设施设计中的一个组成部分。

物流设施规划与设计的内容如图10-1所示，其中信息网络设计包含在其他5点内容中。

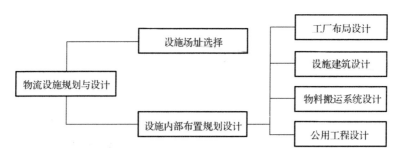

图10-1　物流设施规划与设计的内容

10.1.2　设施规划与设计的原则

现代设施规划与设计应遵循如下原则。

1．减少或消除不必要的作业

这是提高企业劳动生产率和降低消耗的有效方法之一。只有在时间上缩短生产周期，在空间上减少占地，在物料上减少停留、搬运和库存，才能保证投入的资金最少，生产成本最低。

2．以流动的观点作为设施规划的出发点

因为生产或服务系统的有效运行依赖于人流、物流、信息流的合理化，因此必须以流动的观点作为设施规划的出发点，并贯穿规划设计的始终。

3．追求系统的整体优化

运用系统的概念、系统分析的方法求得整个系统的整体优化，而不仅是物流系统的优化。

4．重视人的因素

运用人机工程理论，进行综合设计，并要考虑环境的条件，包括空间大小、通道配置、色彩、照明、温度、湿度、噪声等因素对人的工作效率和身心健康的影响。

5．反复迭代及并行设计

设施规划与设计是从宏观到微观，又从微观到宏观的反复迭代、并行设计的过程。要先设计总体规划布置方案，再设计详细布置，而详细布置设计方案又要反馈到总体布置方案中，对总体方案进行修正。

总之，设施规划与设计就是要综合考虑各种相关因素，对生产或服务系统进行分析、规划、设计，使系统资源得到合理的配置。

10.1.3　设施规划与设计的阶段与程序

设施规划与设计工作贯穿工程项目发展周期中前期可行性研究与设计阶段，因此，设施规划与设计必然也存在与时间有关的阶段结构。正如缪瑟（Muther）所指出的：设施规划与设计"有一个与时间有关的阶段结构"，并且各阶段是依次进行的；阶段与阶段之间应互相搭接；每个阶段应有详细进度；阶段中自然形成若干个审核点。图 10-2 所示为设施规划与设计阶段结构。

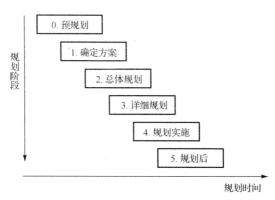

图 10-2　设施规划与设计阶段结构

这种结构形成了从全局到局部、从整体到细节、从设想到实际的设计次序。即前一阶段工作在较高层次上进行，而后一阶段工作以前一阶段的工作成果为依据，在较低层次上进行；各阶段之间相互影响，并行交叉进行。因此，设施规划与设计必须按照"顺序交叉"方式进行工作。表 10-1 所示为设施规划与设计阶段结构的成果和工作。

表 10-1　设施规划与设计阶段结构的成果和工作

阶段	0	I	II	III	IV	V
名称	预规划	确定方案	总体规划	详细规划	规划实施	规划后
成果	确定目标	分析并确定位置及外部条件	总体规划	详细规划	设施实施计划	竣工试运转
主要工作内容	制定设施要求、预测、估算生产能力及需求量	确定设施要求、生产能力及需求量	选址及总体平面布置图	按规划要求做详细规划及详细布置图	制定进度表或网络图	项目管理(施工、安装、试车及总结)
财务工作	财务平衡	财务再论证	财务总概算比较	财务详细概算	筹集投资	投资

10.1.4　设施规划（布局设计）设计方法

工厂布局（Plant Layout）是设施规划与设计的核心，必须首先进行。布局设计也是物流系统设计分析的重要一环，它既受到生产物流系统其他设计环节的影响，也对生产物流系统的其他设计环节产生影响。布局设计的方法可分为以下几种。

1. 摆样法

这是最早的布局方法。它利用二维平面比例模拟方法，将按一定比例制成的样片在同一比例的平面图上表示设施系统的组成、设施、机器或活动，通过相关关系的分析，调整样片位置可得较好的布置方案。这种方法适用于较简单的布局设计，对于复杂的系统，该方法就不十分准确，而且花费时间较多。

2. 数学模型法

运用运筹学、系统工程中的模型优化技术（如线性规划、随机规划、多目标规划、运输问题、排队论等）研究最优布局方案，为工业工程师提供数学模型，以提高系统布置的精确性和效率。但是用数学模型解决布局问题存在两大困难：首先，当问题的条件过于复杂时，简化的数学模型很难得出符合实际要求的准确结果；其次，布局设计最终希望得到布局图，但用数学模型得不到。利用数学模型和 CAD 相结合起来的系统布局软件是解决布局问题的一种好方法。

3. 图解法

它产生于 20 世纪 50 年代，有螺线规划法、简化布置规划法及运输行程图等。其优点在于将摆样法与数学模型结合起来，但在实践中应用较少。

4. 系统布置设计法

缪瑟除了提出 SPIF 外，还对工厂布局等 5 个子系统提出了一套系统化的规划设计方

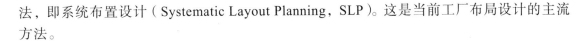

法，即系统布置设计（Systematic Layout Planning，SLP）。这是当前工厂布局设计的主流方法。

10.2 系统化布置设计模式

10.2.1 系统化布置概述

整个物流设施从建筑角度来看主要由作业区域厂房设施、厂房周边设施、辅助作业区域设施构成；从作业单位部门划分角度来看，由作业车间、工场、货场、职能管理部门、辅助作业及生活服务部门这几类作业单位构成。设施系统化布置设计的目的主要是完成设施系统总平面布置和各作业区域布置，使生产资源或服务系统资源配置最优。

最具代表性的系统化布置方法是缪瑟提出的系统化布置设计（SLP），该方法提出了作业单位相互关系密级表示法，使布置设计由定性阶段发展到定量阶段。

1. 系统化布置设计的基本要素

系统化布置设计的要素就是系统化布置分析时所必须掌握的原始数据资料，由于不同的物流设施的功能存在差异，规划的目标与采用的分析方法不相同，因此其系统化布置设计的要素有所区别。

在 SLP 中，是把产品 P、产量 Q、生产路线 R、辅助服务部门 S 及生产时间 T 作为布置设计工作的基本出发点来看待的。因此，这里根据 SLP 理论，将产品 P、产量 Q、生产路线 R、辅助服务部门 S 及生产时间 T 称为系统布置的基本要素（原始资料）。

1）产品 P

产品 P 是指待布置工厂将生产的商品、原材料或加工的零件和成品等。这些资料由生产纲领和产品设计方案提供，包括项目、品种类型、材料、产品特征等。产品这一要素影响着生产系统的组成及其各作业单位间相互关系、生产设备的类型、物料搬运方式等方面。

2）产量 Q

产量 Q 指所生产的产品的数量，也由生产纲领和产品设计方案决定，可以用件数、重量、体积等来表示。产量 Q 这一要素影响着生产系统的规模、设备的数量、运输量、建筑物面积大小等方面。

3）生产路线 R

为了完成产品的加工，必须制定加工工艺流程，形成生产路线，可以用工艺流程表（卡）、工艺流程图、设备表等表示。它影响着各作业单位之间的联系、物料搬运路线、仓库及堆放地的位置等方面。

4）辅助服务部门 S

在实施系统布置工作以前，必须就生产系统的组成情况有一个总体的规划，可以大体上分为生产车间、职能管理部门、辅助生产部门、生活服务部门及仓储部门等。生产车间是工厂布置的主体部分，因为它体现工厂的生产能力。但是，有时辅助服务部门的占地总面积接近甚至大于生产车间所占面积，所以对辅助服务部门的布置设计应给予足够的重视。

5）生产时间 T

生产时间 T 是指在什么时候、用多少时间生产出产品，包括各工序的操作时间、更换批量的次数。在工艺流程设计中，根据时间因素，确定生产所需各类设备的数量、占地面积的大小和操作人员数量，来平衡各工序的生产时间。

2. 系统化布置设计（流程）模式

依照 SLP 思想，系统化布置设计程序一般经过下列步骤，如图 10-3 所示。将这些步骤进行归纳总结，详细介绍如下。

1）准备原始资料

在系统化布置设计开始时，首先必须明确给出原始资料——基本要素，同时也需要对作业单位的划分情况进行分析，通过分解与合并，得到最佳的作业单位划分状况。所有这些均作为系统化布置设计的原始资料。

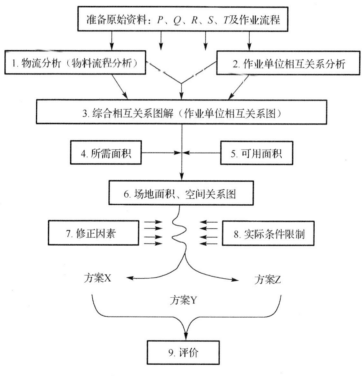

图 10-3　SLP 设计程序模式图

2）物流分析与作业单位相互关系分析

对于物流中心、配送中心，物流分析是布置设计中最重要的方面。另外对于某些以生产流程为主的工厂，物料移动是工艺流程的主要内容（如一般的机械制造厂），物流分析也是布置设计中最重要的方面；对某些辅助服务部门或某些物流量小的工厂来说，各作业单位之间的相互关系（非物流联系）对布置设计就显得更重要了；介于上述两者之间的情况，则需要综合考虑作业单位之间物流与非物流的相互关系。

作业单位间的物流分析结果，可以用物流强度等级及物流相关表来表示；作业单位非物

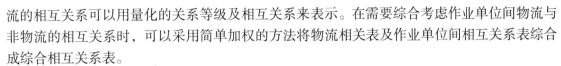

流的相互关系可以用量化的关系等级及相互关系来表示。在需要综合考虑作业单位间物流与非物流的相互关系时，可以采用简单加权的方法将物流相关表及作业单位间相互关系表综合成综合相互关系表。

3）绘制作业单位位置相关图

根据物流相关表与作业单位相互关系表，考虑每对作业单位间相互关系等级的高或低，决定两作业单位相对位置的远或近，得出各作业单位之间的相对位置关系，有些资料上也称之为拓扑关系。这时并未考虑各作业单位具体的占地面积，因而得到的仅是作业单位相对位置，称为位置相关图。

4）作业单位占地面积计算

各作业单位所需占地面积与设备、人员、通道及辅助装置等有关，计算出的面积应与可用面积相适应。

5）绘制作业单位面积相关图

把各作业单位占地面积附加到作业单位位置相关图上，就形成了作业单位面积相关图。

6）修正

作业单位面积相关图只是一个原始布置图，还需要根据其他因素进行调整与修正。此时需要考虑的修正因素包括物料搬运方式、操作方式、储存周期等，同时还需要考虑实际限制条件如成本、安全性问题及职工意愿等方面。

考虑了各种修正因素与实际限制条件以后，对面积图进行调整，得出数个有价值的可行设施布置方案。

7）方案评价与择优

针对前面得到的数个方案，需要进行技术、费用及其他因素评价，通过对各方案比较评价，选出或修正设计方案，得到布置方案图。

依照上述说明可以看出，SLP 是一种采用严密的系统分析手段及规范的系统设计步骤的布置设计方法，具有很强的实践性。在总体规划阶段的设施总体区位布置和详细规划设计阶段的各作业区域的设备布置均可采用 SLP 程序。

10.2.2　系统化布置的形式

1. 物料流程形式

设施布置目标是使总成本最小，当物流成本最小是主要目标时，流程分析在布置中就是很重要的问题。流程形式可以分为水平和垂直两种。如果所有的设备、设施都在同一个车间时，就按水平方式考虑，当生产作业是在多个楼层周转时，就按垂直方式考虑。常见的水平流程形式如图 10-4 所示。

2. 布置类型

一般说来，产品制造业设施布置的基本形式如图 10-5 所示。

（1）按产品布置。按产品布置（Product Layout）就是按对象专业化原则布置有关机器和设施。最常见的是流水生产线或产品装配线，如图 10-6 所示。

（2）按成组制造单元布置。按工艺专业化布置生产和服务设施，带来的问题是很明显的。它容易造成被加工对象在生产单位之间交叉往返运输，不仅引起费用上升，而且延长了生产周期。人们通过实践创造了按成组制造单元布置（Layouts Based on Group Technology）的形式。其基本原理是，首先根据一定的标准将结构和工艺相似的零件组成一个零件组，确定出零件组的典型工艺流程，再根据典型工艺流程的加工内容选择设备和工人，由这些设备和工人组成一个生产单元，如图 10-7 所示。成组制造单元很类似对象专业化形式，因而也具有对象专业化形式的优点。但成组制造单元更适合于多品种的批量生产，因而又比对象专业化形式具有更高的柔性，是一种适合多品种小批量生产的理想生产方式。

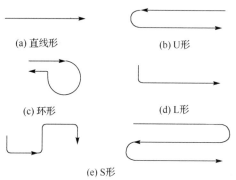

(a) 直线形　　　　　　　(b) U形

(c) 环形　　　　　　　(d) L形

(e) S形

图 10-4　常见的水平流程形式

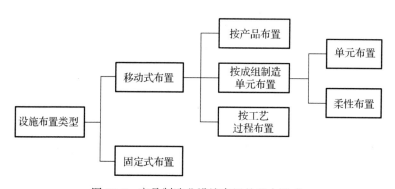

图 10-5　产品制造业设施布置的基本形式

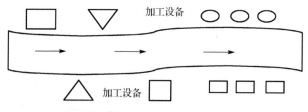

图 10-6　按产品（对象）布置示意图

（3）按工艺流程布置。按工艺流程布置（Process Layout）又称工艺专业化布置，就是按照工艺专业化原则将同类机器集中在一起，完成相同工艺加工任务，如图 10-8 所示。

（4）固定式布置。固定式布置（Fixed Position Layout）是指加工对象位置固定，生产工人和设备都随加工产品所在的某个位置而转移，如内燃机车的装配、造船装配等，这种布置形式适用于大型产品的装配过程，如图 10-9 所示。

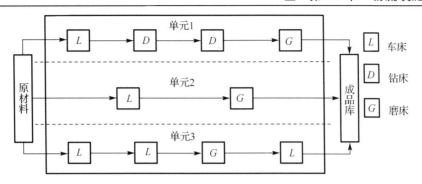

图 10-7 按成组制造单元布置示意图

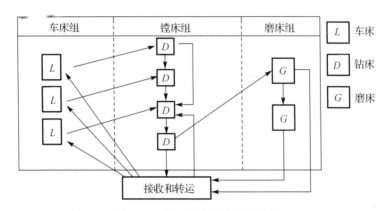

图 10-8 按工艺流程布置示意图

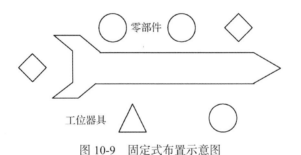

图 10-9 固定式布置示意图

3．PQ 分析与布局形式

产品及其产量是指工厂要生产的产品型号、系列、规格、产量或年生产量，这些因素影响到设施的组成及其相互关系、选用设备的类型、物料搬运的方式等。各类产品的产量由年度生产纲领提供，常用件数、质量或体积来表示。这一因素对设施规模、设备数量、运输量、建筑面积均产生重要影响。对产品品种 P、产品产量 Q 做 PQ 分析，可画出如图 10-10 所示的产品 PQ 分析图。

在产品 PQ 分析图中，P、Q 坐标位于左上部的产品，品种很少而生产数量又很大，应按产品原则即产品的加工工艺流程顺序布置设备；P、Q 坐标位于右下部的产品，生产品种多而批量小，应按工艺流程布置设备；P、Q 坐标位于中部的产品，产品品种较多而每种产品的产量又是中等，应按成组制造单元布置设备。

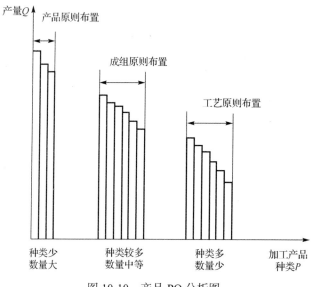

图 10-10　产品 PQ 分析图

例 10-1

某汽车厂设施布置分析

本例以某汽车厂设施布置的实例，对设施布置的原则、布置的基本形式以及流动模式做一个简单的分析。

该汽车厂产品单一，从整个工厂布置来看，是采用产品原则来进行总体布置规划的。整个生产线分成了几个部分：冲压车间，主要生产汽车所需的车头、车门等部件；上漆车间，从冲压车间出来的半成品在这里进行喷涂、上漆；装配车间，装配底盘、发动机、车身、内饰等部件，完成成品汽车。其中车厢、汽车底盘及发动机等汽车部件主要采用外购的方式。

整条生产线始终以汽车装配过程为核心，按照产品来布置，具有很明显的优点：物流通畅、上下工序连续、在制品少；生产周期短，作业专业化；生产计划简单。图 10-11 所示为该汽车厂流程示意图。

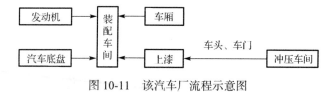

图 10-11　该汽车厂流程示意图

装配车间是最主要的车间，整个车间由一条传送带连接，传送带两侧配备装配设备。这种布置是流水线布置方式，比较适合于品种少批量大产品的生产，总装配线的组成如图 10-12 所示。

在装配车间里，先是来自外购的汽车底盘进入生产线，加上来自本厂冲压车间自制的车头、车门，再加上发动机和车厢，从而完成整个装配，最后是检验工序。

冲压车间采用工艺原则来布置，冲压车间生产线如图 10-13 所示。冲压车间将来自不同国家的两种冲压机床布置在两个地方，一个地方用于生产车头部件，另一个地方用于生产冲压车门。然后将公用的大型水压机布置在机床旁边。在车间的一侧是统一进行物料堆放的区域，所有物料的存取均采用叉车。

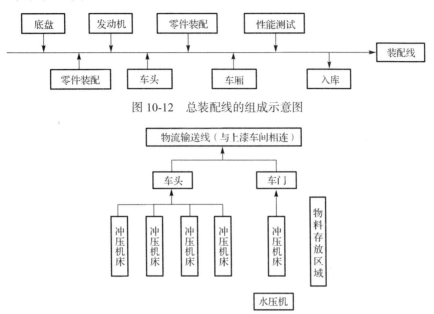

图 10-12　总装配线的组成示意图

图 10-13　冲压车间生产线示意图

10.3　物流设施布置规划的分析方法与技术

10.3.1　物流分析的基础

在物流分析之前，必须搜集完备与所研究的系统范围内有关的原始数据，并弄清物料的种类、性质和数量，因为物料数量与特征决定了物料装运的程序和方法。同时，只有将物料归类，才能使物流系统分析简化。

1．计算物流量

1）当量物流量

物流系统中由于物料几何形状的不同，物料搬运难易程度相差甚远，简单地用重量作为物流量单位不合理，同时社会和生产对物料品种数量的需求也是经常在变化的，要得到精确的物流量也不大可能，所以苛求物流量的绝对准确性不可能也无必要，何况不同物料的数量通常也是不可比的，如一吨钢和一吨泡沫塑料，重量虽相等但体积相差太大。因此在物流系统的分析、规划、设计中，如能找到一个标准，将各种物料经过折算都变成标准的倍数或系数，即折算成统一量，将会使分析和计算大为简化。这个折算成的统一量就称为当量物流量。

当量物流量是按照规定标准修正和折算的运输量。例如，载重 10 吨的卡车，当运输 10 吨钢材时，10 吨钢材的当量重量为 10 吨；而运输 2 吨塑料制品时，则 2 吨塑料制品的当量重量为 10 吨。

实际物流中都可用当量物流量来统一计算各种物料的物流量。至今也没有制定出当量物流量的统一标准，如要按当量物流量进行计算，常常都是按实际情况和经验来决定。

2）玛格数法

玛格数法（Magnitude）来源于美国，是一种不太成熟的当量物流量的计算方法，是为度量各种不同物料可运性而设计的一种度量单位，用来衡量物料搬运难易程度。

玛格数法比较适合一些特性相差不大的物料搬运。一个玛格数的物料是：可以方便地拿在一只手中；相当密实；结构紧凑，具有可堆垛性；不易受损坏；相当清洁、坚固和稳定。一般以一块经过粗加工的 10 立方英寸（约 0.16 立方分米）大小的木块（约有两包香烟大小）作为一玛格。

物料的玛格数的计算步骤是：

计算物料体积→确定玛格数基本值→确定修正参数→确定玛格数。

在计算物料体积时，采用外部轮廓尺寸，不要减内部空穴或不规则的轮廓。然后查阅专用玛格曲线表，得出玛格数基本值 A，如低堆垛的托盘玛格数基本值为 38。玛格数基本值还要按松密程度或密度（B）、形状（C）、损伤危险性（D）、情况（E）和价值因素（F）5 个参数来修正，这些参数取值一般在 0～4 之间。最后玛格数的计算公式为：

$$M=A+A（B+C+D+E+F）/4 \qquad (10\text{-}1)$$

上述公式有 1 个变量，5 个参数，影响因素太多太复杂，因而玛格数未能在实际中应用，但这种概念代表一种很好的思路，有待今后实践的突破。

2. 对物料进行分类

在实际工作中物料通常按可运性的物理特征进行分类，其分类依据是外形尺寸、重量、形状、损坏可能性、状态、数量、时限 7 种主要因素。

为了不使物料分类过多，不便以后进行物流分析，一般在企业物流范围内应将物料分类数控制在 10 类左右，最多也不宜超过 15 类。

其归类方法主要是绘制 PQ 图，进行 ABC 分析。

（1）绘制 PQ 图。其中 P 代表物料种类，Q 代表物流量（当量物流量）。根据每种物料 P_i（$i=1，2，\cdots，n$）的对应点 Q_i，即可画出由直方图表示的 PQ 图（如图 10-14 所示）。

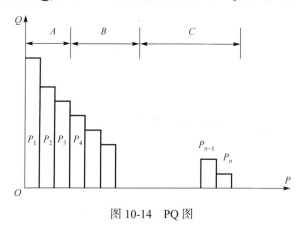

图 10-14　PQ 图

（2）对图 10-14 进行 ABC 分类。一般，A 类物料占总品种数的 5%～10%，物流量占 70%

以上；B 类物料占总品种数的 20%左右，物流量占 20%左右；C 类物料占总品种数的 70%以上，其物流量仅占 5%～10%。当然，上述百分比不是绝对的。物流系统分析设计及管理的重点也按 ABC 分类进行，这样做可以抓住重点，有利于分析与设计的进行。必要时，可忽略 C 类物料。

10.3.2 物流分析的工具与方法

物流分析是设施布置的关键也是前提，通过物流分析可以使设施布局合理化。物流分析的基本原则是做到两个最小和两个避免，即经过的距离和发生的物流成本最小，避免迂回和避免十字交叉。通过物流分析将帮助我们正确地排列和布置机器设备、工作站和各部门，同时也改进了物流过程。常用的物流分析的工具与方法有工艺流程图、多产品工艺流程图、物流连线图、物流从至表和物流相关表等。以下介绍几种典型的物流分析工具与方法。

1. 工艺流程图

在大量生产中，产品品种很少，可用标准符号绘制必要的工艺流程图直观地反映工厂生产的详细情况，此时，进行物流分析只需在工艺流程图上注明各道工序之间的物流量，就可以清楚地表现出工厂生产过程中的物料搬运情况。对工艺流程图的绘制，美国机械工程师学会（ASME）对有关物料操作制定了一套标准符号如表 10-2 所示。

表 10-2　ASME 物料操作标准符号

符号	名称	说明
○	操作	表示工艺流程中的主要步骤，操作中要对物料做物理或化学变革
□	检查	表示对物料品质或数量的检查
→	运输	表示物料由一处移向另一处
D	停留	表示在事件顺序中的等待，如工序间的在制品积压
▽	储存	表示受控制的储存，如保持生产连续性的库存

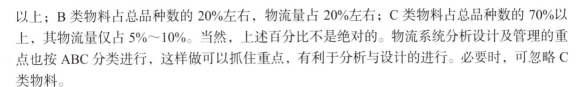

例 10-2

下面以电瓶叉车总装厂为例，说明如何运用工艺流程图来进行物流分析的方法与步骤，该厂的作业单位情况如表 10-3 所示。叉车总的生产工艺流程可以分为：零部件加工阶段——总装阶段——试车阶段——成品储存阶段。由总厂负责完成重点零部件的加工及总装工作，其他如转向桥、驱动桥、液压回路及平衡重由协作厂负责制造。为此，总厂设置了包括原材料库、机加工车间、总装车间等 14 个部门。依照工艺流程，各个部门分别负责不同阶段的工作。由于要完成的是电瓶叉车总装厂的总体布置设计，需要了解部门与部门之间的联系，因此，在这里我们不必深入研究详细的工艺流程的各道工序的工作细节，只需将工艺流程划分到部门级的工艺阶段。

（1）变速器的加工与组装。变速器由箱体、轴类零件、齿轮类零件及其他杂件和标准件等组成。变速器的制作工艺流程分为零件制作和组装两个阶段。轴类及齿轮类零件经过备料、退火、粗加工、热处理、精加工等工序，箱体毛坯由协作厂制作，经机加工车间加工送至变速器组装车间；杂件的制作经备料、机加工两个阶段。整个变速器成品质量为 0.31 吨，其中标准件 0.01 吨，箱体、齿轮、轴及杂件总质量为 0.3 吨。加工过程中金属利用率为 60%，即毛坯总质量为 0.50 吨（0.30/0.60）；其中需经退火处理的毛坯质量为 0.20 吨，机加工中需返回热处理车间再进行热处理的为 0.1 吨，整个机加工过程中金属切除率为 40%，则产生的铁屑等废料的质量约为 0.20 吨（0.5×40%）。变速器加工工艺流程如图 10-15 所示。

表 10-3 作业单位情况

序号	作业单位名称	用途	序号	作业单位名称	用途
1	原材料库	存储原材料	8	总装车间	总装
2	油料库	存储油漆、油料	9	工具车间	随车工具箱制造
3	标准、外购件库	存储标准件、半成品	10	油漆车间	车身喷漆
4	机加工车间	零件的切削加工	11	试车车间	试车
5	热处理车间	零件热处理	12	成品	存储叉车产品
6	焊接车间	车身焊接	13	办公、服务楼	办公室、生活服务
7	变速器车间	变速器组装	14	车库	车库、停车场

（2）随车工具箱的加工。随车工具箱质量为 0.1 吨，其中一部分经备料、退火、粗加工、热处理、精加工等工艺流程完成加工，而另一部分只进行简单的冲压加工即可。随车工具箱加工工艺流程如图 10-16 所示。

（3）车体加工。车体为焊接件，经备料、焊接、喷漆完成加工。车体加工工艺流程如图 10-17 所示。

（4）液压缸加工。液压缸经备料、退火、粗加工、热处理、精加工等工序完成加工。液压缸加工工艺流程如图 10-18 所示。

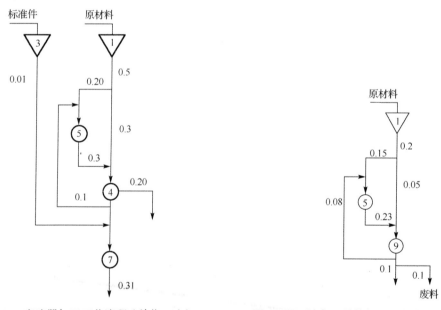

图 10-15 变速器加工工艺流程（单位：吨）   图 10-16 随车工具箱加工工艺流程（单位：吨）

将上述机加工、总装、试车、成品储存阶段工艺流程绘制在一起，就得到了叉车总装厂全厂工艺流程图，如图 10-19 所示。该图清楚地表现了叉车生产的全过程及各作业单位之间的物流情况，为进一步进行深入的物流分析奠定了基础。需要说明的是若要计算全年的物流量，图 10-19 中各数据还需乘上全年叉车总产量。

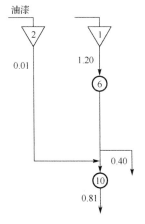

图 10-17　车体加工工艺流程（单位：吨）

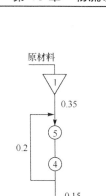

图 10-18　液压缸加工工艺流程（单位：吨）

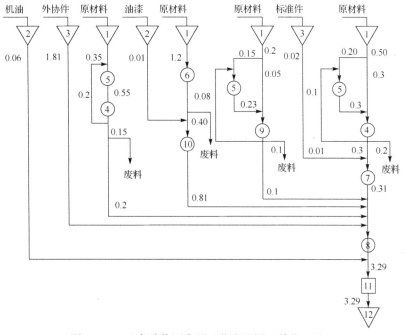

图 10-19　叉车总装厂全厂工艺流程图（单位：吨）

2．多产品工艺流程图

在品种多且批量较大的情况下，将各种产品的生产工艺流程汇总在一张表上，就形成了多种产品工艺流程图，在这张表上各产品工艺路线并列绘出，可以反映出各个产品的物流路径。图 10-20 所示为某小型机械加工厂 17 种零件的工艺路线图。

3．物流连线图

将各条物流路线的物流量的大小用物流图线表示，与经过的物流节点绘制在平面图上，称为物流连线图（或物流图）。通常用简单的几何图形如圆或菱形等表示工作单位（各种车间、仓库、车站等），工作单位之间用线连起来就表示各条物流路线，用连线多少、线的颜色、线的粗细、线外旁注等表示物流量、物流起止点、流向等。但物流连线图不能将物流的特性和参数全都表达清楚，只能大体说明问题。物流连线图可以形象地表达系统的物流情况，对物流是否合理一目了然，有利于分析与设计，如图 10-21 所示。

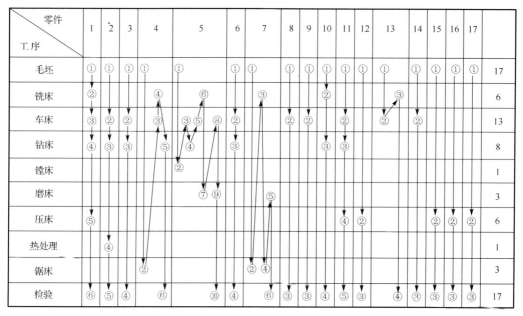

图 10-20　某小型机械加工厂 17 种零件的工艺路线图

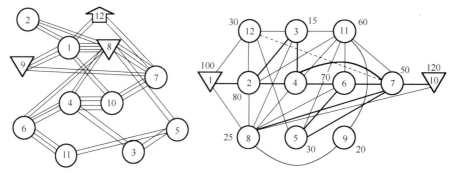

图 10-21　物流连线图

4. 物流从至表

物流从至表实际上表示从某一工作地到另一工作地的总物流量及其分布，物流从至表法有两个基本假设条件：各相邻设施之间的距离相等；不考虑零件的重量和数量差异。事实上，如果各相邻设施之间距离不等，或需要考虑零件的重量和数量差异，通过增加权数也可以应用这种方法。物流从至表法特别适用于设施数量较少的情况。

例 10-3

某小型机械加工厂设施布置优化

某小型机械加工厂 17 种零件，最多有 17 道工序，用物流从至表法进行设施布置优化的具体步骤如下。

（1）绘制零件工艺路线图，如图 10-20 所示。

（2）给出设施初始布置方案，编制初始零件从至表，如表 10-4 所示，并计算零件从一个设施到另一个设施的移动次数。

表 10-4　初始零件从至表

从＼至	毛坯	铣床	车床	钻床	镗床	磨床	压床	热处理	锯床	检验	合计
毛坯		2	8	1			4		2		17
铣床			1	2		1			1	1	6
车床				3		6	1			3	13
钻床						1		2		4	8
镗床				1							1
磨床				1						3	3
压床									6		6
热处理									1		1
锯床			1				1				3
检验											0
合计	0	6	13	8	1	3	6	1	3	17	58 / 58

（3）分析并改进初始零件从至表，计算总的移动量。靠近对角线的方格表示两个设施的距离近，改进时应把移动次数多的设施靠近对角线的方格，以此可使总的移动量减小，如表 10-5 所示。

表 10-5　零件移动总距离计算表——初始

次别	前　进	后　退
	格数×对角线方向次数之和	格数×对角线方向次数之和
初始从至表	$1 \times (2+1+6) = 9$	$1 \times (3+1) = 4$
	$2 \times (8+2+1) = 22$	$2 \times 1 = 2$
	$3 \times (1+2+6) = 27$	$3 \times (1+1) = 6$
	$4 \times (1+1+1+2) = 20$	$4 \times 0 = 0$
	$5 \times 0 = 0$	$5 \times 0 = 0$
	$6 \times (4+4) = 48$	$6 \times 1 = 6$
	$7 \times (1+3) = 28$	$7 \times 1 = 7$
	$8 \times (2+1) = 24$	$8 \times 0 = 0$
	小计：178	小计：25
	总移动距离：178+25=203（单位距离）	

（4）比较不同的布置方案，总移动量越小，方案越好。表 10-6 所示为改进后的从至表。

对比表 10-4 和表 10-6 可以看出，经过优化布置，总移动量减少了 203–161=42，减少的移动量超过 20%。

表 10-6　改进后的零件从至表

从\至	毛坯	车床	钻床	铣床	压床	检验	锯床	镗床	热处理	磨床	合计
毛坯		8		2	4	2	1				17
车床			6	3		3				1	13
钻床		1			2	4			1		8
铣床		1	2			1	1				6
压床						6					6
检验											0
锯床		1								1	3
镗床		1									1
热处理						1					1
磨床		1									3
合计	0	13	8	6	6	17	3	1	1	3	58 / 58

5．物流相关表

当产品品种很少但产量很大时，应采用工艺流程图进行物流分析，随着产品品种的增加，可以利用从至表来统计具体物流量的大小。

在采用 SLP 法进行工厂布置时，不必关心各作业单位对之间具体的物流强度，而是通过划分等级的方法，来研究物流状况。在此基础上，引入物流相关表，以简洁明了的形式表示工厂总体物流状况。

由于直接分析大量物流数据比较困难且没有必要，SLP 中将物流强度转化成 5 个等级，分别用符号 A、E、I、O、U 来表示，其物流强度逐渐减小，对应着超高物流强度、特高物流强度、较大物流强度、一般物流强度和可忽略搬运 5 种物流强度。作业单位对或称为物流路线的物流强度等级应按物流路线比例或承担的物流量比例来确定，可参考表 10-7 来划分。物流相关表示例如表 10-8 所示。

表 10-7　物流强度等级比例划分表

物流强度等级	符号	物流路线比例（%）	承担的物流量比例（%）
超高物流强度	A	10	40
特高物流强度	E	20	30
较大物流强度	I	30	20
一般物流强度	O	40	10
可忽略搬运	U		

表 10-8　某厂作业单位物流相关表

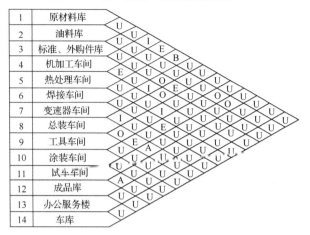

10.3.3　设施系统平面布置技术

当各单位之间存在大量物流时，就要以物流为主来考虑其相互关系，可以利用物流相关表进行平面布置。当不存在重大物流时，如电子工业需要运输的物料很少，化工厂主要用管道输送物料，就不必做物流分析而改用相互关系图作为布置的依据。制造业的很多企业中，各生产作业单位间存在大量物流关系，而各辅助部门都为非物流关系，则需要将物流关系和相互关系结合在一起统一考虑。

常用的设施布置方法有根据物流强度等级布置、利用物流相关表布置、利用作业单位关系图布置及利用综合相互关系布置等，下面讨论利用物流量与作业单位关系（综合相互关系）共同设计平面布置图的方法。

1. 综合相互关系法的思想与基本逻辑步骤

在制造企业或物流企业中，各作业单位间不仅有物流关系，也有非物流关系。即使在服务业中如餐饮业、医疗卫生业，也存在一定的物流关系。因此在系统化设施布置中，必须将作业单位间的物流关系和非物流关系进行综合，综合后的相互关系即称为综合相互关系。此时就应该从作业单位间综合相互关系出发，设计出作业单位的合理布置，其步骤如下。

（1）通过物流分析，在物流合理化的基础上求得各作业单位间的物流量及其相互关系。

（2）确定各作业单位间非物流关系相互影响因素及等级，做出作业单位相互关系表。

（3）确定物流和非物流相互关系的相对重要性。

通常这一相对重要性比值 $m:n$ 不应超过 $1:3$～$3:1$。如比值大于 $3:1$，意味着物流关系占主要地位，设施布置只要考虑物流就可以；当比值小于 $1:3$ 时，说明物流的影响很小，设施布置只要考虑非物流相互关系即可。现实情况下按照物流和非物流相互关系的相对重要性，将比值 $m:n$ 取为 $3:1$、$2:1$、$1:1$、$1:2$、$1:3$。此比值称为加权值。

（4）量化物流强度等级和非物流的密切程度等级。

通常这些量化的数值取为：A=4，E=3，I=2，O=1，U=0，X=-1。

（5）计算量化后的作业单位相互关系。

设任意两个作业单位分别为 A_i 和 A_j，其物流强度相互关系等级为 MR_{ij}，非物流的相互关系密切程度等级为 NR_{ij}，则作业单位 A_i 和 A_j 之间的综合相互关系密切程度 CR_{ij} 为：

$$CR_{ij} = mMR_{ij} + nNR_{ij} \tag{10-2}$$

（6）综合相互关系等级划分。

CR_{ij} 是一个量化值，必须划分成一定的等级才能建立起符号化的作业单位综合相互关系表。综合相互关系的等级划分也同样为 A、E、I、O、U、X，各级间 CR_{ij} 值逐步递减，同时，各作业单位的配对数也要符合常规的比例。表 10-9 所示为综合相互关系的等级划分及常规比例。

表 10-9　综合相互关系的等级及划分比例

关系密切程度等级	符号	作业单位配对比例
绝对必要靠近	A	1%～3%
特别重要靠近	E	2%～5%
重要	I	3%～8%
一般	O	5%～15%
不重要	U	20%～85%
不希望靠近	X	0%～10%

需要说明的是将物流和非物流关系进行综合时，应该注意 X 级关系的处理，任何一级物流强度与 X 级非物流关系密切级综合时，不应超过 O 级。对于某些绝不能靠在一起的作业单位间的相互关系，可定为 XX 级，如为了防火和安全等原因。

（7）再根据经验和实际约束情况，调整综合相互关系表。

（8）绘制作业单位位置相关图。

2. 综合相互关系法布置示例

例 10-4

现以工程机械中的叉车总装厂设计布局为例，说明如何建立作业单位综合相互关系表与绘制作业单位相关图。

表 10-10 与表 10-11 为叉车总装厂作业单位之间物流相互关系和非物流相互关系表，由两个表可见两者并不一致。为了确定各作业单位之间相互关系的密切程度，需要将两个表合并和统一，其过程和步骤如下。

表 10-10　作业单位物流相互关系表

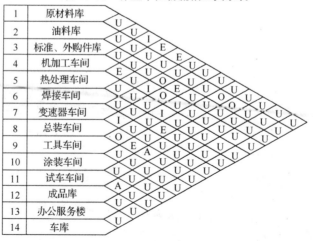

表 10-11 各作业单位之间非物流相互关系表

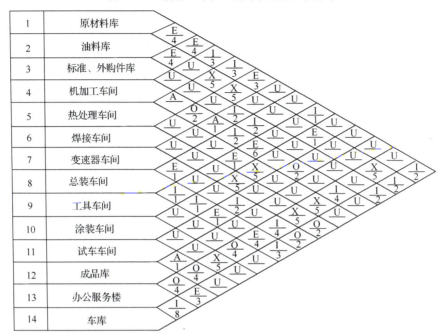

1）选用加权值

此加权值的大小说明了设施布置时考虑问题的重点，经过具体和周密的调查研究，对叉车总装厂布置来说，物流和非物流因素的影响大体相当，因此取加权值：

$$m：n=1：1$$

2）综合相互关系计算

根据各作业单位配对之间物流和非物流关系等级的高低进行量化并加权求和，求出综合相互关系，如表 10-12 所示。

当作业单位总量为 N 时，总的作业单位配对数 P 可用下式计算，即

$$P=N(N-1)/2 \qquad (10-3)$$

对该例题，$N=14$，则 $P=91$，因此表 10-12 中共有 91 个作业单位配对，即 91 个相互关系。

表 10-12 作业单位之间综合相互关系计算表

作业单位配对	关系密切程度等级				综合相互关系		
	物流关系加权值 1		非物流关系加权值 1				
	等级	分数	等级	分数	综合分数	等级	等级值
1-2	U	0	E	3	3	I	2
1-3	U	0	E	3	3	I	2
1-4	I	2	I	2	4	E	3
……							
6-10	E	3	X	-1	2	U*	0
……							
10-13	U	0	X	-1	-1	X	-1

注：该表只是让读者了解此种表格的形式，因此只列出部分内容。

3）划分综合相互关系密切程度等级

在表 10-12 中，综合关系分数取值范围为–1～8，按表 10-13 统计出各段作业单位配对的比例，参考表 10-9 划分综合关系密切程度等级。

表 10-13　综合相互关系密切程度等级划分

总分	关系密切程度等级	等级值	线条数	作业单位配对数	占总对数百分比(%)
7～8	A	4	////	3	3.3
4～6	E	3	///	9	9.9
2～3	I	2	//	18	19.8
1	O	1	/	8	8.8
0	U	0		46	50.5
–1	X	–1	……	7	7.7
	总计			91	100

应该看到，综合相互关系应该是合理的，如表 10-12 中 "U*" 表示作业单位 6 与 10 之间的物流关系为 E 级，但是非物流关系则为 X 级；经过计算后其结果则为 I 级，I 级意思为重要的密切关系，显然是不合理的，经过人工调整后改为 U 级。

4）建立作业单位综合相互关系表

将表 10-12 中的综合相互关系总分，转化为关系密切程度等级，再画成作业单位综合相互关系表，如表 10-14 所示。并进行排序生成综合程度排序表 10-15，有了这个相互关系图表，就很容易画出平面布置图。

5）绘制作业单位位置相关图

首先处理关系密切等级为 A 的作业单位对。

（1）有 8-11、4-5、11-12，将综合接近程度分值最高的作业单位 8 布置在位置相关图的中心位置。与其成 A 级关系的 11 与之相邻。关系用一单位距离四条线画出，如图 10-22(a)所示。

表 10-14　作业单位综合相互关系表

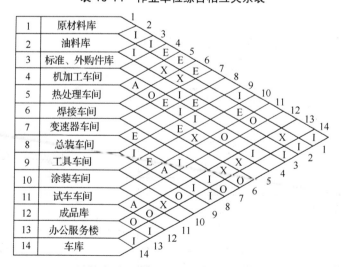

表 10-15 综合接近程度排序表

单位	1	2	3	4	5	6	7	8	9	10	11	12	13	14
1		I/2	I/2	E/3	E/3	E/3	U/0	U/0	I/2	U/0	U/0	U/0	U/0	I/2
2	I/2		I/2	U/0	X/-1	X/-1	U/0	U/0	U/0	E/3	O/1	U/0	X/-1	I/2
3	I/2	I/2		U/0	U/0	U/0	I/2	E/3	U/0	U/0	U/0	U/0	U/0	I/2
4	E/3	U/0	U/0		A/4	O/1	E/3	I/2	I/2	U/0	O/1	U/0	I/2	U/0
5	E/3	X/-1	U/0	A/4		U/0	U/0	U/0	E/3	X/-1	U/0	U/0	X/-1	U/0
6	E/3	X/-1	U/0	O/1	U/0		U/0	U/0	U/0	U/0	U/0	U/0	X/-1	O/1
7	U/0	U/0	I/2	E/3	U/0	U/0		E/3	U/0	U/0	I/2	U/0	I/2	O/1
8	U/0	U/0	E/3	I/2	U/0	U/0	E/3		I/2	E/3	A/4	U/0	I/2	I/2
9	I/2	U/0	U/0	I/2	E/3	U/0	U/0	I/2		U/0	U/0	O/1	O/1	U/0
10	U/0	E/3	U/0	U/0	X/-1	U/0	U/0	E/3	U/0		U/0	U/0	X/-1	U/0
11	U/0	O/1	U/0	O/1	U/0	U/0	I/2	A/4	U/0	U/0		A/4	O/1	U/0
12	U/0	U/0	U/0	U/0	U/0	U/0	U/0	U/0	O/1	U/0	A/4		O/1	I/2
13	U/0	X/-1	U/0	I/2	X/-1	X/-1	I/2	I/2	O/1	X/-1	O/1	O/1		I/2
14	I/2	I/2	I/2	U/0	U/0	O/1	O/1	I/2	U/0	U/0	U/0	I/2	I/2	
综合接近程度	17	7	11	18	7	3	13	21	10	4	13	7	7	14
排序	3	12	7	2	11	14	5	1	8	13	6	10	9	4

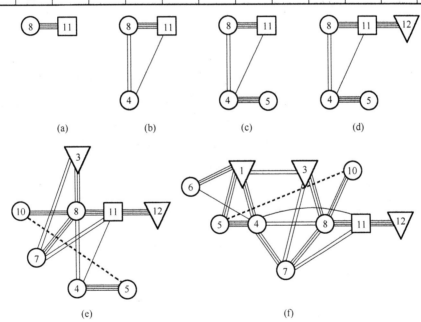

图 10-22 作业单位位置相关图绘制步骤

（2）布置综合接近程度分值次高的作业单位 4 的位置。它与 8 和 11 分别有 I 级和 O 级关系，故 4 用 3 单位长双线与 8 连接，用 4 单位长的单线与 11 相连，如图 10-22(b)所示。

（3）处理与 4 有关的 A 级关系的 5，而 5 与 8 和 11 均为 U 级关系不予考虑，则 4 旁布置 5，如图 10-22(c)所示。

（4）再看已布置在图上的 11，与 11 有 A 级关系的是 12，也用四根线 1 距离单位布入。12 与 8、4、5 的关系密级均为 U 级，也不予考虑，如图 10-22(d)所示。

至此，作业单位综合相互关系表中，具有 A 级关系的作业单位对之间的相对位置均已确定。然后处理相互关系为 E 的作业单位对。从 8 开始，布置方法类似 A 级的布置。

再后来依次是 I 级、O 级、U 级作业单位对。最后重点调整 X 级作业单位对之间的相对位置（注意尽量远离），得出最终作业单位位置相关图，如图 10-23 所示。

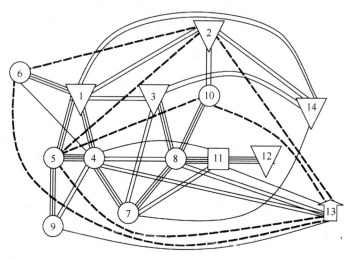

图 10-23　作业单位位置相关图

例 10-5

现以某物流中心布局为例说明综合相互关系等级划分及面积相关图绘制过程。

已知某物流中心各作业部门的物流相关表（如表 10-16 所示）、非物流作业单位相关表（如表 10-17 所示），物流与非物流相互关系相对重要性的比值 m∶n=2∶1，对物流与非物流相关密切程度等级值：A=4，E=3，I=2，O=1，U=0，X=−1，综合相互关系等级划分标准如表 10-18 所示，试建立作业单位综合相关表，并绘制各功能作业区域位置与面积相关图。

表 10-16　物流中心各作业部门的物流相关表

	收发区	理货区	加工区	保管区	拣选区
收发区		A	I	U	U
理货区			I	A	U
加工区				E	E
保管区					A
拣选区					

表 10-17　非物流作业单位相关表及作业单位面积

	收发区	理货区	加工区	保管区	拣选区	面积（平方米）
收发区		A	U	U	E	200
理货区			O	I	O	200
加工区				E	U	400
保管区					U	600
拣选区						400

表 10-18 综合相互关系等级划分标准

关系等级	总分	等级符号	作业单位对比例（%）
绝对必要靠近	11~12	A	1~10
特别重要靠近	9~10	E	2~20
重要	6~8	I	3~30
一般	3~5	O	5~40
不重要	0~2	U	50~80
不希望靠近		X	0~10

解：

（1）划分综合关系等级，如表 10-19 所示。

表 10-19 作业单位综合相互关系

序号	作业单位对		关系密切程度				综合关系	
	部门	部门	物流关系（权值：2）		非物流关系（权值1）		分值	等级
			等级	分值	等级	分值		
1	收发区	理货区	A	4	A	4	12	A
2	收发区	加工区	I	2	U	0	4	O
3	收发区	保管区	U	0	U	0	0	U
4	收发区	拣选区	U	0	E	3	3	O
5	理货区	加工区	I	2	O	1	5	O
6	理货区	保管区	A	4	I	2	10	E
7	理货区	拣选区	U	O	O	1	1	U
8	加工区	保管区	E	3	E	3	9	E
9	加工区	拣选区	E	3	U	0	6	I
10	保管区	拣选区	A	4	U	0	8	I

（2）依作业单位综合相互关系计算，得综合相关表与综合接近程度排序表，如表 10-20、表 10-21 所示。

表 10-20 作业单位综合相互关系表

	收发区	理货区	加工区	保管区	拣选区	面积（平方米）
收发区		A	O	U	O	200
理货区			O	E	U	200
加工区				E	I	400
保管区					I	600
拣选区						400

表 10-21 作业单位综合接近程度排序表

	收发区	理货区	加工区	保管区	拣选区	面积（平方米）
收发区		A/4	O/1	U/0	O/1	200
理货区	A/4		O/1	E/3	U/0	200
加工区	O/1	O/1		E/3	I/2	400
保管区	U/0	E/3	E/3		I/2	600
拣选区	O/1	U/0	I/2	I/2		400
Σ	6	8	7	8	5	
排序	4	1	3	2	5	

（3）作业单位综合接近程度排序表所确定的等级分值顺序与关系等级，绘制作业单位位置相关图，如图 10-24 所示。

（4）根据已知面积绘制作业单位面积相关图，如图 10-25 所示。

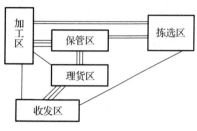

图 10-24　作业单位位置相关图

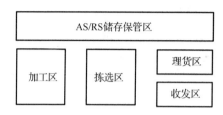

图 10-25　作业单位位置面积相关图

思考练习

1. 为什么要引入综合接近程度的概念？

2. 作业单位数为 N，有多少对相互关系？它是否等于总的物流路线数？

3. 产品原则布置、工艺原则布置和固定式布置适合于何种工况？

4. 成组原则布置适合于何种工况？成组原则布置又分为几种？它们各有什么特点？

案例分析

平面布置跨越定性阶段——某石墨电极厂总平面布置

1. 案例背景

某企业拟建一个超高功率（UHP）石墨电极厂，生产规模为 3 万吨 Φ300～600 毫米的石墨电极。由于影响工厂总平面设计的因素很多，实际设计中，结合工程设计的实际，应用 SLP 法进行了设施布置，取得了令人满意的成果。

1）石墨电极厂生产工艺分析

依照我国技术、装备水平、原料供应、原料特性等现状，考虑生产工艺的先进性，超高功率（UHP）石墨厂拟采用的工艺流程如图 10-26 所示。

2）石墨电极厂总平面布置特点

对 UHP 石墨电极厂来说，生产设备及生产线具有单一性，虽可生产几种规格的电极，但不可生产其他产品。各车间生产能力不均衡，原料、半成品、成品均为固态，只有少量沥青在使用中为液态，物料输送多用搬运和车辆运输，因而 UHP 石墨电极厂的总平面布置具有如下特殊性。

（1）产品单一，工艺流程固定。

（2）原料、半成品、中间在制品为固态，采用搬运、车辆道路运输，厂内运输设备投资大，运输费用高。

（3）二次焙烧与浸渍工段之间有三次倒运，且运量大。

（4）工段之间的运输时间集中，运输设备利用率低。

（5）石墨化工段用电量大，必须靠近整流所。

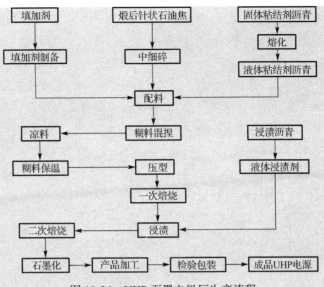

图 10-26 UHP 石墨电极厂生产流程

（6）各工段工序生产能力不均衡，中间在制品和填充料需较大面积的堆场。

（7）原料、填充料的装卸，成品的加工均产生粉尘，应注意环境保护。

UHP 石墨电极厂各车间的跨度、结构、设备均有所不同，且建筑面积大，一旦建成，不可改变。总平面布置中应充分考虑物流、物料搬运系统的影响，也应充分注意工艺流程等因素的影响。

2. 系统规划

1）石墨电极厂作业单位划分

根据生产工艺流程，UHP 石墨电极厂划分为 9 个主要生产工段，同时，还设有变电所、循环水、锅炉房、电修、办公、化验、汽车库等辅助和服务部门，具体如表 10-22 所示。

表 10-22 UHP 石墨电极厂作业单位

序号	作业单位	序号	作业单位	序号	作业单位
1	原料库	12	天然气调压站	23	锅炉房
2	中碎配料压型	13	整流所	24	整流循环水
3	一次焙烧	14	热煤锅炉房	25	检修
4	浸渍	15	生电极循环水	26	电修
5	二次焙烧	16	压型循环水	27	综合仓库
6	石墨化	17	石墨化循环水	28	汽车库
7	机加及成品库	18	浸渍循环水	29	耐火材料库
8	沥青库	19	给水加压泵房	30	浴池
9	沥青熔化	20	废水处理	31	食堂
10	变电所	21	一次焙烧烟气净化	32	化验室
11	空压站	22	汽车衡	33	办公楼

2）作业单位相互关系分析

SLP 法中作业单位相互关系的密切程度用 A、E、I、O、U、X、XX 表示。密切程度等级为绝对必要（A）、特别重要（B）、重要（I）、一般（O）、不重要（U）、不希望（X）、非常不希望（XX），在评价择优进行量化过程中 A、E、I、O、U、X、XX 的系数值依次为 4、3、2、1、0、-1、-2 或-3。

由于 UHP 石墨电极厂厂内主要采用汽车运输，物流关系与非物流关系的相对重要性没有明显差异，则取加权值1:1，对物流相互关系与非物流相互关系进行量化，加权求和，并重新划分等级，形成作业单位综合相互关系，如表 10-23 所示（图中略去了非生产单位）。

表 10-23　作业单位物流相互关系表

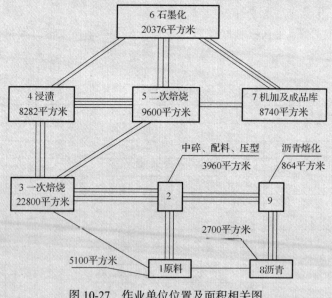

3）作业单位位置关系图

通过计算作业单位综合接近程度并排序，求得作业单位布置顺序为 5、3、2、4、6、9、1、7、8。按布置顺序，对各作业单位进行布置，求得作业单位位置相关图。在位置相关图上考虑作业单位占地面积，形成了作业单位面积相关图，如图 10-27 所示。

图 10-27　作业单位位置及面积相关图

4）石墨电极厂总体布置

根据场地地形条件及外部运输、供电、供水、供气、排水等条件，进行了工厂的总体布置。为节约用地，使厂区外形美观、建筑物朝向合理，按工艺流程、防火、卫生及厂内运输等要求，确定建筑物的间距、厂区道路、管线布置及绿化，进行主要生产工段的布置，并将可能产生粉尘及极少量有害气体的工段布置在厂区的边缘。辅助设施如电修、检修、管理人员办公、循环水设施等，虽然与物流无关，但必须在布置设计中根据与所服务设施的密切程度进行布置。为减少人流与货流的交叉，厂区分别设立货运出入口两个及人员出入口一个。厂区西侧的货运出口是为向钢厂运输电极而设，原料库布置在厂区南侧，给原料采用铁路运输留有发展空间。根据上述原则，可对 UHP 石墨电极厂布置多个总平面方案。然后采用加权因素法对各个方案进行评价，评价因素有工艺流程的合理性、物流效率、布置的灵活性、维修方便程度、基建投资、扩建的可能性、公共设施条件、环境保护条件及厂内外运输条件等。经过对比评价得出最佳方案，如图 10-28 所示。

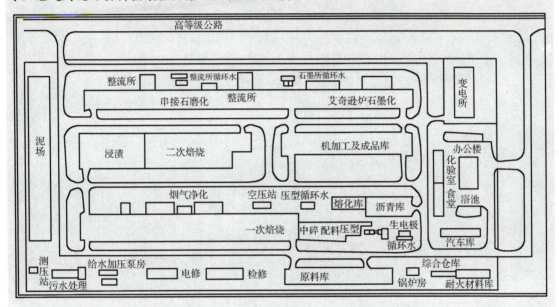

图 10-28　系统布置设计 SLP（流程）模式示例

3. 案例总结与启示

本案例是 SLP 法在 UHP 石墨电极厂总平面布置中的应用，从中可看出：

（1）SLP 法是科学的布置设计法，这种方法，综合考虑了作业单位之间物流与非物流的相互联系，经过反复迭代、逐步细化的设计过程，得到了最佳布置方案。

（2）SLP 法采用作业单位相互关系的密级表示法，使工厂布置设计由定性阶段发展到定量阶段。

因此，该方法在有色冶金、碳素等行业得到了广泛的应用，取得了令人满意的成果。

案例思考

1. 案例中企业建厂时为什么使用 SLP 法？

2. 查找一个使用 SLP 方法进行设施布置规划的实例进行讨论。

Reference

参 考 文 献

[1] 汤齐，谢芳. 现代物流技术基础. 北京：中国纺织出版社，2014.

[2] 李文斐，张娟等. 现代物流装备与技术实务. 北京：人民邮电出版社，2006.

[3] 侯玉梅，许良等. 物流工程. 北京：清华大学出版社，2011.

[4] 纪寿文，缪立新等. 现代物流装备与技术实务. 深圳：海天出版社，2004.

[5] 王丰，姜大立. 物流工程概论. 北京：首都经济贸易大学出版社，2008.

[6] 叶怀珍. 现代物流学. 北京：高等教育出版社，2007.

[7] 杨育. 设施规划. 北京：科学出版社，2010.

[8] 裴少峰，翟书斌. 现代物流技术学. 广州：中山大学出版，2011.

[9] 刘联浑，彭邝湘. 物流系统规划及其分析设计. 北京：中国物资出版社，2006.

[10] 董维忠. 物流系统规划与设计. 北京：电子工业出版社，2006.

[11] 周全申. 现代物流技术与装备实务. 北京：中国物资出版社，2006.

[12] 王国华. 现代物流技术与装备. 北京：中国铁道出版社，2004.

[13] 韩平，赵炎. 现代物流技术. 北京：中国物资出版社，2002.

[14] 张晓川. 现代仓储物流技术与装备. 北京：化学工业出版社，2003.